Im Bann der Pharaonen

Donald P. Ryan

Im Bann der Pharaonen

Die Abenteuer eines
außergewöhnlichen Archäologen

Aus dem Englischen übersetzt
von Karin Schuler

Für Sherry Lynn

Die Deutsche Nationalbibliothek verzeichnet diese Publikation in der Deutschen Nationalbibliografie; detaillierte bibliografische Daten sind im Internet über http://dnb.d-nb.de abrufbar.

Englische Originalausgabe:
Beneath the Sands of Egypt. Adventures of an Unconventional Archaeologist
Published by arrangement with William Morrow, an imprint of Harper Collins Publishers, LLC

Deutsche Ausgabe:
© 2011 Konrad Theiss Verlag GmbH, Stuttgart

Alle Rechte vorbehalten.

Umschlaggestaltung: Stefan Schmid Design, Stuttgart, unter Verwendung einer Abbildung von Jon Arnold Images Ltd/Alamy.
Übersetzung: Karin Schuler
Lektorat: Gabriele C. Wenzel
Korrektorat: Kirsten Gleinig
Layout und Satz: Satz & mehr, R. Günl, Besigheim
Druck und Bindung: CPI – Ebner & Spiegel, Ulm
Gedruckt auf säurefreiem und alterungsbeständigem Papier
Printed in Germany

Besuchen Sie uns im Internet: www.theiss.de
ISBN: 978-3-8062-2434-4

eBook (PDF): 978-3-8062-2482-5
eBook (epub): 978-3-8062-2483-2

VORWORT

Ich habe Glück gehabt. Buchstäblich Hunderte, wenn nicht Tausende Male haben mir andere Leute gesagt, dass ich etwas tue, was auch sie gern machen würden. Ich lebe, so sagen sie, ihren Traum, oder zumindest einen Teil davon. Eine wirklich gute Antwort auf solche Äußerungen habe ich nie finden können. Tatsächlich war ich an fantastischen Orten, habe mit faszinierenden Menschen zusammengearbeitet und habe, wie Howard Carter einst sagte, »wunderbare Dinge« entdeckt. Leider kann die Gesellschaft, realistisch betrachtet, nicht Millionen Archäologen und Ägyptologen finanzieren, aber ich kann wenigstens versuchen, meine Abenteuer mit anderen zu teilen und sie damit informieren, unterhalten und vielleicht sogar inspirieren.

Mit diesem Buch möchte ich all dies tun, und ich hoffe, dass es mir auch zumindest teilweise gelingen wird. Ja, ich habe ein paar ziemlich tolle Dinge erlebt. Glückliche Zufälle und Begegnungen mit den richtigen Leuten spielten dabei eine Rolle, aber auch Kreativität, Einfallsreichtum, eine gründliche Vorbereitung und Engagement. »Wer nicht wagt, der nicht gewinnt« heißt es, und ich hoffe, Sie genießen es, ein paar meiner Abenteuer mit mir zu teilen, die meisten davon in Ägypten, das zweifellos zu den spannendsten Ländern auf diesem wunderbaren Planeten zählt.

INHALT

1

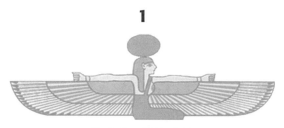

DAS GRAB

Die bewegende Melodie einer Klaviersonate von Beethoven erklang leise im Hintergrund, als ich in den finsteren Spalt starrte, der sich vor meinen Augen auftat. Ich gab noch einen kleinen Stein an Achmed weiter, der ihn seinerseits die alten weißen Stufen hinaufreichte, wo er schließlich auf einem wachsenden Schutthaufen landete. Beethoven hätte sich sicher nicht träumen lassen, dass seine *Appassionata* jemals die musikalische Untermalung eines so denkwürdigen Ereignisses liefern würde: Die Öffnung eines altägyptischen Grabes im berühmten Tal der Könige. Allerdings war es genau genommen die Wiedereröffnung dieses bestimmten Grabes – meiner Einschätzung nach war ich der vierte Mensch, der dies in den letzten drei Jahrtausenden getan hatte.

Während ich vorsichtig die Steine entfernte, staunte ich über die Situation, in der ich mich da befand. Hier stand ich nun an der berühmtesten Grabungsstätte der Welt, in den Fußstapfen früherer Forscher, die sich von diesem antiken Ort ebenso hatten fesseln lassen. Ganz in der Nähe ragten die Kalksteinwände des Tals in den Himmel. Ihre Goldtöne verblassten allmählich in der sengenden Sommersonne, die auf uns niederstach, während wir in den letzten Schattenresten des Vormittags arbeiteten. Welche Geschichten könnten diese Felsen erzählen, die seit Jahrhunderten Zeugen leidenschaftlicher Dramen waren, die den Schweiß altägyptischer Arbeiter, die Tränen der Trauernden und jetzt das Drama der modernen archäologischen Entdeckung mitansahen.

Vor etwa vierunddreißig Jahrhunderten ließ einer der bedeutendsten Männer des Planeten, der mächtige Pharao, König von Ober- und Unterägypten, Aacheperkare Thutmosis, sich ein geheimes Grab in den ausgedörrten Bergen nahe Theben anlegen. Die Pyramiden seiner Vorgänger standen nur noch als hoch aufragende Mahnmale in der Wüste. Sie hatten Schatzsucher geradezu angelockt und sich in einer Hinsicht als absoluter Fehlschlag erwiesen, nämlich als es darum ging, die sterblichen Überreste der als Gottkönige geltenden Herrscher zu schützen. Thutmosis hatte eine neue Strategie entwickelt und hoffte, sich ewige Ruhe zu sichern, indem er ein verstecktes Grab tief im anstehenden Fels eines abgelegenen Wüstentals anlegte, fernab der Menschenmassen. Eine in der Nähe aufragende Bergspitze bildete zudem eine natürliche symbolische Pyramide über dem Königsgrab. Die Grabstätte des Thutmosis war die erste im »Tal der Könige«, die zur Grablege von drei Herrscherdynastien in den knapp fünfhundert Jahren des Neuen Reiches (etwa 1550 bis 1070 v. Chr.) werden sollte. Dieser Königsfriedhof bildet die Bühne für unsere Graböffnung. Nur ein paar Minuten Fußmarsch von uns entfernt liegt das Grab des berühmten kriegerischen Pharaos Ramses II. und ein wenig weiter weg das von Tutanchamun, dem unbedeutenden, jung verstorbenen König, dessen praktisch unberührtes Grab ihn in der modernen Welt unsterblich machte. Und nur ein paar Schritte von unserer Grabung entfernt befindet sich das ursprüngliche Grab Thutmosis' I., eine tiefe, unterirdische Gruft, die später von seiner Tochter, der beeindruckenden Pharaonin Hatschepsut, erweitert und in Besitz genommen wurde.

Die frühen Gräber im Tal waren gut versteckt, sie lagen in Felsspalten oder an ähnlich unzugänglichen Stellen. Die der späteren Pharaonen dagegen prunkten oft mit großen und auffälligen, in den anstehenden Kalkstein gemeißelten Eingängen. Die prächtig ausgemalten Korridore, die dahinter lagen, führten jeweils zu einem imposanten Steinsarkophag, der die Mumie des Königs barg. Wie die Pyramiden sollte sich auch das Tal der Könige auf lange Sicht als ungeeigneter Schutz gegen die Habgier der Menschen erweisen. Viele Gräber wurden schon zu einer Zeit ausgeraubt, als der Friedhof noch in Betrieb war.

Bereits im 3. Jahrhundert v. Chr. zogen einige Gräber als Touristenattraktionen griechische und römische Besucher an, die wie wir heute die Zeugnisse der Vergangenheit bestaunen wollten. Viele von ihnen hinterließen sogar ihre »Visitenkarten« in Form von Graffiti, die man noch immer an den Wänden mancher Gräber sehen und lesen kann.

1 Das Tal der Könige.

Einige Gräber im Tal dienten später christlichen Einsiedlern als bescheidene Unterkunft, und einige wurden durch Sturzfluten und andere Naturkatastrophen, aber auch durch menschliche Übergriffe verwüstet. Letztendlich blieben nur wenige Pharaonen ungestört an den Orten, die sie sich für ihre ewige Ruhe ausgewählt hatten. Ihre oft zerfledderten Mumien wurden später von altägyptischen Priestern geborgen, neu eingewickelt und in geheimen Verstecken untergebracht, wo man sie im späten 19. Jahrhundert wiederfand.

Wie die meisten archäologischen Stätten in Ägypten kann auch das Tal der Könige auf eine reiche Forschungsgeschichte zurückblicken. Die Lage des Tals war europäischen Reisenden schon lange bekannt, aber erst mit der Ankunft von Giovanni Belzoni begannen im Jahr 1816 die neuzeitlichen Ausgrabungen (zu ihm in einem anderen Kapitel mehr). Dann durchwanderte 1827 John Gardner Wilkinson das Tal mit einem Farbeimer und malte auf seinem Weg kühn Nummern an alle bekannten Gräber. So schuf er ein Nummerierungssystem, auf das sich alle folgenden Gelehrten und Archäologen bezogen. Wilkinson kam nur bis zur Nummer 21, doch das System ist inzwischen bei Nummer 63 angelangt – einem rätselhaften Depot von Särgen ohne Mumien, das 2006 gefunden wurde.

Das Tal der Könige ist sicher eine der berühmtesten antiken Stätten weltweit, und doch wissen die meisten Menschen (darunter auch Archäologen) nicht, dass zwischen den etwa dreißig prächtig verzierten Königsgräbern mindestens ebenso viele meist kleine Grabstätten ohne Inschrift zu finden sind, bei denen allein die Tatsache, dass sie im Tal der Könige liegen, darauf verweist, dass ihre Inhaber ganz sicher keine einfachen ägyptischen Bauern waren. Einige bestehen nur aus einem Schacht, der zu einer einzigen rechteckigen Grabkammer führt, andere haben einen oder zwei Korridore und Treppen, die schließlich in der Sargkammer münden. Diese Gräber, deren unbeschriftete Wände ihre verstorbenen Bewohner üblicherweise namenlos lassen, stießen bei Ägyptologen bis vor Kurzem selten auf größeres Interesse. Die schönen und interessanten Malereien und Texte an den Wänden der größeren Königsgräber sind wesentlich anziehender und haben lange einen Großteil der wissenschaftlichen Aufmerksamkeit absorbiert.

Das Grab, an dem wir gerade arbeiteten, war namenlos. Wir kannten es nur als Grab 60 – oder KV 60, mit der üblichen Abkürzung für »Kings' Valley«, die die Ägyptologen verwenden, um ein Grab im Tal zu bezeichnen, im Unterschied zu den Gräbern auf anderen thebanischen Friedhöfen. Als der englische Archäologe Howard Carter im Frühjahr des Jahres 1903 über dieses Grab stolperte, war er von dessen Größe, der fehlende Ausschmückung und dem geplünderten Inneren kaum beeindruckt. Carter suchte nach Größerem und Besserem: nach weitläufigen Königsgräbern mit bemalten Wänden und hübschen erhaltenen Artefakten. Neunzehn Jahre später knackte er tatsächlich den archäologischen Jackpot, als er am anderen Ende des Tals die Grabkammern einer Person entdeckte, die seither zu einer der größten historischen Berühmtheiten aufgestiegen ist: König Tutanchamun. Wie schon 1922 stehen die Leute noch heute Schlange, um Tutanchamuns Grab zu sehen, aber nur wenige von ihnen haben je von KV 60 gehört oder von den vielen anderen kleinen, unscheinbaren Gräbern vor Ort.

Mein erster Besuch im Tal der Könige fiel auf einen glühend heißen Julinachmittag des Jahres 1981, acht Jahre, bevor ich auf Grab 60 stoßen sollte. Ich mietete am Westufer des Nils, gegenüber der modernen Stadt Luxor, ein altersschwaches Fahrrad und fuhr eine Straße entlang, die an grünen Feldern vorbei exakt nach Westen führte, bevor sie sich hinter zwei riesigen steinernen Sitzstatuen nach Norden wandte. Diese Statuen sind – oder vielmehr waren damals – fast alles, was von dem gigantischen Totentempel des großen Pharaos Amenophis III. übrig geblieben ist. Bei Ausgrabungen sind dort in den letzten fünfzehn Jahren zahlreiche, zum Teil fast unversehrte Statuen zum Vorschein gekommen. Vorbei am Dorf Qurna, dessen Lehmziegelhäuser inmitten eines antiken Friedhofs liegen, radelte ich lange durch eine trockene, kurvenreiche Schlucht den Berg hinauf. Die von der Asphaltstraße reflektierte Hitze machte die mühsame Fahrt nicht gerade angenehmer, doch schließlich erreichte ich den schmalen Eingang zum Tal. Reihen geschlossener Souvenirkioske erinnerten mich daran, dass dieser entlegene Platz den Touristen durchaus bekannt war – allerdings hatten sie das Feld für heute schon geräumt und sich in die Kühle ihrer luxuriösen Hotels auf der anderen Seite des Flusses geflüchtet. Mittags war das Tal leer, mit Ausnahme einiger weniger Grabwächter, der *gaffire,* die im Schatten ein Nickerchen machten.

Tutanchamuns Grab stand ganz oben auf meiner Besichtigungsliste, und so ging ich direkt auf die Mauer zu, die seinen Eingang umgab. Seit Jahren hatte ich so viele Fotos davon gesehen, dass ich das Gefühl hatte, die Gegend schon ewig zu kennen. Ich wollte das Grab so erleben wie Howard Carter damals. Als ich die Einfriedung betrat, schreckte ein *gaffir* in dunklem Gewand hoch und prüfte meine Eintrittskarte, bevor er wieder in tiefen Schlaf sank. Ich weiß noch, dass ich die Stufen zählte, sechzehn Stück, während ich zu jenem Punkt hinabstieg, an dem Carter gestanden und eine alte Tür betrachtet hatte, die mit Verputz verschlossen war und auf der sich die Siegel der antiken Nekropolenverwaltung befanden – ein liegender Schakal über neun knienden Gefangenen. Carter hatte dann ein Telegramm an Lord Carnarvon, seinen Geldgeber in England, geschickt und geduldig auf dessen Ankunft gewartet, bevor die beiden gemeinsam die Tür aufbrachen. Dahinter lag ein Tunnel voller Schutt, der eine weitere versiegelte Tür schützte. Ich ging diesen Korridor hinunter und hielt am zweiten Durchgang. Hier hatte Carter einen ersten Blick in das Grab geworfen, das an jenem Tag Geschichte schreiben sollte. Als Carnarvon fragte, ob er durch das kleine Loch, das sie durch den vermauerten Zugang gebohrt hatten, etwas sehen könne, soll Carter geantwortet haben:»Ja, wunderbare Dinge!«

Der berühmte amerikanische Ägyptologe James Henry Breasted, der kurz darauf Tutanchamuns frisch geöffnetes Grab besuchte, erklärte, er sei »von diesem überwältigenden Anblick völlig hingerissen [gewesen] ... der prunkvolle Anblick, die ganze verschwenderische Pracht erinnerte eher an die falsche Herrlichkeit und die vorgetäuschten Reichtümer, die in der Requisitenkammer eines modernen Opernhauses aufgehäuft sind, als an echte, seit der Antike erhaltene Grabbeigaben.«

Bei meinem eigenen Besuch sah ich, dass das Grab, das Carter vollgestopft mit einer gigantischen Menge königlicher Grabausstattung vorgefunden hatte, in Wirklichkeit nur aus vier kleinen Kammern besteht, deren Winzigkeit viele, die das Grab zum ersten Mal sehen, wieder auf den Boden der Tatsachen zurückholt. Ich hatte all die prächtigen Funde aus dem Grab schon persönlich im Ägyptischen Museum in Kairo gesehen, ausgestellt in mehreren Hallen, und konnte es kaum fassen, dass sie alle auf diesem beschränkten Raum Platz gefunden haben sollten. Rechts vom Vorraum hielt ein Geländer Touristen von der abgesenkten Grabkammer fern, in der der goldene Sarg, der äußerste der drei ineinandergestellten Särge Tutanchamuns, in seinem Steinsarkophag unter einer Glasscheibe zu bewundern war. Ich weiß nicht mehr, wie lange ich auf diesen Rest einer altägyptischen Königsbestattung starrte. Es war mir damals nicht klar, doch die jämmerlich zugerichtete Mumie des jungen Pharao lag, vor den Blicken verborgen, als einzige im Tal der Könige noch immer in ihrem Sarg, allerdings auch sie von wohlmeinenden Archäologen im Namen der Wissenschaft ihres Schmucks und ihrer Amulette beraubt. Die bloßen Reste lagen auf einer Sandschicht, ein abgetrennter Kopf und in ihrer korrekten anatomischen Position ausgerichtete Glieder, als ob die übereifrigen Forscher ihr schlechtes Gewissen dadurch hatten beruhigen wollen.

Den Rest des Nachmittags verbrachte ich damit, einige größere Gräber des Tals zu erkunden, die für Touristen zugänglich waren, leere Königsgräber mit reliefierten und bemalten Wänden, die die Fantasie überwältigen und die Uneingeweihten mit ihrer esoterisch anmutenden Symbolik verwirren. Als das Ende der Besichtigungszeit näher rückte, stieg ich aufs

Fahrrad und fuhr glücklich ohne Bremsen die Straße hinunter bis in die fruchtbare Flussebene hinein.

Ein paar Jahre später kehrte ich ins Tal zurück, mit einer Karte in der Hand, auf der hier und da ein Punkt mit einer Grabnummer zu sehen war. Bei diesem zweiten Besuch wollte ich so viele Gräber wie möglich sehen – oder sie, wenn ich schon nicht hineinkam, doch wenigstens lokalisieren. Nachdem ich mir die sofort sichtbaren Gräber mit ihren breiten vergitterten Türen angesehen hatte, drehte ich meine Karte verwirrt hin und her und fragte mich, wo die meisten anderen denn jetzt wohl lagen. Überraschenderweise waren von etwa der Hälfte der Gräber nur kleine Schächte oder Löcher zu finden, andere sah man überhaupt nicht.

Dennoch ging ich ein Jahr später noch einmal in das Tal, diesmal gut gewappnet mit einem umfassenden Wissen über das gesamte Gelände. Ich hatte ein großartiges Fachbuch mit dem Titel *The Royal Necropoleis of Thebes* gelesen, geschrieben im Jahr 1966 von einer Ägyptologin namens Elizabeth Thomas. Das Buch war nie in einem Verlag erschienen, doch in einigen Bibliotheken fand man die einzeilig mit der Schreibmaschine getippten Seiten, die in nur neunzig Exemplaren vervielfältigt und gebunden worden waren. Thomas hatte fast jedes bekannte Fitzelchen Information über das Tal und andere Königsfriedhöfe der Region zusammengetragen. Sie hatte kaum etwas übersehen, und ihre Fußnoten enthalten viele Hinweise auf Notizen von Entdeckern und Archäologen. Bei jedem Umblättern stößt man auf interessante Informationen, und verblüfft nahm ich nicht nur zur Kenntnis, was man bereits wusste, sondern vor allem, was man alles noch nicht wusste. Jedes Grab besaß besondere und faszinierende Eigenheiten, und ich entdeckte Details zu den unauffälligen Gräbern, die mich schon bei meinem vorhergehenden Besuch im Tal interessiert hatten. In der guten alten Zeit der ägyptischen Archäologie war es wohl nichts Besonderes gewesen, pro Tag ein oder mehrere Gräber zu finden, und eine von Plünderern verwüstete Beisetzung ohne irgendeinen Gegenstand von künstlerischem Belang war damals kaum ein müdes Lächeln wert. Doch allein schon die Existenz dieser vielen undekorierten Gräber spricht für ihre Bedeutung.

Seit der Entdeckung des Grabes von Tutanchamun haben im Tal der Könige nur sehr wenige archäologische Grabungen stattgefunden. Erforscht wurden die Jenseitstexte an den Wänden einiger großer Königsgräber, aber ansonsten ging man wohl davon aus, dass dort nur noch wenig zu finden sei. Das änderte sich erst 1977, als eine Expedition des Brooklyn Museums im Laufe einiger Jahre einen riesigen Schacht im Grab Ramses' XI. freilegte und eine Reihe nützlicher Untersuchungen zur Konservierung durchführte. Ein Dutzend Jahre später stellte ich den Antrag, eine Reihe der »anonymen« Gräber zu untersuchen, die hinter einer Felsnase im Tal lagen. Sie schienen eine Gruppe zu bilden, und was ich über sie gelesen hatte, klang wirklich verlockend. Jedes hatte eine Nummer – 21, 27, 28, 44 und 45 – und alle außer der Nummer 21 waren als offene oder verfüllte Schächte sichtbar. Die ungefähre Lage von 21, dem größten der fünf Grä-ber, konnte man auf einer Karte erkennen, aber es war unter Geröll ver-schwunden, das wahrscheinlich durch eine Kombination von Springfluten und Schuttablagerungen früher Grabungen dort hingelangt war.

Ich schrieb Elizabeth Thomas von meiner Idee, diese kleinen, bisher unbeachteten Gräber zu untersuchen, und sie machte mir einen Vorschlag: Da ich schon in dessen Nähe arbeiten würde, sollte ich doch schauen, ob ich nicht vielleicht auch ein rätselhaftes, undekoriertes Grab aufspüren könnte, das die Nummer KV 60 bekommen hatte. Es sollte ganz in der Nähe von KV 19 liegen, das einem Prinzen der 20. Dynastie namens Montuherchopeschef gehörte. Ich war nicht interessiert. Die vier Gräber, von denen man genau wusste, wo sie lagen, würden mich schon vollauf beschäftigen, einmal ganz abgesehen von der Freilegung und Erforschung von Grab 21. Zudem war auf die Schnelle nirgends in Erfahrung zu bringen, wo sich KV 60 denn nun genau befand. Es musste allerdings eine sehr interessante Bestattung sein, auf die Howard Carter im Frühjahr 1903 gestoßen war. In einem Artikel beschrieb er sie ein Jahr später folgendermaßen:

Ein kleines Grab ohne Inschriften, direkt am Eingang von Nr. 19 (dem Grab von Ment-hi-khopesh-ef*). Es besteht aus einer sehr grob in den Fels gehauenen Treppe, die hinunter in einen etwa fünf Meter langen Gang führt. Dieser endet in einer niedrigen und ungefähr viereckigen Kammer, etwa vier x fünf Meter groß, die die Reste einer stark zerstör-

---

*   Wie alle altägyptischen Name kann auch »Ment-hi-khopesh-ef« unterschiedlich buchstabiert werden, etwa auch als »Mentuherchepschef«, »Mentuherkhepeshef« oder »Montuherchopeschef«.

ten und geplünderten Beisetzung enthält. In diesem Grab fand sich nichts außer zwei fast ganz ausgewickelten Frauenmumien und einigen mumifizierten Gänsen. Eine der Mumien lag im unteren Teil ihres Sarges (der Deckel fehlte), die andere auf dem Boden daneben. Ihre Köpfe waren ziemlich gut erhalten und hatten langes, goldfarbenes Haar. Ich würde sagen, dass sie schon älter gewesen sein müssen. Das Grab war wahrscheinlich von den Bauarbeitern ausgeraubt worden, die das Grab Ment-hi-khopesh-efs anlegten. Der Teil des Sarges, der die Mumie enthielt, war seiner Außenschicht beraubt, vielleicht weil er vergoldet gewesen war, und die einzige verwertbare Inschrift, die zu erkennen war, lautete: die königliche Amme In. Mr. Newberry war bei der Öffnung anwesend, und er ist der Ansicht, dass dies vielleicht die Mumien der Ammen von Thouthmes IV. waren. Ich nahm nur die Gänse heraus und schloss das Grab wieder.

Die Beschreibung des Grabes würde bei jedem modernen Archäologen alle Alarmglocken schrillen lassen, Carters fast beiläufige Kommentare hingegen deuten auf Desinteresse an dieser bemerkenswerten Entdeckung. Die Schilderung beschränkt sich auf einige kurze Absätze in einem sehr umfangreichen Aufsatz, in dem er seine Arbeit in Oberägypten in den Jahren 1902/1903 zusammenfasst. In dieser Zeit grub er auch am Totentempel Ramses' II. (dem Ramesseum), inspizierte die Arbeit verschiedener Archäologen, organisierte Reparaturen an einigen Tempeln, legte in einer gefährlichen Aktion das Grab Thutmosis' I. und Hatschepsuts im Tal der Könige frei, entdeckte das fantastische Königsgrab Thutmosis' IV. und, ach ja, ein nicht ausgemaltes, eher uninteressantes Grab ganz in der Nähe, mit zwei weiblichen Mumien darin.

Carter hatte sich damals vertraglich verpflichtet, archäologische Arbeiten für den exzentrischen amerikanischen Multimillionär Theodore Davis durchzuführen. Davis, ein Amateurarchäologe, hatte Carter für Ausgrabungen im Tal der Könige angestellt. Er hatte die Konzession, überall in dem heiligen Tal zu graben, und es war ihm – obwohl er ein völliger Dilettant war – gelungen, einige äußerst kontrovers interpretierbare Gräber zu finden. Er war auch für die Entdeckung eines Depots mit Balsamierungsmaterial verantwortlich, das einem damals nahezu unbekannten Pharao namens Tutanchamun gehörte. Demnach konnte man also annehmen, dass der König irgendwo im Tal beigesetzt sein musste. Als 1907 ein kleines Grab entdeckt wurde, nahm Davis an, dass dies das bedauerlicherweise komplett ausgeraubte Grab des kaum bekannten Königs sein müsse, und wandte sich anderen Problemen zu. Carter selbst jedoch blieb skeptisch.

Wenn schon Howard Carters Notizen zu KV 60 knapp sind, so verlor Theodore Davis selbst noch weniger Worte darüber:»In der Saison 1904/1905 legte Mr. Carter bei Ausgrabungen für Mr. Davis einen Schnitt quer über den Eingang zu diesem Grab und entdeckte dabei ein Grab der XVIII. Dynastie, über dem das Grab von Mentuherkhepshef in den Fels geschnitten worden war. Diese frühere Bestattung enthielt, wie er feststellte, die Mumien zweier Frauen. Das Grab war geplündert worden und enthielt nichts von Interesse.«

Die Worte »nichts von Interesse« bestätigen die Einstellung des frühen 20. Jahrhunderts zu diesen kleineren Gräbern. Davis' Haltung war so blasiert, dass er bei seiner Beschreibung des Fundes sogar noch das falsche Jahr angab.

Nur ein oder zwei Monate, bevor er auf Grab 60 stieß, hatte Howard Carter im selben Gebiet das große bemalte, aber leider ausgeplünderte Grab des berühmten Pharaos Thutmosis IV. aus der 18. Dynastie entdeckt. An einen Pfeiler gebunden fand er ein altes Seil, das die Grabräuber dreitausend Jahre zuvor wahrscheinlich benutzt hatten, um einen tiefen Schacht zu überwinden, und ein großes antikes Graffito berichtet in hieratischer Schrift von einer Inspektion des Grabes nach dem Raub. Obwohl das Grab also schon in der Antike geplündert worden war, fand man dort noch eindrucksvolle Fragmente der zerschlagenen Grabausstattung im Schutt neben dem prächtigen Steinsarkophag des Pharaos – allerdings ohne Mumie –, der die geräumige Grabkammer beherrschte.

In Anbetracht der damals vorherrschenden Einstellung und der ständigen Suche nach »bedeutenderen« Entdeckungen überrascht es nicht, dass KV 60 schnell in Vergessenheit geriet. Carter schloss das Grab und verfüllte es wahrscheinlich mit dem Schutt späterer Grabungen, doch damit war die Geschichte noch nicht zu Ende. Man kann davon ausgehen, dass es drei Jahre später, 1906, noch einmal von einem Ausgräber, nämlich Edward Ayrton, betreten wurde, als er gerade KV 19 freilegte. Wir wissen nur indirekt von diesem Besuch, durch eine handschriftliche Notiz im Inventarkatalog des Ägyptischen Museums, dem *Journal d'Entrée,* der den Erwerb eines Sarges mit Mumie verzeichnet –»von Carter als derjenige erkannt, den er 1903 nahe Menthuherkhepeshef gefunden hatte. Er wurde später abtransportiert (von Ayrton?)«. Nicht erwähnt wurde die zweite Mumie im Grab, die auf dem Boden gelegen hatte. Könnten sie und andere Überreste der Bestattung vielleicht noch dort sein? Irgendwann, vielleicht sofort nach diesem zweiten neuzeitlichen Besuch im Grab, verschwand KV 60 wieder unter Schutt, und das Wissen um seine genaue Lage ging verloren. Das sollte für die nächsten achtzig Jahre so bleiben.

Wie Carter schrieb, wurde die Mumie, die Ayrton später barg und nach Kairo brachte, anfangs anhand der Hieroglyphen auf dem Sarg, in dem sie lag, identifiziert. Spätere Forschungen ergaben, dass sie *nicht* die Amme von Thutmosis IV. war, sondern diese Aufgabe vielmehr für Hatschepsut übernommen hatte, jene rätselhafte Frau, die etwa zwanzig Jahre lang als König über Ägypten herrschte. Ihr Name war Satre (Tochter des Gottes Re), und sie hatte den Kosenamen In (Fisch) bekommen. Eine zerbrochene Statue dieser Frau wurde – so nimmt man zumindest an – in Hatschepsuts Tempel jenseits der Berge, im Talkessel von Deir el-Bahari, gefunden. Sie zeigt sie sitzend mit der jungen Königin und späteren Pharaonin auf dem Schoß. Die Lage von Grab 60 erschien aus dieser Perspektive heraus durchaus sinnvoll, denn das nächstgelegene zeitgleiche Königsgrab war tatsächlich das von Hatschepsut.

Aus Respekt vor Elizabeth Thomas nahm ich auch KV 60 in den Antrag auf, den ich der ägyptischen Altertümerbehörde zur Genehmigung vorlegen wollte. Falls sich irgendwann in den nächsten Jahren die Gelegenheit ergeben sollte, würde ich vielleicht einen Moment lang darüber nachdenken, wo dieses so lange verschollene Grab wohl liegen könnte. Doch es sollte alles ganz anders kommen.

Ende Juni 1989 erreichten wir Luxor, um mit der Arbeit an den undekorierten Gräbern des Tals zu beginnen – die glühende Sommerhitze war schon zwei Monate vor uns dort angekommen. Einen Tag brauchten wir, um uns einzurichten, einen vernünftigen Zimmerpreis für unseren langen Aufenthalt mit dem Hotelmanager auszuhandeln und die Gerätschaften zusammenzusuchen, die wir bei der Arbeit brauchen würden. Auch Mark Papworth, einer meiner früheren Professoren und ein brillanter Denker, war mit von der Partie. Er hatte eine wichtige theoretische Revolution mit angestoßen, die die amerikanische Archäologie in den 1960er- und 1970er-

Jahren des 20. Jahrhunderts erfasst hatte. Zu unserem Team gehörte auch Hisham Hegazy, ein Inspektor der Altertümerbehörde, der von Zeit zu Zeit freiberuflich als Archäologe arbeitete. Ich hatte ihn ein Jahr zuvor kennengelernt, als ich ein paar Wochen an einer Grabung im Nildelta teilnahm, die ein anderer meiner früheren Professoren leitete. Gut aussehend, charmant und einigermaßen im Englischen bewandert, war Hisham mit seiner Kenntnis der lokalen Archäologie *und* des Systems, das sie kontrollierte, eine wunderbare Bereicherung für unser Team.

Den Morgen des 26. Juni hatten wir damit verbracht, unser Vorhaben mit den lokalen Behörden abzuklären, und als das erledigt war, brannte die Sonne schon sengend heiß vom Himmel. An diesem Tag wollten wir nur noch ins Tal, um uns in unserem Arbeitsgebiet zu orientieren und ein paar Besen, Hacken und Körbe dort zu deponieren. Die Fahrt das Tal hinauf kam uns besonders heiß vor, obwohl wir die Fenster unseres Mietwagens ganz heruntergekurbelt hatten. Unser Fahrer hielt so nahe am Eingang wie nur möglich. Die Souvenirverkäufer hatten ihre kleinen Kioske schon abgeschlossen und waren gegangen. Es war aufregend, in offizieller Mission im Tal zu sein und nicht nur als Tourist. Wir bogen um die Ecke des alten Rasthauses und gingen auf die Ostwand des Tals zu, vorbei an den auffälligen Gräbern Ramses' I. und Sethos' I. Der gut ausgebaute Weg endete bald, und wir folgten einem kleinen Pfad ein Stück weiter hinauf zum einzig sichtbaren Schatten am Eingang von Grab 19, dem kunstvoll ausgemalten Korridorgrab von Prinz Montuherchopeschef. Wir stapelten die Werkzeuge auf einen Haufen. »Schauen wir uns doch noch ein bisschen um, wenn wir schon mal da sind«, schlug ich vor, und so machten wir einen Spaziergang das kleine Wadi entlang, in dem die Gräber lagen, für die wir eine Grabungslizenz besaßen: KV 21, 27, 28, 44, 45 und, irgendwo in diesem Gebiet verborgen, KV 60.

Die Umgebung sah praktisch noch genauso aus wie ein paar Jahre zuvor – eine Handvoll mit Schutt aufgefüllter Schächte. Eine leichte Brise wehte einen Papierfetzen über den mit Sand und Steinsplittern bedeckten Felsboden. Letztere stammten von den antiken Arbeitern, die die Gräber aus dem Stein gemeißelt hatten, und waren von westlichen Ausgräbern in den letzten beiden Jahrhunderten mehrfach umverteilt worden. Einige frühe Ausgräber favorisierten eine Technik, die vielleicht am besten als »menschlicher Bulldozer« beschrieben werden kann: Man beschäftigte große Mengen einheimischer Arbeiter, manchmal Hunderte, um Teile des

Tals oder andere archäologische Fundstätten bis auf den gewachsenen Felsen abzugraben. Während sie sich immer weiter vorarbeiteten, schaufelten sie Erde und Steine in Körbe, die weitergegeben und anderswo ausgeleert wurden. Einige unglückliche spätere Ausgräber standen dann vor der Aufgabe, die Schutthaufen ihrer Vorgänger abräumen zu müssen, bevor sie ihre eigene Arbeit beginnen konnten. Ein berghoher Haufen Steinsplitter, das Ergebnis von Carters Grabungen, türmte sich hoch über dem Gebiet, in dem wir arbeiten würden. Von seinem ebenen Rücken aus hatten wir eine Art Feldherrenblick über die Gräber am Boden, und wir nannten diesen Platz den »Strand«, weil er so flach und sonnig war.

Der Eingang von Grab 21 war völlig verschüttet, doch eine kleine Senke im angeschwemmten Geröll verriet, wo wir unsere Schaufeln ansetzen sollten. Die anderen Gräber – außer KV 60 natürlich – konnten leicht anhand ihrer erkennbaren Schächte identifiziert werden, die jeweils mit einer bunten Mischung aus natürlichem und von Menschen gemachtem Schutt gefüllt waren. Unsere erste Inspektion dauerte nicht lange, und auf dem Weg zurück zu Grab 19 sprach ich das Problem des verschollenen KV 60 an. Carters Notizen fielen mir ein: »direkt im Eingang von Grab 19«. Links und rechts konnte ich keinen Platz sehen, der auch nur annähernd für ein Grab geeignet gewesen wäre. Der Eingang zu KV 19 war in der Antike durch einen Felsvorsprung geschlagen worden, mit einer leicht nach unten abfallenden Rampe, die auf eine viereckige Tür mit dreifachen verzierten Türpfosten zuläuft. In vielerlei Hinsicht ähnelte das Ganze einer modernen Einzelgarage, allerdings mit einer hohen Decke und pharaonisch bemalten Wänden. Die Rampe war mehrere Zentimeter hoch mit angewehten Sedimenten bedeckt, und als ich einen Besen in unserem Werkzeugstapel sah, kam mir eine Idee. Warum sollte ich an Carters Angaben zweifeln? Wenn er gesagt hatte, direkt vor Grab 19, warum sollte ich dort nicht einmal nachsehen?

Mit dem Besen fegte ich nur ein paar Meter östlich der Tür zu Grab 19 die losen Ablagerungen weg, bis ich den gewachsenen Fels erreichte. Hisham half mir, und wir kamen ohne große Schwierigkeiten gut voran. Der Fels am Boden der freigelegten Schneise glänzte weiß, und nach nicht einmal einer halben Stunde Arbeit fiel mir etwas Ungewöhnliches auf: eine geradlinige Beschädigung im Felsboden. Ich fegte weiter, immer an diesem Riss entlang, und stellte fest, dass er sich praktisch horizontal fast in ganzer

Länge quer über die Eingangsrampe von Grab 19 zog. Im Süden verschwand er unter einer Felswand, das nördliche Ende knickte scharf nach Westen ab. An dem Punkt nahm ich meine Maurerkelle zur Hand und zog den Rand einer Grube oder Senke im Fels nach, aufgefüllt mit Steinabschlägen aus weißem Kalkstein und hellbraunem Sediment, wie es für das Tal typisch ist.

Wir sprachen nicht viel, aber bald war klar, dass wir hier auf etwas Spannendes gestoßen waren. Vom Hügel herab machten wir ein paar Fotos, und danach hackte ich in einer Ecke den Boden einige Zentimeter tief auf. »Also, ich glaube, hier sollten wir genauer nachschauen, oder?«, meinte ich. Mark wie auch Hisham waren zurückhaltend optimistisch, und wir überlegten, ob wir womöglich gerade über das lange verschollene Grab 60 gestolpert waren. Allerdings wagten wir nicht, uns allzu sehr zu freuen, um nicht allzu enttäuscht zu sein, wenn sich unsere Entdeckung nur als flache Mulde oder natürliche Senke im Gestein entpuppen sollte.

Die nächsten Tage verbrachten wir mit dieser Grabung. Wir fanden ein paar verstreute Artefakte – Mumienbinden und die eine oder andere Perle –, aber keine direkten Hinweise auf ein Grab. Das sollte sich jedoch bald ändern: Am südlichen Ende unserer Grube tauchte allmählich ein kleiner Steinsockel auf, der einer Treppenstufe ähnelte, und im Norden merkte ich, dass ein paar Steine nach unten absackten, als ich mit der Kelle dort arbeitete, deren Kratzen über die weißen Kalksteinsplitter den charakteristischen hellen Klingelton erzeugte. Noch ein paar Striche mit der Kelle, und vor mir öffnete sich ein winziger schwarzer Schlitz, der sich als eine Lücke über einer Mauer aus Felsbrocken erwies, die den Zugang zu einer Art Korridor dahinter blockierte. Wir waren da tatsächlich einer interessanten Sache auf der Spur.

Als wir weitermachten, mussten wir erst einmal eine moderne Stützmauer versetzen, um die oberste Stufe einer steilen und nur grob aus dem Fels geschlagenen Treppe zu erreichen, die tatsächlich zu einer blockierten Tür hinabführte. Unterschiedlichste Fragmente antiker Grabausstattung tauchten immer wieder in unserer Grube oder hinter der Mauer auf. Konnte ein Teil dieses Materials, darunter ein mit Harz beschichtetes Holzstück mit Blattgold, tatsächlich zu den nahe gelegenen, in der Antike ausgeraubten Königsgräbern von Montuherchopeschef oder vielleicht Thutmosis IV. gehören? Oder stammten sie aus Grab 60 selbst?

*2 In diesem Areal befindet sich KV 60 – der Mann auf dem Foto steht direkt
darüber. Rechts sieht man den Eingang zu KV 19, dessen Zugang unmittelbar
über KV 60 verlief. Ganz hinten, im Schatten der Felsen, befindet sich KV 20,
das Grab der Pharaonin Hatschepsut.*

Nun, da die Grabung in vollem Gange war, mussten wir einen kleinen
Trupp Arbeiter anheuern, die uns beim Graben, beim Bewegen von Steinblöcken und beim Wegschaffen des Materials halfen. Unser von der Regierung zugewiesener Antikeninspektor, Mohammed El-Bialy, rekrutierte
einige ausgewählte junge Männer aus dem Dorf Qurna. In ihren langen

gallabijas und Plastikschlappen wirkten sie kräftig, wenn nicht sogar enthusiastisch, und im Laufe der Zeit erwiesen sie sich trotz des heißen ägyptischen Sommers als beides. Der *reis* oder Vormann war ein stämmiger Typ namens Nubie, ein Jurastudent, der sich in den Semesterferien etwas dazuverdiente.

Bald wurde uns klar, dass wir irgendwo einen Ort brauchten, wo wir unsere Gerätschaften unterbringen und die Funde, die sich allmählich ansammelten, untersuchen und katalogisieren konnten. El-Bialy schlug eine traditionelle Lösung vor, auf die schon Generationen von Archäologen bei der Arbeit in diesen alten Friedhöfen zurückgegriffen hatten: Wir könnten ein Grab in der Nähe als eine Art Büro benutzen, vorausgesetzt, wir seien besonders vorsichtig. Das nächste Grab war natürlich KV 19 mit seinem großen, abschließbaren Eingang. Es war eine sehr schlichte Anlage, abgesehen von den Wandmalereien, auf denen unter anderem auch Prinz Montuherchopeschef beim Opfer an die Götter zu sehen war, inklusive eines begleitenden Hieroglyphentextes. Das Grab galt damals als »fernab der Hauptwege« und war nicht zu besichtigen. Wir waren uns unseres Privilegs bewusst und achteten peinlich genau darauf, dass unsere Anwesenheit dem Grab keinerlei Schäden zufügte. Wir stellten ein paar Stühle und einen kleinen Schreibtisch in die Grabkammer, dazu einen Arbeitstisch, der aus zwei Böcken und einer großen Spanplatte bestand. So entstand ein gemütliches und dabei wirklich prunkvolles Büro, und unser Respekt vor den Kunsthandwerkern von damals wuchs mit jedem Tag, an dem wir ihre Werke bewundern konnten.

Immer wieder tauchten beim Freilegen der Grube kleine Gegenstände auf, und Papworth registrierte sie alle pflichtbewusst in einem Notizbuch. Da Treppenstufen in die Tiefe führten, war klar, dass wir höchstwahrscheinlich das lange verlorene KV 60 ausgruben. Unsere kleine Eskapade mit dem Besen schien sich also auszuzahlen. Eine andere Expedition hatte kürzlich in der Nähe mit vielen ausgeklügelten Fernerkundungsgeräten gearbeitet, um auszuprobieren, ob sie beim Auffinden neuer oder verschollener Gräber nützlich sein könnten. Der Einsatz von Bodenradar, Magnetometern oder Messungen des elektrischen Widerstands hatte sich an anderen archäologischen Fundplätzen als hilfreich erwiesen, schien aber keine handfesten Ergebnisse für den Königsfriedhof zu liefern, weil der gewachsene Fels des Tals und der Steinschutt die Befunde verfälschten. Schon in den 1970er-

Jahren hatte man versucht, mit Schallwellen unbekannte künstliche Hohlräume im Fels aufzuspüren, und dabei ebenfalls uneinheitliche Ergebnisse erzielt. Unser schlichter Besen, gekauft für ein paar Dollar in Luxor, hatte mehr geschafft als die mehrere zehntausend Dollar teure Hightech-Ausrüstung – ein Beispiel für die Überlegenheit einfacher Hilfsmittel. Allerdings hatte der Besen ja nicht allein dort gefegt. Nur weil wir unsere Hausaufgaben gemacht (also die Notizen unser Vorgänger im Tal gelesen) und diese Notizen mit dem Terrain vor uns in Beziehung gesetzt hatten, hatte ein aus einer Laune heraus unternommenes Experiment zu so wunderbaren Ergebnissen geführt.

Sobald mir klar wurde, dass wir einen zugemauerten Gang vor uns hatten, beschloss ich, keinen auch noch so kurzen Blick auf die Räume dahinter zu werfen, bis alles für eine offizielle Öffnung vorbereitet war. Es wäre sicher einfach gewesen – man hätte nur ein paar kleine Steine herauslösen und mit einer Taschenlampe durch das Loch leuchten müssen. Doch als wir die Grube freilegten und immer mehr von der mit Felsblöcken verschlossenen Tür zu sehen war, stellte ich mit großem Aufwand sicher, dass alles bis zum richtigen Moment ein Geheimnis blieb. Das mag seltsam klingen, aber man muss nur an ein hübsch verpacktes Geschenk denken. Die Größe und Form der Schachtel und die Farbe des Geschenkpapiers laden schon zu Spekulationen ein und erzeugen Spannung und Vorfreude. Doch sobald die Schachtel einmal geöffnet ist und der Inhalt sichtbar wird, ist es mit der Überraschung vorbei. Das Geschenk mag noch lange Jahre in Ehren gehalten werden, aber die anfängliche Spannung ist für immer verloren. Dasselbe gilt für das Auffinden eines Grabes oder ähnliche Entdeckungen – allerdings bedeutet für den Archäologen das Ende der ersten Überraschung zugleich den Beginn einer langwierigen Arbeit. Howard Carter brauchte fast zehn Jahre, um seine Arbeiten im Grab Tutanchamuns abzuschließen, und dessen Inhalte und Befunde sind bis auf den heutigen Tag nur teilweise veröffentlicht.

Inzwischen war mehr als eine Woche vergangen, seit wir auf die Grube gestoßen waren. Zufällig schrieben wir gerade den 4. Juli, den amerikanischen Unabhängigkeitstag, doch auf dem anderen Flussufer in Luxor würde es kein Feuerwerk und keine Familienbarbecues geben; Mark Papworth und mir musste es genügen, um 10 Uhr morgens ein Grab zu öffnen. In der Sonne war es schon am Vormittag unmenschlich heiß, aber immerhin bot uns der flüchtige Schatten, den die Felswände über uns warfen, eine gewisse Erleichterung. Ich stellte eine kleine Gruppe unserer Arbeiter auf den steilen, schmalen Stufen des Grabes auf, deren helle Kalkstein-oberfläche in der Sonne flimmerte. Hisham und unser Inspektor Moham-med El-Bialy waren natürlich dabei, ebenso Sponsoren eines anderen Projekts, das in der Nähe arbeitete, und ein paar andere Leute, die herauf-gekommen waren, um mitzuerleben, was sich hier abspielte.

Um das Ganze noch feierlicher zu gestalten, drapierte ich die Flagge, die mir der Explorers Club in New York ausgeliehen hatte, über einer Mauer. Es war eben jene Fahne, die 1947 am Mast des berühmten Floßes *Kon-Tiki* geweht hatte, mit dem der Held meiner Jugend, der norwegi-sche Entdecker und Archäologe Thor Heyerdahl, den Pazifik überquerte. Das Wissen um die so unterschiedlichen Anlässe störte mich nicht: Die Flagge, die einst die rollenden Wogen des Pazifiks überquert hatte, fei-erte jetzt die Öffnung eines zeitlos unbeweglichen Grabes in einer kno-chentrockenen Wüste. Um den Moment noch eindrucksvoller zu gestal-ten, wollte ich ihn mit getragener Musik begleiten. Leider ist es modernen Archäologen aus Ägypten, Amerika, Europa und anderswo nicht gelun-gen, verlässlich die lange verlorenen melodischen Totenklagen zu rekon-struieren, die die pharaonischen Bestattungsriten begleiteten. Um eine beruhigende und würdige Atmosphäre zu schaffen, beschloss ich daher, unsere Arbeit mit drei Beethoven-Sonaten zu unterlegen, die leise aus einem tragbaren Kassettenrecorder klangen. Die Melodien der *Mond-scheinsonate,* der *Pathétique* und der *Appassionata* waren eine – aller-dings eindeutig europäische – Würdigung eines Grabes aus einer prak-tisch ausgestorbenen Kultur.

Ich stieg die grob gehauenen Stufen in die Grube hinunter und begann die Steinmauer Brocken um Brocken abzutragen. Als die Steine vom obe-ren Teil des blockierten Eingangs immer größer und schwerer wurden, fiel schließlich Licht auf die ersten Meter eines Ganges, wie wir ihn auf der anderen Seite der Mauer erwartet hatten. Irgendwann entstand eine Lücke, durch die man hindurchkriechen konnte. Die Spannung war mitt-lerweile fast unerträglich. Ich zog meinen Hut vom Kopf, und El-Bialy und ich prüften noch einmal, ob unsere Taschenlampen funktionierten. Ein paar Minuten später krochen wir durch das Loch und traten auf einen klei-nen, schräg abfallenden Haufen Geröll. Gebückt blieben wir ein paar

Augenblicke direkt hinter dem Eingang stehen, bis sich unsere Augen nach der blendenden Sonne draußen an die trübe Dunkelheit hier unten gewöhnt hatten. Weiter hinten tauchte vor uns allmählich eine viereckige Tür am Ende eines unregelmäßigen, acht Meter langen Korridors auf, dessen Boden mit Schutt übersät war.

3 Grob in den Felsen geschlagene Stufen führen hinab zu dem hier noch verschlossenen Zugang zu KV 60.

Direkt hinter der Tür befand sich auf beiden Seiten des Ganges je eine grob aus dem Fels geschlagene Nische mit den zerbrochenen Überresten hölzerner Grabbeigaben. Die meisten sahen aus wie frisch bereitetes Feuerholz. Am auffallendsten war ein Holzklotz, der trotz seines ruinösen Zustands sofort als Gesichtsteil eines Sarges zu erkennen war. Es war zertrümmert worden, die eingelegten Augen herausgerissen. Ein paar kleine Goldreste hingen noch an der einst vergoldeten Holzoberfläche, die außerdem verräterische Zeichen von Beilhieben trug. Später fanden wir in der Nähe noch winzige Stückchen Blattgold im Staub. Offenbar waren antike Grabräuber ihrem zerstörerischen Werk ganz nahe am Eingang, wo es mehr Licht gab, nachgegangen. Die Vergoldung konnte von den jeweiligen Gegenständen abgekratzt, gesammelt und dann neu eingeschmolzen werden. Damit war ihre Herkunft nicht mehr erkennbar, und zukünftige Käufer konnten nicht ahnen, dass ihre Ware aus dem Königsfriedhof recycelt worden war.

An den Wänden der beiden Nischen sahen wir einige grob gezeichnete Graffiti, die das schützende »Udjat«-Auge des Gottes Horus darstellten. Eines blickte in das Grab hinein und eines hinaus. Wenn ein solches Auge jemals irgendeine Kraft hatte, dann war diese jedenfalls schon lange verloren und geradezu bemitleidenswert unwirksam geworden. Draußen konnte ich Mark Papworth hören – er spielte Lord Carnarvon bei der Öffnung von Tutanchamuns Grab und rief mit sonorer Stimme: »Können Sie etwas sehen? Können Sie etwas sehen?« »Ja, zerbrochene Dinge«, wäre die angemessene Antwort gewesen, aber ich war zu beschäftigt und zu fasziniert, um zu antworten.

Wir setzten unsere Besichtigung des Grabes den Gang hinunter fort und achteten dabei sorgfältig darauf, nicht auf die vielen Fragmente von Artefakten zu treten, die über den ganzen Boden verstreut lagen. Auf halbem Weg stießen wir auf eine erhöhte rechteckige Öffnung in der rechten Wand, die in einen winzigen Raum führte. Einige kleine, fleckige, mit Leinen umwickelte mumifizierte Bündel lagen dort verstreut, darunter etwas, das aussah wie ein getrocknetes Rippenstück eines Rindes – offenbar Lebensmittelvorräte als symbolische Nahrung für die Verstorbenen. Spuren von Lehmverputz rund um den Eingang dieser kleinen Kammer zeigten an, dass sie versiegelt gewesen war, und die Lehmziegel, die einst den Zugang blockiert hatten, lagen zertrampelt auf dem Boden des Ganges. Diese merkwürdige Kammer war eine echte Überraschung. Howard Carter hatte sie in seinen Notizen nicht erwähnt. In ihrer Mitte lag ein großer Haufen vergilbter Mumienbinden, ringsum auf dem Boden ein paar Tonscherben. An einer Wand lehnte ein großer mumifizierter Rinderschenkel, vielleicht ein weiteres Opfer oder das Überbleibsel eines bekannten antiken Bestattungsrituals, bei dem ein solcher Schenkel der Mumie des Verstorbenen dargebracht wurde.

Wir gingen weiter auf den quadratischen Durchgang zu, der am Ende des Korridors auf uns wartete. Dahinter lag zweifellos die erhoffte Grabkammer. Vorsichtig traten wir durch den Eingang in einen etwa 5,5 mal 6,5 Meter großen Raum, dessen seltsame, asymmetrische Form einen weiteren Anhaltspunkt dafür lieferte, dass dieses Grab offenbar in aller Eile angelegt worden war. Anders als im Korridor hinter uns, dessen Boden von zertrümmerten Lehmziegeln und hereingeschwemmtem Geröll bedeckt war, war diese Kammer sauber und hell, mit Ausnahme einiger zufällig verstreuter Scherben, die die Grabräuber zurückgelassen hatten.

4 Geht man den Korridor in KV 60 hinunter, stößt man auf einen quadratischen Durchgang, der direkt in die Grabkammer führt.

Direkt gegenüber der Tür lag eine weitere Ansammlung eingewickelter Lebensmittel. Sie waren auf dem Boden in einem seltsamen kleinen Haufen angeordnet, und ich fragte mich, ob das vielleicht das Werk früherer Archäologen gewesen sein könnte. Solche Fragen sind für das ganze Grab von Bedeutung. Wie viel von dem, was wir hier sahen, lag noch in seinem antiken Kontext, und wie viel war von Besuchern jüngerer Zeit hin und her geschoben worden? Diese Ungewissheit beschäftigt mich bis heute. An einer Stelle lagen Reste eines zerbrochenen Kruges, dessen früherer Inhalt jetzt in Form einer dunklen, gummiartigen, fleckigen Substanz am Boden klebte. Nahe einer Wand stand ein großes, dickes, gebogenes Holzstück, anscheinend das abgetrennte Kopfende einer Sargwanne. Vielleicht gehörten die Reste des Gesichtsteils am Eingang dazu.

5 Der Boden der Grabkammer, wie sie im Jahr 1989 wiederentdeckt wurde. Mittig im Vordergrund liegt die Mumie und hinten an der Wand das große Sargfragment.

6 Diese Mumie lag auf dem Boden der Grabkammer. Die Art, wie der linke Arm mit der geballten Faust vor dem Körper abgewinkelt ist, spricht dafür, dass es sich bei der Toten um eine weibliche Angehörige der Königsfamilie der 18. Dynastie handelt.

Es war so unheimlich still, dass ich mein Atmen und sogar meinen Herzschlag hören konnte. Die im Grab stehende Luft war warm und relativ geruchlos. Obwohl ich durch meine Forschungen wusste, was mich erwartete, war ich nicht auf den Anblick gefasst, der im Lichtstrahl meiner Taschenlampe auftauchte, als ich damit den Fußboden absuchte. Dort lag eine weibliche Mumie, flach auf dem Rücken ausgestreckt, als halte sie ein Nickerchen, den verewigten Blick starr auf die Decke gerichtet – zweifellos die nicht in einen Sarg gebettete Frau, die Carter beschrieben und Ayrton zurückgelassen hatte. Die Mumienbinden waren bei der Jagd nach Schätzen schon in der Antike größtenteils abgerissen worden. Selbst die Zehen waren auf der Suche nach den goldenen Hülsen, die solche Körperglieder bei Beisetzungen der Elite oft bedeckten, freigelegt worden. Es war ein fast peinlicher Anblick, tragisch in seiner Würdelosigkeit.

Das Gesicht der Mumie faszinierte mich. Die Einbalsamierer hatten ihre Sache hervorragend gemacht. Ihre Nase war mit Leinen ausgestopft, um die Form zu erhalten, und ihre leicht offenen Lippen offenbarten stark abgenutzte Zähne. Auch die Ohren hatten ihre Form bewahrt, und eine Strähne rotblondes Haar lag auf dem Boden unter ihrem fast kahlen Kopf. Man sah auf den ersten Blick, dass diese Person ziemlich dick gewesen war, und an den rot bemalten und schwarz umrandeten Fingernägeln konnte man ablesen, dass sie offenbar ein behütetes Leben geführt hatte.

Die Qualität der Mumifizierung war also bemerkenswert gut. Noch auffälliger jedoch war die Körperhaltung dieser hochgestellten Person. Ihr rechter Arm war steif an ihrer Seite ausgestreckt, der linke jedoch war am Ellenbogen gebeugt, und die geballte Faust sah aus, als umklammere sie ein Zepter oder einen anderen Zeremonialgegenstand. Diese selten bezeugte Haltung scheint vor allem auf die weiblichen Mitglieder des Königshauses in der 18. Dynastie beschränkt zu sein.

Mohammed und ich sprachen kaum, als wir in den folgenden Minuten versuchten, alles um uns herum zu erfassen. Bald aber beschlossen wir, dass es an der Zeit sei, ins Land der Lebenden zurückzukehren. Vorsichtig entfernten wir uns, und als wir im Freien auftauchten, wurden wir von den anderen mit Fragen überschüttet. »Lasst uns bitte eine oder zwei Minuten durchatmen«, bat ich, als El-Bialy und ich schweißgebadet auf Holzstühlen Platz nahmen und die frische Luft einsaugten. Das

Erlebnis war überwältigend gewesen, und sobald wir wieder zu Atem gekommen waren, äußerten wir unser Staunen und unsere Bestürzung angesichts der brutalen Zerstörung dieser Bestattung. Andererseits aber waren wir fasziniert von dem verwirrenden archäologischen Rätsel, vor das uns dieses Grab jetzt stellte. Welche Geschichte lag in dieser schlichten kleinen Kammer begraben, und wer mochte die königliche Dame sein, die so unwürdig dort auf dem nackten Boden ruhte? Damals hätte ich mir nicht träumen lassen, dass diese Frage sich bald als provozierend erweisen sollten. Oder dass die Antwort nach Jahren zu einer Weltsensation werden würde.

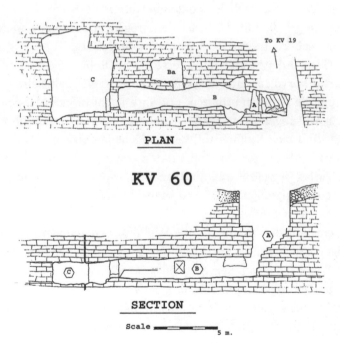

7 Plan von KV 60. Oben: Querschnitt; unten: Grundriss. A = zum Korridor hinabführende Stufen; B = Korridor; C = Grabkammer.

2

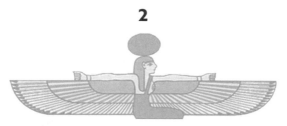

VON HIER NACH DORT

Man kommt nicht einfach im Tal der Könige an und lockt Geheimnisse aus dem Sand. Meine Tätigkeit dort ist das Ergebnis eines langen Weges. Ich wuchs in der Kleinstadt Covina in Südkalifornien auf, einem netten Ort nicht weit von den Ausläufern der San Gabriel Mountains und nur einen Katzensprung vom Pazifik und Los Angeles entfernt. Wegen meiner Eltern, die die ganze Welt bereisten, war ich ständig mit fremden Ländern und Kulturen konfrontiert. Sehnsüchtig erwartete ich ihre Rückkehr, ihre Geschichten, Fotos und natürlich die Mitbringsel.

Die Initialzündung für mein ernsthaftes Interesses an der Vergangenheit kann ich bis zu dem Buch *Was ist was: Dinosaurier* – auf Englisch *The How and Why Wonder Book of Dinosaurs* – zurückverfolgen, das mich als Erstklässler unglaublich faszinierte. Es ging dabei nicht nur um diese seltsamen Geschöpfe an sich, sondern auch um die ebenso spannende Entdeckung und Rekonstruktion ihrer Überreste. Andere Bücher folgten, und meine wachsende Sammlung von Dinosaurierfiguren aus Plastik bevölkerte prähistorische Szenerien, in denen es richtig zur Sache ging, einschließlich der lautstark zu Gehör gebrachten Geräuschkulisse. Meine Versuche, kleine Plastikmodelle von Dinosaurierskeletten einigermaßen richtig zusammenzusetzen, waren nur von mäßigem Erfolg gekrönt, und deshalb verbuddelte ich die kleinen Knochen oft im Hof, um sie ein oder zwei Tage später wieder systematisch freizulegen – ein früher Vorgeschmack auf den Nervenkitzel einer Grabung.

Wiederholte Besuche im Natural History Museum von Los Angeles County fachten mein Interesse weiter an, und ich zählte zu den jüngsten Mitgliedern der Museum Alliance, die diese Institution unterstützte. Besonders dankbar war ich, als mein handgeschriebener Bericht über die Bergung alter Rinderknochen im Hinterhof unseres Hauses von einem der Kuratoren persönlich beantwortet wurde. Der bekannte Wirbeltierpaläontologe Dr. J. R. MacDonald lobte nicht nur mein Interesse, sondern lud meinen Vater und mich sogar zu einer privaten Führung durch die Fossiliensammlungen des Museums ein.

In einem anderen Teil von Los Angeles gab es glücklicherweise noch einen ebenso verlockenden Ort – die berühmt-berüchtigten La Brea Tar Pits in einem Park direkt am Wiltshire Boulevard. Diese Teergruben sind klebrige, schwarze Ölsickerstellen, in denen unzählige prähistorische Lebewesen buchstäblich im Dreck stecken blieben, nur um von anderen hungrigen Tieren gefressen zu werden, die dann ihrerseits in der Falle saßen. Bei Ausgrabungen im frühen 20. Jahrhundert kamen Millionen Knochen zum Vorschein, darunter auch die Überreste meines liebsten ausgestorbenen Tieres, des berüchtigten Säbelzahntigers, *Smilodon californicus*.

National Geographic machte mich mit dem alten Ägypten bekannt, und Geschichten über Entdeckungen wurden bald meine Lieblingslektüre. Artikel mit so verlockenden Titeln wie »Neue Entdeckungen aus dem Sand des alten Ägypten« oder »Ein Yankee auf dem Nil« konnte ich immer wieder lesen. Mein Vater hatte ein Abo, aber wir interessierten uns auch für die alten Ausgaben und suchten auf Tauschbörsen am Wochenende nach den auffälligen gelb gerahmten Heften.

Natürlich kamen noch andere Kinderbücher dazu, vor allem Hans Baumanns *Die Welt der Pharaonen;* und schon sehr früh las ich auch Howard Carters Buch *Das Grab des Tut-ench-Amun* von vorn bis hinten durch. Die Fotos dort weckten meine Begeisterung für das Tal der Könige, und ich stellte mir immer wieder vor, wie es sein musste, einen solchen Fundplatz zu entdecken und zu untersuchen. Und schließlich beeinflusste auch das Buch *Kon-Tiki* des norwegischen Entdeckers Thor Heyerdahl meine Jugendträume, die glücklicherweise Jahre später in Erfüllung gehen sollten. Nach einer Weile wurden das alte Ägypten und die Paläontologie zu zwei miteinander rivalisierenden Leidenschaften.

Als Teenager entwickelte ich schließlich noch eine Begeisterung fürs Klettern, das ein körperliches Ventil für meine Sehnsucht nach dem Abenteuer bot und mir half, das verfluchte Asthma zu überwinden. In Anbetracht der potenziellen Gefahren des Kletterns versuchten meine Eltern, meine Überlebenschancen zu steigern, indem sie mich auf einen Kletter-Intensivkurs oben auf dem Mount Rainier schickten, bei dem ich lernte, in steilem Eis und Schnee zu klettern und Gletscherhänge zu besteigen. Durch die frische Bergluft und die Motivation, noch mehr zu üben, verwandelte ich mich von einem Bücherwurm, der im Geist die Abenteuer anderer nacherlebte, in jemanden, der in der Lage war, selbst etwas auf die Beine zu stellen.

Es gibt viele Gründe, sich für eine bestimmte Universität zu entscheiden. Manchmal geht es um den Preis oder die Nähe zum Elternhaus oder den exzellenten Ruf einer solchen Bildungsinstitution. Ich wälzte die verschiedenen Vorlesungsverzeichnisse, und in manchen wurden Studiengänge in Anthropologie und Archäologie angeboten. Aber letztlich wollte ich den Cascade Mountains nahe sein – vor allem Mount Rainier, wo ich das Klettern gelernt hatte und wo ich meine Studienzeit mit einem abenteuerlichen Leben zu verbinden hoffte. Die Pacific Lutheran University in Tacoma, Washington, sollte sich als großartige Wahl erweisen.

Nachdem ich einen Sommer lang durch die Berge des Nordwestens geklettert und gewandert war, wirkte das Uni-Leben regelrecht abschreckend. Doch schon an meinem allerersten Wochenende an der Uni fragte man mich, ob ich bei der Führung einer Wanderung zum Höhenlager auf dem Mount Rainier helfen wollte – von da an war ich in der Bergführertruppe der Universität aktiv. Im Durchschnitt verbrachte ich in den nächsten vier Jahren etwa zwei Wochenenden pro Semester auf dem Campus. Ansonsten führte ich studentische Exkursionen oder ging meinen eigenen bergsteigerischen Ambitionen nach. Ich organisierte sogar eine Besteigung des höchsten Gipfels in Nordamerika, des Mount McKinley/Denali in Alaska.

Auch privat stellte das erste Wochenende an der Universität die Weichen für meine Zukunft. An der Wandertour auf die Hänge des Mount Rainier nahm auch ein Mädchen namens Sherry aus einer kleinen Stadt in Westmontana teil, das ich viereinhalb Jahre später heiraten sollte.

Neben meinem überaus aktiven Lebensstil besuchte ich tatsächlich auch Vorlesungen. Die Universität forderte, dass Studenten im Grundstudium, die Undergraduates, Seminare in verschiedenen Fächern belegten, um ihnen ein breites Wissen zu vermitteln – das Markenzeichen einer geisteswissenschaftlichen Ausbildung. *Irgendetwas* gefiel mir an fast jedem Fach, nur die Anthropologie-Seminare waren damals wirklich langweilig. Außerdem gab es keine Archäologie, und wenigstens einer meiner Professoren fand es weitaus interessanter, über aktuelle radikale politische Thesen zu diskutieren als über irgendetwas, das auch nur entfernt einem Überblick über die Kulturgeschichte ähnelte. Irgendwann mussten wir dann »ein Hauptfach angeben«, und da mich die Anthropologie so enttäuscht hatte, entschied ich mich für Politikwissenschaft, weil ich in dem Fach Seminare bei einem hervorragenden Professor für Internationale Beziehungen belegt hatte. Die Kurse, die von der amerikanischen Außenpolitik bis hin zu internationalen Organisationen so ziemlich alles abdeckten, waren äußerst anspruchsvoll und zwangen mich daher, meinen Wissensstand zu heben, bis er schließlich den Anforderungen meines Professors genügte.

Mit den Abstechern in die Geschichte, die Geografie, die Philosophie, fremde Kulturen und Sprachen war das Studium der Internationalen Beziehungen ein faszinierender und wunderbarer Weg zu einer breit gefächerten Bildung, doch während meines letzten Jahres als Undergraduate kam ein Besucher in die Stadt, der mein Interesse an der Vergangenheit wieder aufleben ließ. »König Tut« hielt Einzug ins nahe Seattle, und zwar in Form einer spektakulären Ausstellung, die noch immer ihresgleichen sucht. Sherry und ich standen ewig Schlange und bekamen schließlich einige der herausragendsten Stücke antiker Kunst überhaupt zu sehen. Mittelpunkt der Ausstellung war die Goldmaske Tutanchamuns, das wohl bezauberndste und überwältigendste erhaltene Kunstwerk Ägyptens, wenn nicht gar der gesamten Antike. Ein Blick in dieses Gesicht war eine Offenbarung, die meine langjährige Begeisterung für die Archäologie und besonders für Ägypten auf einen Schlag wieder aufflammen ließ.

Das alte Ägypten, das Tal der Könige und Tutanchamuns Grab ... der Funke wurde zum Feuer. Nun stellte sich die Frage: Was sollte ich jetzt tun? Überraschenderweise konnte ich ein anderes brillantes Mitglied der Fakultät der PLU relativ leicht dafür gewinnen, mich in meinen Interessen zu fördern. Dr. Ralph Gehrke war Theologieprofessor und kannte sich sowohl mit dem Alten Testament als auch mit dem Nahen Osten in der Antike sehr gut aus, und er konnte ein umfassendes unabhängiges Studium der altägyptischen Geschichte und Kultur für mich organisieren. Die Lektüreliste war lang, oft mühsam, aber sie legte ein gutes Fundament für eine spätere Beschäftigung mit dem Fach.

Das Einzige, das fehlte, war Unterricht in altägyptischer Sprache. Professor Gehrke konnte zwar problemlos die Bibel und antike hebräische und griechische Texte lesen, doch er hatte nie Ägyptisch studiert. Das war etwas, das ich mir anfangs selbst beibringen musste. Bald bekam ich eines der klassischen Werke zum Thema, Sir Alan Gardiners *Egyptian Grammar,* in die Hand. Gardiners dicker Wälzer wurde zum ständigen Begleiter, der blaue Einband mit dem goldgeprägten Rücken hütete die Geheimnisse der Sprache des alten Ägyptens und der Hieroglyphenschrift. Ich war von den Hieroglyphen und ihrer Bildlichkeit ebenso fasziniert wie von der völlig fremdartigen Grammatik und arbeitete die ersten Kapitel des Buches allein durch.

Nach meinem Bachelor-Abschluss in Politikwissenschaft hatte ich keine besonderen Pläne, außer dass ich das undefinierte »freie Jahr« vor der Graduate School, die zum Master führt, zum Klettern nutzen wollte. Ich ergatterte einen Job in einem Geschäft, das Outdoor-Ausrüstungen verkaufte. Schließlich arbeitete ich für einige Bergsportschulen und Bergführerdienste und verbrachte meine Zeit im späten Frühjahr und Sommer damit, allen möglichen Leuten beizubringen, wie sie auf Felsen, Eis und Gletschern klettern konnten. Natürlich war ich froh, dass ich die Begeisterung für mein liebstes Hobby weitergeben konnte und auch noch dafür bezahlt wurde. Außerdem liebte ich die Herausforderung, andere in eine potenziell gefährliche Umgebung zu führen und sie heil und um eine gute Erfahrung reicher wieder zurückzubringen.

Die Bergsteigerclique, mit der ich in den späten 1970er- und 1980er-Jahren herumhing, war ein wilder Haufen. Einige von ihnen tönten, dass sie, sollten sie mit dreißig noch am Leben sein, nicht extrem genug gelebt hätten. Geld war nicht wichtig, es sei denn, für ihre Bergsteigerei, und ein monatelanges Leben in Zeltlagern, Wohnmobilen, auf dem nackten Boden und sogar unter Felsüberhängen war nichts Ungewöhnliches. Die Schwierigkeitsgrade beim Klettern wurden damals immer weiter gesteigert, und ständig wurden atemberaubende neue Routen hinauf zu Gipfeln und über steile Felswände erkundet.

Einige von uns wagten das hochriskante Spiel und kletterten unangeseilt – »Free-solo-Klettern« –, was extremen Mut, Selbstvertrauen und Konzentration erforderte. Ein Scheitern hatte entsetzliche Folgen, doch wenn man es schaffte und die Erfahrung überlebte, winkten enorme persönliche Befriedigung und manchmal auch ein hohes Ansehen bei den anderen Kletterern. Und es machte süchtig. Ich erinnere mich noch an einen bestimmten Tag, an dem Denken, Körper und Geist in einem fast tranceartigen Zustand so perfekt ineinandergriffen, dass ich plötzlich *free-solo*-kletternd ein Dutzend Felspartien bewältigte, von denen mir manche vorher selbst mit Partner und Seil Furcht eingeflößt hatten. Es war ein magischer Moment, doch als er vorbei war, zitterte ich noch Stunden später vor Angst und Schrecken.

Meine Begeisterung fürs Klettern stärkte bestimmte Eigenschaften, die sich für die Archäologie durchaus als nützlich erwiesen. Ich entwickelte eine körperliche Zähigkeit, die man bei der Grabungsarbeit braucht, besonders an entlegenen Orten, wo die Unterkunft oft sehr spartanisch und die Umwelt nicht gerade menschenfreundlich ist. Ich lernte nicht nur, solche Situationen zu ertragen, ich genoss sie geradezu. Ein jahrelanges Suchen nach dem nächsten Griff für Hand oder Fuß schult das Auge zudem für Details, und als Forscher profitiert man immer von dem Drang, sehen zu wollen, was hinter der nächsten Ecke oder jenseits des nächsten Bergrückens liegt. Auch in praktischer Hinsicht hatte ich mir durch den Bergsport eine ganze Palette von Fähigkeiten angeeignet, mit deren Hilfe man Orte erkunden kann, an die der normale Naturwissenschaftler oder Archäologe niemals gelangt, sei es rauf, runter oder auch nur seitwärts auf gefährlichem Terrain.

Meine fanatische Leidenschaft fürs Klettern hielt jahrelang an, aber irgendwann schaffte ich es, sie ein bisschen zu dämpfen. Als ich schließlich begann, ernsthaft als Archäologe und Ägyptologe zu forschen, stellte ich fest, dass die Wissenschaft eine ganz eigene Befriedigung bietet, auch ohne körperliche Mühen. Ich liebte es, in Bibliotheken zu arbeiten oder Archive und Museumssammlungen zu erkunden, wo Neues und Unbekanntes an aufregenden und oft unerwarteten Orten der Entdeckung harrte. Das konnte sicher nicht die Freude an der körperlichen Bewegung im Freien ersetzen, aber es kam dem schon ziemlich nahe.

Außerdem begann mich das Drumherum von Hochgebirgsexpeditionen allmählich zu stören. Ich war zu ein paar solcher Expeditionen im Himalayagebiet eingeladen worden, konnte jedoch aus dem einen oder anderen Grund nicht daran teilnehmen. Das habe ich aber auch nie bedauert. Auf dem Preisschild solcher Expeditionen steht manchmal eine Zahl mit fünf Nullen, und man hat davon nicht viel mehr als ein paar Minuten auf einem Gipfel wie dem Everest, einem Berg, den inzwischen schon mehrere Tausend Menschen bestiegen haben, den aber noch wesentlich mehr einer Erkrankung oder des Wetters wegen unverrichteter Dinge wieder verlassen mussten. Und im schlimmsten Fall kommt man gar nicht mehr lebend zurück. Zudem dauert das Ganze gewöhnlich nicht einmal drei Monate.

Als ich anfing, meine archäologischen Projekte zu organisieren – mit einem Bruchteil des Geldes, das für eine solche Bergexpedition nötig wäre –, schwand meine Begeisterung für die gewaltigen Gipfel noch weiter. Vor allem fand ich es toll, dass sich meine akademischen Anstrengungen auch wirklich gelohnt hatten. Durch Forschung und wissenschaftliche Projekte kann man einen echten Beitrag zum Wissen der Menschheit leisten, man hat nicht nur ein gutes Gefühl, sondern auch einen Aufhänger für Motivationsgespräche (»Folge deinen Träumen, wie sie auch aussehen mögen, immer einen Schritt nach dem anderen, wie ich damals, als ich als 2467. den Mount Everest bestieg« usw.).

Und schließlich überzeugte mich auch die Geburt meines Sohnes Samuel davon, dass ich meine waghalsigen sportlichen Aktivitäten ein bisschen mäßigen sollte. Ein Kind braucht seinen Vater, und obwohl ich körperlich durchaus noch in der Lage wäre, *free solo* zu klettern, nehme ich jetzt immer öfter ein Seil und einen Partner mit in die Berge. Einen Teil der körperlichen und mentalen Abhängigkeit vom Klettern und Bergsteigen habe ich außerdem ersetzt durch andere, weitaus ungefährlichere Aktivitäten wie Langstreckenlauf, Mountainbiking und die eine oder andere Partie Krocket.

Wahrscheinlich hat die Archäologie mir das Leben gerettet. Jeder, der mehr als ein Jahrzehnt ernsthaft geklettert ist, kann die Namen mehrerer Bekannter und Freunde aufzählen, die diese Leidenschaft das Leben gekostet hat. Ich persönlich habe mit dem Zählen aufgehört, als das zweite Dutzend voll war. Von den acht Menschen, mit denen ich in einer Bergsportschule zusammengearbeitet habe, sind nur noch vier am Leben, einschließlich des Mannes, dem ein herabstürzender Fels ein Bein beinahe vollständig abgerissen hat. Keiner ist bei der Arbeit als professioneller Bergführer gestorben, bei der unsere Aufmerksamkeit vor allem der Sicherheit unserer Kunden gilt. Sie alle starben, weil sie ihre persönlichen, oft extremen Grenzen ausloten wollten, und alle bei ihrer Lieblingsbeschäftigung.

Nachdem ich das College abgeschlossen und den Sommer genossen hatte, kam der Herbst mit dem dazugehörigen schlechten Wetter in den Nordwesten. Ganz plötzlich langweilte ich mich und wünschte, ich hätte mich direkt für ein Graduiertenstudium eingeschrieben. Ich wollte die verlorene Zeit aufholen und schaffte es, zu zwei tollen Studiengängen in Südkalifornien zugelassen zu werden, die im Januar begannen. Ich hatte die Wahl zwischen Internationalen Beziehungen und Ägyptologie. Beides machte ich genau eine Woche lang. Bei Ersterem lernte ich schnell, dass ich nicht die Begeisterung oder Hingabe besaß, um eine berufliche Laufbahn in der sehr realen und oft hässlichen Welt der Politik des Kalten Krieges einzuschlagen. Viele Professoren der Hochschule waren Berater des Präsidenten oder sonstiger Berühmtheiten, und es ging um aktuelle und sehr, sehr ernste Themen. Das Studium führte letztlich zu Stellungen im Außenministerium, politischen Institutionen oder der Lehre an der Universität, und als mir das klar wurde, merkte ich, dass es wohl nicht die Politikwissenschaft an sich gewesen war, die mich als Anfänger angezogen hatte, sondern vielmehr die Geschichte drum herum. Mich interessierte eher die faszinierende Vergangenheit der Politik als ihre erschreckende Gegenwart.

Was die Ägyptologie anging, so lagen die Dinge ganz anders. Es gab vor allem organisatorische Probleme, doch am Ende war es gut, dass ich ausstieg. Den Rest des Frühlings ließ ich mich treiben, kletterte, kehrte in den Nordwesten zurück, heiratete die stets nachsichtige Sherry und leitete den Sommer über eine Kletterschule. In der Zwischenzeit bewarb ich mich für einen Studienplatz in Archäologie bei einer sehr großen Institution, die ich nur Big University nennen möchte.

Vom ersten Moment an war klar, dass meine neue Universität einige größere Anpassungen von mir verlangen würde. Der Campus war riesig, ich war einer von dreißigtausend Studenten, das waren etwa zehnmal so viele wie an meiner alten Universität. PLU hatte mich verwöhnt. Die Professoren hatten mich namentlich gekannt und waren ernsthaft an meinen wissenschaftlichen Fortschritten wie auch an meinem persönlichen Wohlergehen interessiert gewesen. An dieser Uni hier war ich nur ein Gesicht in der Menge, ein kleiner Fisch im Ozean, eine Zahl eben, die man mir zugeteilt hatte.

Mein erstes Quartal an der Big University war wie ein Sprung vom Zehnmeterbrett in unbekanntes, tiefes Gewässer. Es gab zwei Pflichtkurse, die offenbar dazu da waren, die nicht ganz ernsthaften Studenten auszusortieren. Im ersten ging es um theoretische Methoden der Archäologie. Hinter den Schaufeln, Gefäßen und anderen handfesten Dingen der archäologischen Praxis gibt es eine Abstraktionsebene, die den theoretischen Rahmen für die Strukturierung und Deutung der Funde liefert. Diese wurde uns von einer skurrilen und exzentrischen Version des arroganten Professor Kingsfield aus dem Film *Zeit der Prüfungen* nahegebracht. Wie Kingsfield wollte auch dieser Professor den Brei in unseren Köpfen zu einem kritischen, denkfähigen Organ umformen.

Die wahrlich beeindruckende Lektüreliste für den Kurs bestand aus 147 Aufsätzen und Büchern, die gelesen und, wichtiger noch, verstanden werden sollten. Bei unserem ersten Treffen wurden wir gleich wieder für eine Woche entlassen, um uns mit 21 dieser Texte vorzubereiten, darunter fünf komplette Bücher. Das war natürlich ein Schock. Selbst vier Jahre Grundstudium hatten uns nicht auf ein solches Niveau vorbereitet, aber wir hatten keine andere Wahl: Wir mussten uns daran gewöhnen, und zwar so schnell wie möglich.

Trotz seiner zahllosen einschüchternden exzentrischen Eigenheiten war unser Theorie-Professor absolut brillant. Zu den Pflichtkursen, die dieser dem Hades entstiegene Pädagoge unterrichtete, gehörte die kritische Auseinandersetzung mit wichtigen theoretischen Grundlagen der Archäologie, einschließlich der Klassifizierung (wie sortiert man Funde?) und Interpretation (wie deutet man Funde?). Die Zitate am Rand meiner Notizen aus diesen Seminaren lassen die Erinnerung wieder aufleben. Klassifizierung etwa ist notwendig für die Ordnung in dieser Welt, damit man »seine Großmutter von seinem Hund unterscheiden kann«, und »einen runden roten Gummiball von einem Apfel, denn wenn man da einen Fehler macht, führt das unweigerlich zu Magenbeschwerden«.

Zudem vertrat er auch eine sehr kritische Sicht, wenn es um das Studium der Vergangenheit des Menschen ging. »Wir sind auch nicht schlechter dran als die Alchemie!«, pflegte er zu sagen, als er uns über die Vermessenheit des Faches aufgeklärt hatte, das wir doch alle studieren wollten. Sehr eindringlich forderte er uns dazu auf, die Theorien, Bücher und Zeitschriften in unserem Fach kritisch zu analysieren, egal, wie angesehen der Autor war oder wie bombastisch sein Schreibstil. Er bestand darauf, dass wir die Dinge beim Namen nannten. »Befreien Sie sich von der Tyrannei des geschriebenen Wortes!«, predigte er immer wieder. »Haben Sie keine Angst, zu sagen: ›Das ist Quatsch!‹« Manchmal mussten wir einen wegweisenden Aufsatz auseinandernehmen und seine grundlegenden theoretischen Mängel offenlegen. Dieses Verfahren hatte es in sich, wir entdeckten dabei, dass eine Menge von dem, was uns zunächst als hochkarätige archäologische Methodologie beeindruckt hatte, in Wirklichkeit voller Fehler war (und das ist heute oft nicht anders!). Kurz gesagt – er brachte uns bei, in neuen und eigenen Bahnen zu denken, was einem durchaus zugute kommen kann, wenn man zum Beispiel verschollene ägyptische Gräber sucht.

Ein weiterer Pflichtkurs für Anfänger trug den Titel »Paläo-Umwelt-Rekonstruktion«. Hier sollten wir lernen, wie die Welt aussah, in der die Menschen des Altertums lebten. Schließlich finden Archäologen nicht nur bearbeitete Artefakte und menschliche Knochen. Die Menschen sind nur eine Komponente innerhalb eines umfassenderen Bildes von der Vergangenheit des Planeten, zu der auch Pflanzen, Tiere und veränderliche Größen wie Landschaftsformen und Klima gehören. Dieser Kurs war mindestens ebenso anspruchsvoll wie der unseres Theorie-Professors, und wir sollten etwa hundert Titel auf der Lektüreliste lesen und zusammenfassen. Dann mussten wir einen wichtigen Aufsatz oder ein Buch kritisch vorstellen, um schließlich unsererseits von unseren Kommilitonen auseinandergenommen zu werden.

Es war allerdings kein ganz normaler Kurs, bei dem es darum ging, die Vergangenheit zu rekonstruieren. Der Professor war ein herausragender Fachmann für »Faunaanalyse«, und wir lernten vor allem die hohe Kunst der Identifizierung von Tierknochen. In jeder Sitzung wurden neue Knochen des Säugetierskeletts vorgestellt, und man erwartete von uns, ihre wichtigsten Merkmale zu lernen und sie in ganzer oder fragmentarischer Form zu erkennen. Kisten mit Katzenskeletten in ihren Einzelteilen dienten als Grundlage und wurden durch die Knochen anderer großer und kleiner Lebewesen ergänzt. Ich war gar nicht schlecht; zufällig mag ich Knochen. Abgesehen von ihrer anatomischen Notwendigkeit, die ja auf der Hand liegt, sind sie eine faszinierende Art von Kunst in der Natur, die man nur bewundern und bestaunen kann.

Um unsere Fortschritte zu testen, fand regelmäßig ein »Knochen-Quiz« statt. Es bestand aus einer Reihe kleiner Pappschachteln, in denen Knochenfragmente lagen, die wir identifizieren sollten. Wir verteilten uns auf die Tische, auf denen die Schachteln mit den Knochen standen, und ein Assistent mit Stoppuhr forderte uns alle dreißig Sekunden auf, zur nächsten Schachtel zu wechseln. Seelenruhe und Nerven aus Stahl waren hilfreich, und ein Auge fürs Detail unabdingbar. Eifrig griffen wir nach dem Knochen, drehten ihn schnell herum, um irgendwelche charakteristischen Eigenheiten zu ertasten. Ist das nun ein Splitter eines linken Oberarmknochens oder ein ramponiertes Stück einer rechten Speiche? Hastig notierten wir unsere Antworten, bevor wir zur nächsten Schachtel weitergeschoben wurden.

Die Zahl der Knochen, die wir genau kennen mussten, wuchs mit jeder Stunde, und am Ende verfügten wir über ein geballtes Wissen über die mehr als zweihundert Einzelteile des Skeletts. Unsere Leistung wurde am Ende des Kurses mit dem gefürchteten »FBQ«, dem »Final Bone Quiz«, getestet. Veteranen früherer Kurse hatten uns Horrorgeschichten erzählt über das, was da auf uns wartete, Geschichten über ein Rattenskelett aus dem Mixer zum Beispiel, von dem fünfzig Stücke nach dem Zufallsprinzip zur Identifizierung vorgelegt würden. Letztendlich wäre vielleicht eine pürierte Ratte besser gewesen – die Knochen bei unserer Abschlussprüfung bildeten eine verwirrende Ansammlung seltsamer Kleinteile absonderlicher Lebewesen. Ich hatte niemals so merkwürdige Knochen gesehen. Mit dem Satz »Bitte fangen Sie an« begann ein Alptraum: die angespannte Konzentration, der Horror der Worte: »Bitte weitergehen!« alle dreißig Sekunden … das Schulterblatt eines Seelöwen … das Bruchstück des Mittelfußknochens einer Antilope … ein zerbrochenes Kaninchen-Schienbein … und Schachtel Nr. 50.

Wir hatten gehört, dass es mit der letzten Schachtel eine besondere Bewandtnis hatte: Wenn der Professor gut drauf war oder den Kurs mochte, fanden wir darin vielleicht so etwas wie den quietschenden Gummiknochen seines Hundes. Andererseits konnte es auch ein Knochen direkt aus der Hölle sein, dessen Identifizierung selbst die geübtesten Augen überforderte. Natürlich war es bei uns Letzteres – vielleicht irgendwas von einer Seekuh? –, und das »Final Bone Quiz« entließ eine Gruppe erschöpfter Studenten. Ein junges Mädchen rannte in Tränen aufgelöst aus dem Saal; sie hatte ihre Notizen während des Geschiebes im Raum durcheinandergebracht und damit den ganzen Test versiebt. Als alles vorbei war, wusste ich einiges über die Methoden zur Paläo-Umwelt-Rekonstruktion und eine ganze Menge über Knochen.

Menschliche Knochen studierte ich auch bei einem wunderbaren Professor namens Daris Swindler. Seiner Lehre merkte man die Liebe zum Fach an, und seine Vorlesungen waren ein Lichtblick in einem ansonsten gedrängten und hektischen Uni-Leben. Es war sicher sehr hilfreich, dass ich mich schon mit den Knochen von toten Katzen und allerlei anderem Viehzeug beschäftigt hatte, und unter anderen Umständen wäre ich vielleicht einer dieser Gerichtsmediziner geworden, die das Fernsehen offenbar gerade so faszinierend findet.

Schon bevor ich mich an der Big University einschrieb, hatte ich gehört, dass ein dort lehrender Archäologieprofessor gerade seine erste Grabungskampagne in Ägypten durchgeführt habe. Dr. W. hatte zuvor im Iran gearbeitet, doch die Revolution hatte seine Forschungsvorhaben völlig zunichte gemacht. Mit großzügiger privater Finanzierung war ihm allerdings ein Neustart in einem anderen Land gelungen. Ich ging an meinem allerersten Tag an der Big University zu Dr. W. Als ich nervös an seine Bürotür klopfte, saß der junge Professor gerade an einer Schreibmaschine und tippte. Schnell stellte ich mich als neuen Studenten vor, erzählte von meinem großen Interesse an Ägypten und deutete an, dass ich von seiner jüngsten Arbeit dort wusste. Eifrig erklärte ich ihm, dass ich dankbar für jede Gelegenheit sei, zu lernen oder an einer Veranstaltung teilzunehmen, die irgendetwas mit dem Thema zu tun habe. Es war ein grandioser Zufall, dass Dr. W. in dem Moment gerade einen Antrag für ein archäologisches Projekt in der ägyptischen Wüste für das folgende Jahr schrieb. »Tragen Sie sich als mein Student ein, und ich schreibe Sie gleich noch dazu!« Das tat ich, und schon im nächsten Sommer wurde ein Traum wahr: Ich reiste in das Land meiner Kindheitsfantasien, um an meiner ersten archäologischen Expedition teilzunehmen.

3

ERSTE EINDRÜCKE

Das erste Jahr an der Graduate School dehnte sich ins Unerträgliche, und ich hatte das Gefühl, bis zum Sommer sei es noch eine Ewigkeit. Dr. W. bekam seinen Antrag bewilligt, das Projekt sollte im Juni 1981 anlaufen. Ägypten war damals – wie auch heute – ein Land voller politischer Spannungen. Anwar as-Sadat, der Präsident, der so mutig Frieden mit Israel geschlossen hatte, wurde im Oktober desselben Jahres in Kairo erschossen. Wir jedoch ignorierten die schwierige politische Lage und hatten nur eins vor Augen, nämlich die Vergangenheit zum Sprechen zu bringen.

Die Ziele der Kampagne klangen faszinierend. Jeder kennt den erhabenen Prunk der Pharaonen – ihre gewaltigen Bauwerke, die Hieroglyphen und den Reichtum der Königsgräber. Doch all diese wunderbaren Dinge, diese Zeugnisse einer »Hochkultur« oder der »gesellschaftlichen Komplexität«, wie die Anthropologen es nennen, gab es natürlich nicht schon immer, und sie waren auch nicht plötzlich aus dem Nichts aufgetaucht. Seit Zehntausenden von Jahren hatten Menschen im Niltal gelebt, lange bevor es dort Pyramiden, Sphingen oder ausgedehnte Tempelanlagen gab. Ägyptologen und Archäologen gehen übereinstimmend davon aus, dass das, was wir die »pharaonische Kultur« nennen, erst vor fünftausend Jahren begann, also um 3100 bis 3050 v. Chr. Aber schon lange zuvor lebten die Bewohner der Region, die wir heute Ägypten nennen, von diesem Land, sie jagten, fischten und sammelten, was die Natur ihnen bot. Und irgendwann vor neun- bis sechstausend Jahren begannen die Menschen im Niltal damit, Getreide anzubauen und Tiere für ihren Gebrauch zu zähmen. Dauerhafte Siedlungen wurden die Regel, und Nahrungsmittelüberschüsse ermöglichten ein Bevölkerungswachstum. Aus dieser Situation heraus konnte sich eine »Kultur« mit relativ hohem Entwicklungsstand herausbilden, zu deren Merkmalen die Monumentalarchitektur, ein Schriftsystem, spezialisierte Handwerker, politische und religiöse Amtsträger und ein Herrscher an der Spitze gehören.

Das Wie und Warum des Übergangs vom reinen Sammeln wilder Früchte zum gezielten Anbau ist ein sehr rätselhaftes und vieldiskutiertes Thema der Anthropologie. Dieser Wechsel vollzog sich an vielen Orten etwa gleichzeitig, und manchmal verbreitete sich die Idee durch Kontakt mit jenen, die »Bescheid wussten«; in anderen Gegenden kam es jedoch anscheinend völlig unabhängig zur selben Entwicklung. Auch der zeitliche Ansatz dieser tiefgreifenden Umwälzung ist auffällig; die frühesten Anfänge landwirtschaftlicher Betätigung tauchen nach der letzten Eiszeit auf, und der Klimawandel könnte dabei eine wichtige Rolle gespielt haben. Doch wie auch immer es gewesen sein mag – von dieser wichtigen kulturellen Basis aus entwickelten sich die meisten frühen Kulturen, nicht nur in Ägypten, sondern auch in Mesopotamien, dem Industal oder in China. Dr. W.s Projekt sollte diese faszinierende und noch im Dunkeln liegende Übergangszeit erforschen. Dazu machten wir uns an die archäologische Erkundung des ägyptischen Fajjum-Beckens.

Die Besonderheit dieses natürlichen Beckens südwestlich von Kairo ist ein großer See, der im Arabischen heute Birket Qarun heißt und dessen Ausdehnung im Laufe der Zeit großen Schwankungen unterworfen war. In den 1920er-Jahren unternahmen zwei beherzte britische Wissenschaftlerinnen, die Archäologin Gertrude Caton-Thompson und die Geologin Elinor Gardner, hier einige der frühesten Oberflächenbegehungen – sogenannte Surveys – in der Region und fanden Hinweise auf frühe bäuerliche Siedlungen im heutigen Wüstengebiet, unter anderem Körbe mit Getreide, das sich im trockenen Sand gut erhalten hatte. Teile der Region, darunter das Nordufer des Sees und die Wüste im Südwesten, blieben bis in die Neuzeit unbesiedelt und boten so die Möglichkeit, den Übergang zum Ackerbau in Ägypten zu erforschen.

Als endlich der Juni in Sichtweite kam, überreichte mir Dr. W. ein Flugticket – den Schlüssel zu meiner Zukunft. Ich flog nach London und von dort nach Kairo. Ich weiß noch, dass ich aus dem Kabinenfenster nach einem Hinweis suchte, dass wir uns der Millionenstadt näherten, und nach einigen Stunden wich die Dunkelheit des Mittelmeeres tatsächlich einem mit Tausenden winziger Lichter gesprenkelten Land. Es war das nördliche Ägypten, das Nildelta, und Kairo war nur noch gute hundert Meilen entfernt.

Ich kam nach Einbruch der Nacht in Kairo an – ich erinnere mich daran wie an einen sehr merkwürdigen und unruhigen Traum. Als wir aus dem Flugzeug stiegen, tauchten große Flutlichtanlagen jede unserer Bewegungen in gleißendes Licht, und hinter kleinen Sandsackbunkern kauerten Soldaten mit Maschinengewehren. Die Luft war heiß, die fremdartigen arabischen Laute verstärkten noch die Spannung und Erregung. Endlich war ich hier! In Ägypten! Im Land der Pharaonen!

Vor dem Flughafen winkte ich ein Taxi heran, und damit begann meine ebenso chaotische wie amüsante Bekanntschaft mit der Stadt Kairo. Eine halbstündige schlingernde Fahrt, ausschließlich mit Vollgas, offenbarte mir eine selbst zu dieser späten Stunde noch quicklebendige Großstadt. Ich erinnere mich an vorbeihuschende Lichter, das Rattern des Taxis und seiner verschiedenen lockeren Einzelteile, das unablässige Gehupe und die ägyptische Musik aus dem Radio. Dank einiger schneller Manöver konnten wir einem Eselskarren voller Müll gerade noch ausweichen, während ein anderer schrottreifer Wagen mit quietschenden Reifen nur Zentimeter vor uns einscherte. Schließlich erreichte ich mit vor Schreck geweiteten Augen und wackligen Knien das Garden City House.

Meine Freundin Janet, die mit Dr. W. schon im Jahr zuvor in Ägypten gewesen war, hatte mir geraten, es wie die Ägypter nur »Garden See-tee House« zu nennen. Das Hotel befindet sich im zweiten und dritten Stock eines in die Jahre gekommenen Wohnblocks in der Nähe des Nils. Die Lage ist sehr günstig, und die schlichten, preiswerten Zimmer haben im Laufe der Jahre so manchen Wissenschaftler beherbergt.

Es war ja wohl klar, was am nächsten Tag auf dem Programm stand: die berühmten Pyramiden von Giza – die Cheops-Pyramide und ihre beiden gewaltigen Nachbarn – sowie der berühmte große Sphinx und die ausgedehnten Friedhöfe aus derselben Zeit, alles zusammen am Rand der wild wuchernden Metropole gelegen. Doch bevor ich dieses Abenteuer in Angriff nehmen konnte, ging ich zunächst vom Hotel aus ein paar Schritte zum Ufer des Nils, um einen ersten Blick auf diesen berühmten Fluss zu werfen.

»Ägypten ist das Geschenk des Nils«, stellte der griechische Historiker Herodot fest. Dieses kleine Zitat findet sich in fast allen Büchern, die je über Ägypten geschrieben worden sind. Es gibt keinen Grund, mit dieser Tradition zu brechen und es in diesem Buch wegzulassen. Es stimmt. Der Nil ist unangefochten die Lebensquelle des Landes. In alter Zeit erneuerte die jährliche Nilüberschwemmung den Boden und schuf paradiesische Zustände für die Landwirtschaft, die die Grundlage der ägyptischen Kultur bildete. Der Strom diente auch als natürlicher Verkehrsweg und erleichterte den Transport von Menschen und Gütern.

In der Antike wurde der Nil als Gott verehrt, und die Menschen beteten um sein Wohlwollen: Zu starke Überschwemmungen verheerten das Land, doch wenn die Nilschwelle ausblieb, verdorrte alles. Heute allerdings kann das Wasser nicht mehr steigen und fallen, wie es will. Der riesige Assuan-Staudamm, der in den 1960er-Jahren weit im Süden Ägyptens gebaut wurde, hat dem ein Ende gesetzt. Zwar wird jetzt Strom für die Industrie produziert, und die Überschwemmungen sind gebannt, doch weil der Nilschlamm vom Damm zurückgehalten wird, muss jetzt Kunstdünger eingesetzt werden – das laugt den Boden aus, und die Ufer erodieren. Der gleichzeitig steigende Grundwasserspiegel beschleunigt den Verfall der antiken Monumente.

Der Nil fließt in Kairo träge und breit dahin. Die vielen Brücken beeinträchtigen zwar das Flusspanorama, sind aber in einer ständig wachsenden Stadt unverzichtbar. Nur ein paar Kilometer weiter im Süden kann man den Strom allerdings über lange Strecken unbeeinträchtigt genießen. Lastkähne durchpflügen das Wasser, während die einheimischen Boote, die Feluken, mit dem Nordwind stromaufwärts segeln oder sich von der Strömung in Richtung Mittelmeer treiben lassen.

Nachdem ich mich an dem majestätischen Fluss sattgesehen hatte, suchte ich mir ein Taxi und kletterte voller Vorfreude hinein. Die Strecke zu den Pyramiden kreuzt den Nil und führt dann durch den dicht bevölkerten Vorort Giza. Schließlich erreichten wir die Pyramidenstraße, eine äußerst verkehrsreiche Strecke, auf deren Mittelstreifen hin und wieder zu Pyramiden oder Obelisken gestutzte Büsche stehen. Am Straßenrand fiel mir eine überraschende Vielzahl grellbunter Discos auf, doch der ultimative Kulturschock traf mich beim Anblick einer uramerikanischen Institution: Kentucky Fried Chicken. Ganz in der Nähe dann ein englischer Wimpy's-Hamburger-Laden. Leicht entsetzt beschloss ich, den Blick von nun an nur noch starr geradeaus zu richten und Ausschau nach den Pyramiden zu halten. Und tatsächlich tauchte bald ganz verschwommen der Umriss einer dunklen Masse in der Ferne hinter den wild wuchernden Wohnblöcken auf. Die Form wurde allmählich deutlicher, bis mich der erste klare Blick auf die Cheops-Pyramide mit voller Wucht traf. Worte wie »verblüffend«, »unglaublich« oder »atemberaubend« wirbelten mir durch den Kopf.

Ursprünglich war die Cheops-Pyramide um die 146 Meter – etwa fünfzig Stockwerke – hoch, sie bedeckt eine Fläche von über fünf Hektar. Man schätzt, dass mehr als zwei Millionen Steinblöcke darin verbaut sind, und für die Sargkammer im Inneren wurden riesige Granitplatten aus Steinbrüchen geholt, die etliche Hundert Kilometer entfernt liegen. Damals war die Cheops-Pyramide mit polierten Kalksteinblöcken verkleidet, die die Sonnenstrahlen reflektierten, sodass das Grabmal kilometerweit zu sehen war.

Die erste Reaktion bei Besuchern der Pyramiden ist sehr unterschiedlich. Sagen die einen leicht enttäuscht: »Ich hab sie mir größer vorgestellt!«, so sind andere dagegen regelrecht überwältigt von ihrer unfassbaren Größe. Aber fast alle sind beeindruckt davon, dass diese wuchtigen Bauwerke vor Jahrtausenden durch menschliche Erfindungsgabe und körperliche Arbeit ohne den Einsatz moderner Technik errichtet werden konnten. Sie waren nur ein ganz bisschen kleiner, als ich erwartet hatte, aber dennoch unglaublich imposant.

Ähnlich ging es mir, als ich Stonehenge zum ersten Mal sah. Aus meiner Lektüre und aufgrund der Bilder hatte ich mir die berühmten Megalithen immer als wirklich riesig vorgestellt, vielleicht zwölf bis fünfzehn Meter hoch. Doch als ich davor stand, hatte ich das Gefühl, ich könnte hinrennen und ihre Oberseite berühren, wenn nur der Sicherheitszaun nicht gewesen wäre. So ähnlich war es auch bei der Cheops-Pyramide. Je näher man ihr kommt, desto deutlicher zeigt sich, dass die Pyramiden nicht mehr die reine geometrische Form mit geglätteten Seitenflächen haben wie ursprünglich. Nahezu alle Blöcke der äußeren Verkleidung wurden in späteren Jahrtausenden, als man sich nicht mehr für Wert und Bedeutung der

Pyramiden interessierte, als leicht zu habendes, qualitativ hochwertiges Baumaterial abtransportiert. Nach einem Spaziergang rund um die Cheops-Pyramide werden allerdings auch die anfangs Enttäuschten ihre gewaltige Größe erkennen. Diese Pyramide ist wie alle anderen in der Umgebung von Kairo noch immer von zahlreichen rechteckigen steinernen Mastabas und Schachtgräbern für Angehörige des Königs und Beamte umgeben, die ebenfalls sehenswert sind und die zeigen, dass Cheops ein gewaltiger Beamtenapparat zur Verfügung stand.

Beeindruckend ist auch das enorme Alter der Pyramiden. Sie wurden vor viertausendsechshundert Jahren errichtet, in einer Zeit, die die Historiker als Altes Reich bezeichnen. Die Pyramiden waren schon weit über ein Jahrtausend alt, als Tutanchamun, Ramses II. und – eventuell – Moses die Bühne betraten. Und als Herodot um 450 v. Chr. als Tourist Ägypten besucht haben soll, standen sie sogar schon mehr als zwei Jahrtausende. Herodot hat in seine *Historien* ein interessantes Kapitel über ägyptische Geschichte und Kultur aufgenommen, und wenigstens bis zur Entzifferung der Hieroglyphen im Jahr 1822, teilweise sogar noch danach, war und ist sein Kommentar eine wichtige Informationsquelle.

Herodot berichtete viele seltsame Dinge über Ägypten, von denen manche so unwahrscheinlich klingen, dass viele Wissenschaftler bezweifeln, dass er das Land wirklich je besuchte. Andere glauben, dass er nur Fehlinformationen oder erfundenen Geschichten der einheimischen Führer auf den Leim gegangen ist, die selbst nicht so genau wussten, wie es wirklich gewesen war. Dazu kam die kulturelle und sprachliche Kluft – schließlich war er als Grieche in einem fremden Land unterwegs. Wie dem auch sei, Herodot erzählt, dass die Cheops-Pyramide von Hunderttausenden von Sklaven unter dem Kommando des bösen Königs Cheops errichtet worden sei. Zehn Jahre habe es allein gedauert, eine prächtig verzierte Rampe zu errichten, auf der die Steinblöcke gezogen wurden, und zwanzig Jahre, um die Pyramide selbst zu errichten, wobei man ein Hebelsystem benutzte, um jeden Block an seinen Platz zu hieven. Als das Geld für den Bau ausging, zwang der verderbte Cheops angeblich seine eigene Tochter zur Prostitution, um zusätzliche Geldquellen zu erschließen. Das jedenfalls berichtet Herodot.

Es gibt praktisch keine Hinweise, die diese Vorstellungen untermauern und bestätigen würden. Zunächst einmal ist der Einsatz von Sklaven beim

Bau der Pyramiden mehr als fraglich (trotz aller Hollywood-Fantasien waren die Israeliten erst tausend Jahre später in Ägypten!). Eine der besseren Theorien besagt, dass die Pyramiden nicht von Sklaven errichtet wurden, sondern große öffentliche Bauprojekte waren, bei denen vor allem eine gewaltige Anzahl von Bauern und Arbeitern zum Einsatz kam, die während der Zeit der Nilschwelle nichts zu tun hatten. Diese Theorie wird durch die Tatsache gestützt, dass die Lastschiffe mit ihren Steinladungen bei Hochwasser viel näher an die Baustelle herankamen. Man kennt die Bautechniken zwar noch immer nicht im Detail, aber statt der Hebel verwendete man wohl eher ein System von Erdrampen. Zweifellos waren gigantische Mengen von Arbeitern im Einsatz, und bei einigen neueren Grabungen in der Nähe der Pyramiden von Giza wurden Baracken, Bäckereien und andere Einrichtungen freigelegt, die nötig waren, um eine so riesige Arbeiterschaft zu versorgen. Und was Cheops – oder, genauer gesagt, Chufu, wie er eigentlich ägyptisch heißt – angeht, so wissen wir sehr wenig über sein Leben oder seinen Charakter.

Bis vor ein paar Jahren, als neue Reglementierungen in Kraft traten, war ein Spaziergang am Fuße der Pyramiden alles andere als entspannend. Es war zwar nicht gefährlich (es sei denn, man stolperte auf dem unebenen Terrain) und auch nicht besonders anstrengend, solange man nicht gerade in der glühenden Sommerhitze durch den Sand stapfte, aber sobald man als nichtsahnender Tourist auf einen der zahlreichen energischen einheimischen Privatunternehmer traf, die Aufdringlichkeit in Perfektion beherrschten, begannen die Probleme.

Solche Begegnungen liefen etwa wie folgt ab:

»'Schuldigung, Mister, wollen Sie Kamel reiten?«, fragte einer aus einer kleinen Gruppe von Kundenfängern, die einfach jeden Touristen ansprachen, der in ihre Nähe kam. Ein einfaches Nein reichte nie und wurde mit inständigem Bitten und meist mit einer Verfolgung über mehrere Hundert Meter beantwortet.

»Ich bin Student, ich habe kein Geld«, war mein erster Satz, als ich das Giza-Plateau betreten hatte.

»Kein Problem, mein Kamel ist spezielles Studentenkamel. Für Sie Sonderpreis! Kostet nix! Sie bezahlen, was Sie wollen!« Sollte ein naiver Reisender bei diesem Angebot tatsächlich anbeißen, musste er schnell feststellen, dass das Besteigen des Kamels tatsächlich kostenlos war, dass man aber tief in die Tasche greifen musste, um von diesem schwankenden Hochsitz wieder herunterzukommen. Wenn den geschäftstüchtigen Kameltreibern klar wurde, dass bei jemandem wirklich nichts zu holen war, trabten sie auf ihren röhrenden, sandfarbenen Biestern wieder zurück, um sich auf den nächsten potenziellen Kunden zu stürzen.

Diese Kameltreiber waren klug. Viele konnten sich in mehreren Sprachen unterhalten und beherrschten Floskeln in zahlreichen weiteren. Ich wurde wegen meines blonden Haars oft auf Deutsch angesprochen, aber man unterstellte mir auch noch viele andere Heimatländer. Bei anderen Besuchen in Ägypten versuchten meine Freunde und ich, die Kameltreiber, die sich an unsere Fersen hefteten, zu verwirren, indem wir behaupteten, wir kämen aus Botswana, Litauen oder irgendeinem anderen Land, von dem wir annahmen, dass es ihrer geografischen Kenntnis entgangen sein könnte. Nach kurzem Nachdenken antwortete so ein Kameltreiber dann aber womöglich:»Ah! Botswana! Ein Cousin von mir lebt dort!« Und es hätte mich nicht überrascht, wenn er ein paar Worte in einer relativ unbekannten afrikanischen Stammessprache hätte fallen lassen.

Das Kameltreibergewerbe war nicht die einzige Arbeitsmöglichkeit auf dem Pyramidenplateau. Pferdekutscher, Cola-Verkäufer und Leute, die bemalte Papyri an den Mann bringen wollten, betrieben ihre Geschäfte vor dieser großartigen Kulisse in überaus energischer Manier. Bei mehr als einer Gelegenheit wurde ich von einem Teenager in *galabija* angesprochen, der, nachdem er sich mit einem Blick vergewissert hatte, dass niemand uns beobachtete oder zuhörte, flüsterte:»Psst! Mister! Schauen Sie! Schnell!« Dann griff er in seinen Umhang und zog langsam und vorsichtig einen kleinen, verdächtig aussehenden Umschlag hervor. Vielleicht Drogen? Illegale Antiquitäten? Noch immer um sich spähend, um die Spannung bei seinem potenziellen Kunden aufrechtzuerhalten, öffnete er den Umschlag.»Sehen Sie, Mister! Zehn Postkarten für ein ägyptisches Pfund!«

Die Cola-Verkäufer hatten wieder eigene Tricks. Sie tauchten gerade dort, wo es am heißesten war, mit einem eisgefüllten Metalleimer in der Hand aus dem Nichts auf. Vorher hatten sie sich ein paar sehr warme Flaschen Limo aus einem Lager in der Nähe geholt und kurz ins Eis gesteckt, bevor sie sie dem Käufer in die Hand gaben. Der gutgläubige Ausländer sagte:»O ja, eiskalt und erfrischend! Ich nehme zwei!«, und dann setzte sich der freche junge Kerl hin und wartete auf die Rückgabe des Leerguts, während der Käufer versuchte, wenigstens eine Flasche des lauwarmen, eklig süßen Getränks hinunterzuwürgen.

Trotz der ständigen Unterbrechungen durch fliegende Händler bei meiner ersten Begegnung mit den »Bergen des Pharaos« beschloss ich, einen einheimischen »Führer« anzuheuern, der mir das Gelände zeigen sollte. Der »Führer«, den ich für zwei Stunden und zwei ägyptische Pfund unter Vertrag nahm, war ein älterer Mann, vielleicht Anfang siebzig, der mir eine Tour zur Chephren-Pyramide, der zweitgrößten in Giza, und zu einigen der besser erhaltenen kleinen Gräber in dem Gebiet anbot. Er behauptete, die Schlüssel zu all diesen Monumenten zu besitzen.

Unser Marsch begann in der brütenden Mittagshitze. Der Führer ließ mich auf weitschweifigen Wegen durch den Sand des Giza-Plateaus stapfen. Im Sand zu laufen ist anstrengend, und ich war eigentlich sicher, dass ich auf meinem Spaziergang zuvor eine geteerte Straße gesehen hatte, die direkt zur Chephren-Pyramide führte. Nach mehreren Trinkpausen fiel mir auf, dass ich von einem Kameltreiber verfolgt wurde, der, wie sich zeigte, mit meinem Führer unter einer Decke steckte. Der Zweck ihres Spiels war bald klar: Der Führer versuchte mich durch Sand und Hitze müde zu machen, bis sein Freund »zufällig« auftauchte und mir sein Reittier anbot. »Das könnt ihr vergessen!«, rief ich, schüttete mir Wasser aus meinem Kanister über Kopf und Hemd und setzte meinen mühsamen Marsch fort, während das Wasser innerhalb weniger Minuten verdunstete.

Als wir bei unserem ersten Ziel ankamen, sagte der Führer: »Gut, also das hier ist die Chephren-Pyramide, gebaut von König Chephren. Kommen Sie, jetzt zeige ich Ihnen den Palast des Cheops.« Worauf er sich umdrehte und zurück durch den Sand ging, in Richtung auf die Cheops-Pyramide. Dummerweise folgte ich ihm, den Kameltreiber direkt auf den Fersen.

Bei einer geeigneten kleinen Düne hielt der Führer an und zog etwas »sehr Altes« aus seinem Gewand. Es war ganz eindeutig ein sehr billiger moderner Skarabäus – ein Amulett in Form eines Mistkäfers –, wie sie als Massenware für ein paar Cent produziert werden. »Ich mache Ihnen Sonderpreis, Mister! Amerika und Ägypten gute Freunde. Sehen Sie! Sehr, sehr alt. Für Sie? Nur fünfzig Dollar!« Ich lachte und erklärte ihm, das sei ganz eindeutig eine Fälschung.

»Ich bin Archäologe«, erklärte ich. »Ich kenne mich mit dem Zeug aus!«

»Dann müssen Sie auch wissen, dass es alt ist!«, entgegnete er. Als er nicht die erwünschte Antwort erhielt, setzte er seine »Tour« durch die Wüste fort.

»Was ist jetzt mit diesem sogenannten Cheopspalast?«, fragte ich.

»Einen Augenblick«, sagte er, während wir uns einer Gruppe verfallener Steinbauten näherten. »Hier ist es! Und hier ist Cheops' Thron!«, rief er und zeigte auf eine Stelle in der niedrigen Mauer, wo mehrere Steinblöcke fehlten. »Und dort drüben aß Cheops jeden Abend, und wenn er Wasser trinken wollte, kam er hier herüber.« Der Führer kletterte über die verfallenen Mauern und ahmte pantomimisch die Tätigkeiten nach, von denen er sprach. »Und hier drüben wusch sich der König nach dem Essen die Hände«, sagte er und rieb sich die Hände. Ich setzte mich auf Cheops' »Thron« und grinste insgeheim über die absurden Possen. Schließlich bemerkte ich, dass wir noch einige der schönen kleineren Gräber anschauen sollten, bevor die Führung zu Ende war. »Und hier ist die Toilette des Königs«, beharrte er. Wir bogen um eine Ecke und sahen eine kleine Mauereinfassung mit getrockneten menschlichen Hinterlassenschaften auf dem Boden, offenbar eine Latrine eher jüngeren Datums. Der Führer spürte meine Enttäuschung und versuchte über einen niedrigen Stacheldrahtzaun zu gelangen, wurde aber sofort von einem Friedhofswächter abgewiesen.

»Was ist mit all Ihren Schlüsseln?«, fragte ich.

»Dieser Friedhof ist heute geschlossen wegen Restaurierungsarbeiten. Ich werde Ihnen einen anderen zeigen.« Wir marschierten einen Pfad an der Ostseite der Pyramide entlang, an zahlreichen Gräbern vorbei, von denen einige Tore und Schlösser aufwiesen.

»Was ist mit diesem Grab?«, fragte ich.

»Ah, das geht nicht. Das Grab ist noch voller Gold, und drinnen liegt die Mumie eines kleinen Kindes.« Natürlich war das nur eine seiner Ausreden, um die Tatsache zu verschleiern, dass er nicht einen einzigen Schlüssel für irgendetwas Sehenswertes besaß. Ein Stück weiter erreichten wir eine kleine, in den Fels geschlagene Öffnung. »Hier haben sie die Mumie von Ramses II. gefunden. Schauen Sie sich das an!« Die Grabtür stand offen, und im Inneren sah man einen Haufen modernen Unrat. Die Wände und

Decken waren schwarz von Ruß. Ramses II.? Hier wohl kaum! Seine Mumie war im späten 19. Jahrhundert in einem faszinierenden Mumienversteck mehrere Hundert Kilometer südlich von Giza entdeckt worden! Jetzt reichte es mir endgültig. Es hatte überhaupt keinen Sinn, diese Fakten mit meinem angeblichen Führer zu diskutieren. Der Reiz dieses kleinen Abenteuers war verflogen, und ich schlug vor, die Führung hier und jetzt zu beenden und ihn auszuzahlen. Als ich ihm seine zwei Pfund zusammen mit einem weiteren Pfund als Trinkgeld überreichte, warf er nur einen kurzen Blick auf das Geld und drückte es mir wieder in die Hand. »Sieben Pfund!«, brüllte er. Ich erinnerte ihn an unsere Abmachung, und er wurde wütend. Als ich hart blieb, deutete er an, dass er eine Menge hungriger Kinder zu Hause habe. Und als ich immer noch nicht reagierte, bestand er darauf, dass sieben Pfund das Minimum seien, das er per Gesetz für seine Dienste fordern dürfe, und dass ich direkt im Gefängnis landen würde, wenn ich mich weigerte, sie zu zahlen. Das nahm ich ihm nicht ab. Dann drohte er, die Polizei zu rufen. Und als letztes Mittel griff er sich schließlich an die Brust und begann schwer zu atmen. Entnervt zog ich noch eine Pfundnote aus der Tasche, drückte sie ihm in die Hand und ließ ihn stehen. Der Führer zählte das Geld, lächelte und brüllte: »Danke, Mann!«

Seitdem bin ich überzeugt, dass Herodot wirklich in Ägypten war. Wahrscheinlich hat er seine Geschichten von einem einheimischen Führer, vielleicht einem direkten Vorfahren meines »fachkundigen« Begleiters.

Kopfschüttelnd über das gerade Erlebte durchstreifte ich weiter das Gelände, während der späte Nachmittag allmählich kühlere Temperaturen brachte. Es war ein Freitag, der wöchentliche Ruhetag, und am Fuße der Pyramiden saßen viele ägyptische Familien, picknickten, machten Musik und tanzten mit ihren Freunden. Eine ereignislose Taxifahrt brachte mich wieder zurück in das Garden City House, und so endete der erste von vielen unvergesslichen Tagen in einem Land, von dem ich seit Jahren geträumt hatte.

Weil die Expedition ins Fajjum erst am Sonntag losgehen sollte, hatte ich noch einen zweiten Tag zur freien Verfügung und wollte mir das Plateau von Giza noch einmal ansehen. Ich hatte mir geschworen, mir ganz sicher nicht noch einmal das Geld aus der Tasche ziehen zu lassen. Diesmal nahm ich den Bus, was weitaus billiger und an sich schon ein Abenteuer war. Der Busfahrer ließ mich in der Nähe meines Ziels aussteigen, und ich stieg den Hügel hinauf zum Plateau, wo das Tagesgeschäft schon in vollem Gange war. Beturbante Köpfe tauchten hinter Mauern auf und fragten, ob ich nicht vielleicht ein Kamel wolle. Der heimlichtuerische Postkartenverkäufer drehte seine Runden, und die Kinder, die Cola verkauften, füllten ihre Eimer mit warmen Flaschen von der Ladefläche eines alten Lastwagens.

Man braucht eine Eintrittskarte, um in die Pyramiden zu kommen, und als ich mich dem Kassenhäuschen näherte, fiel mir ein junges englisches Paar auf, das mit meinem Führer vom Vortag über eine Bildungstour verhandelte. »Lassen Sie das bloß«, erklärte ich ihnen. »Er hat hier keinerlei Rechte, keine Schlüssel für irgendwas, und er weiß überhaupt nichts. Sie sind besser bedient, wenn Sie Ihren Reiseführer lesen.« Der Führer wurde unglaublich wütend und fluchte vulgär auf Englisch, stolzierte aber schließlich davon.

Ich kaufte meine Eintrittskarte und kletterte die Stufen zu einem Tunnel hinauf, der in die Cheops-Pyramide führte. Der Wächter dirigierte mich durch den grob aus dem Kalkstein geschlagenen Gang, der zu einer aufsteigenden Rampe führte. Der Tunnel war von frühen Schatzsuchern durch die Steinblöcke gegraben worden, bis sie auf einen Gang im Inneren gestoßen waren. Heute ist er der normale Eingang in das Bauwerk. Wie ich bei vielen folgenden Besuchen erfahren sollte, kann der Aufstieg durch die Korridore zur Grab- oder Königskammer relativ einfach oder auch höllisch beschwerlich sein – je nach Menge der Touristen. Im Inneren kann durch menschliche Ausdünstungen eine schwüle, drückende Hitze herrschen, und an bestimmten Durchgängen muss man sich tief bücken, wenn einem absteigende Gruppen begegnen. In dieser unbequemen und feuchtwarmen Umgebung halten es nur wenige Menschen länger aus.

Die Königskammer ist ein unglaublicher Raum mit glatten Granitwänden, vollständig leer bis auf einen großen Steinsarkophag. Cheops' Leichnam ruhte darin vor ein paar Tausend Jahren, doch ist seine Mumie nicht erhalten geblieben, trotz aller Anstrengungen, sie für die Ewigkeit zu bewahren.

Die Kammer zieht New-Age-Jünger jeglicher Art an. Manchmal sieht man sie hier mit Wünschelruten oder Pendeln nach irgendwelchen Wahrheiten suchen. Andere kommen, um zu meditieren, zu singen oder »die

Schwingungen aufzunehmen«. Glücklicherweise waren nur wenige Pyramidenbesucher unterwegs, als ich zum ersten Mal dort hinkam. Dennoch verließ ich die Pyramide schweißgebadet und genoss dankbar die leichte Brise draußen. Sofort begann wieder das Spießrutenlaufen zwischen den fliegenden Händlern und Kameltreibern.

Mein zweiter Tag in Ägypten war ebenso wunderbar wie der erste, aber die unbeschwerten Pyramidenbesuche hatten erstmal ein Ende, denn am nächsten Tag sollte die Expedition ins Fajjum beginnen. Ich muss noch erwähnen, dass es heute auf dem Giza-Plateau ganz anders zugeht als bei meinem ersten Besuch 1981. Dank der ägyptischen Altertümerbehörde sind strenge Auflagen zum langfristigen Schutz der Pyramiden durchgesetzt worden, die auch den Touristen entgegenkommen. Die Kameltreiber und Händler gibt es zwar noch, aber man hat sie aus der direkten Umgebung der Monumente verbannt. Heute belagern sie ein Gebiet, das Touristen durch eine grandiose Aussicht auf das Gelände anzieht. Die üblichen Kundenfänger treiben sich zwar sicher noch dort herum, aber sie sind zurückhaltender geworden und warten, bis die Kunden auf sie zugehen.

Wir sollten uns zu einer bestimmten Zeit vor dem Gebäude treffen, in dem das American Research Center in Egypt (ARCE) untergebracht war. Ich kannte ein paar meiner neuen Kollegen von der Big University, die meisten aber hatte ich nie zuvor gesehen. Wir waren eine bunte Mischung aus Promovierten, Studenten im höheren Semester, einem Ägyptologen, einem Fachmann für Knochen und einem Spezialisten für alte Pflanzenreste. Auch die Studenten konnten eine interessante Zusammenstellung von Fachwissen und Persönlichkeiten aufbieten, von Lucy, einer draufgängerischen Ägyptologiestudentin, die sich von niemandem einschüchtern ließ, bis hin zu dem Archäologen »Blazo«, einem hochnäsigen Besserwisser, der als Freund von einer von Dr. W.s Studentinnen mitgekommen war. Trotz aller Unterschiede waren wir jetzt ein Team. Wir beluden mehrere Jeeps und fuhren aus Kairo hinaus in Richtung Fajjum.

Die Straße zum Fajjum führte an den Pyramiden von Giza vorbei und dann direkt durch die Wüste in das Gebiet westlich des Nils. Die Landschaft wirkte ziemlich öde, abgesehen von ein paar armseligen Armeeposten und dem einen oder anderen schon lange aufgegebenen Fahrzeugwrack. Nach Dutzenden Kilometern tauchten hin und wieder ein paar

Baumgruppen am Straßenrand auf, und schließlich wichen die ausgedehnten Ruinen einer römischen Stadt namens Karanis einer riesigen Fläche Ackerland, dem modernen Fajjum. Dieses Fruchtland liegt am Süd-
rand des heute brackigen und flachen Sees und erstreckt sich westlich fast
bis zum Nil, der sein weit verzweigtes Netz aus Bewässerungskanälen
speist.

Die Fajjum-Region war die gesamte pharaonische Zeit hindurch
bewohnt, und die verwitterten Reste mehrerer Pyramiden unterbrechen
hin und wieder die Ebene. Später besiedelten die Griechen und Römer das
Gebiet und errichteten dort arbeitsintensive landwirtschaftliche Güter
und mehrere Städte, deren Grundmauern heute meist nur noch unter dem
gründlich gepflügten und bewässerten Ackerboden zu finden wären. Die
Wärme und die Palmen des Fajjum erinnerten mich an meine kalifornische
Heimat, allerdings mit der Dreingabe von Eseln und Kamelen, und insgesamt wirkte das Land sehr angenehm, gastfreundlich und fruchtbar.

Die Fahrt zu unserem »Basislager« führte durch viele Dörfer voller quir-
ligem Leben, bis wir endlich Qasr Qarun erreichten, nur anderthalb Kilometer vom See und ein paar Kilometer vom südwestlichen Endpunkt der
Straße beim Dorf Quta entfernt. Qasr Qarun ist nach einem antiken, hervorragend erhaltenen Tempel benannt, der ganz in der Nähe am Rande der
Wüste liegt. Wir waren in einem großen, zweistöckigen weißen Haus mit
einer Dachterrasse untergebracht. Von außen wirkte es beeindruckend, im
Inneren aber war es staubig und schmutzig. Es hätte unsere amerikanischen Gemüter womöglich etwas milder gestimmt, wenn wenigstens Toi-
letten und elektrisches Licht vorhanden gewesen wären. Ein breiter Graben in einem angrenzenden Obstgarten diente vorübergehend als Toilette,
und Wasser schleppten wir von einer Dorfpumpe in vielen großen Plastik-
kanistern heran. Irgendwann wurde ein Generator angeschlossen, und ein
Wassertank auf dem Dach machte unsere Unterkunft ganz akzeptabel. Die
Zimmer wurden nach Geschlecht oder Beziehungen zugeordnet, und ich
teilte mir mit ein paar Kollegen den »Männerschlafsaal«. Jeder von uns
hatte ein schmales Bett mit einem Moskitonetz, das von den Mittelrippen
entblätterter Palmwedel herabhing.

Schnell entwickelte sich eine tägliche Routine. Wir standen um 4 Uhr
morgens auf, nahmen um 4.30 Uhr noch im Halbschlaf unser Frühstück
aus Tee, Brot und Marmelade zu uns und brachen etwa um 5 Uhr in die

Wüste auf. Unsere Karawane aus vier Fahrzeugen verließ unser kleines Lager und fuhr auf der staubigen Straße durchs Dorf, in dem sich gerade bei Sonnenaufgang erstes Leben regte. Bei Quta bogen die Jeeps dann scharf nach Süden in die Wüste ab; ein knapp zwei Meter breiter Kanal trennt das fruchtbare, üppig grüne Kulturland von einem unwirtlichen Sandmeer, das sich über ganz Nordafrika bis zur Atlantikküste erstreckt. Der Unterschied ist frappierend, und ohne ständige Pflege und Bewässerung hätte das Grün keine Chance.

Normalerweise meisterten die Fahrzeuge den Sand ohne Schwierigkeiten. Als Orientierungspunkte dienten Dünen, hin und wieder ein geplündertes Grab oder ein kleiner Polizeiposten. Nach einer Weile gelangten wir zu einem kleinen Grat, und direkt dahinter lag unser Arbeitsplatz in einer kahlen Wüstenfläche. Von uns abgesehen waren ein paar struppige Büsche und eine gelegentliche Eidechse die einzigen sichtbaren Zeichen von Leben.

Es war eigentlich kaum zu glauben, dass jemals jemand in dieser entlegenen Ödnis gewohnt hatte, und doch fanden sich überall Hinweise auf eine menschliche Besiedlung. Der Wüstensand war buchstäblich übersät mit altem Kulturschutt. Jeder, der hier ein paar Schritte ging, musste unausweichlich auf Feuersteinwerkzeuge stoßen, auf Pfeilspitzen und vor allem auf kleine Steinsplitter, die bei der Herstellung dieser Geräte anfielen. Tierknochen – viele riesig und fossiliert – und graue Ringe aus durch die Hitze alter Lagerfeuer zersprungenen Felsbrocken waren hier und dort zu sehen. Große Mahlsteine und Steinklingen von Sicheln zeigten, dass hier schon früh Landwirtschaft betrieben worden war. Es ist eigentlich unglaublich, dass diese Überreste noch nach Jahrtausenden an der Oberfläche liegen – zu verdanken ist es einem natürlichen Prozess, der Deflation oder Sandflucht genannt wird. Der Wind bläst ständig den Sand unter den Artefakten weg – wenn nicht gerade eine Wanderdüne einen Teil des Wüstenbodens unter sich begräbt, bevor sie weiterzieht. Bei unserem Aufenthalt im Fajjum wurden wir immer wieder an die enormen Umweltveränderungen erinnert, die sich seit der Zeit vollzogen hatten, als dieses Material liegen gelassen wurde. Fischgräten und Tierknochen ließen erahnen, dass sich hier einst das Ufer des Sees entlangzog, der heute nur noch einen Bruchteil seiner früheren Ausdehnung hat, und dass das Gebiet dicht besiedelt war. In üppig grüner Umgebung und mit einer guten Nahrungsmittelversorgung war das Leben im Fajjum vor etwa sechstausend Jahren wahrscheinlich ausgesprochen angenehm gewesen.

8 Archäologisches Survey im Südwesten des Fajjums: Mitten in der Wüste sammeln Ryans Teamkollegen in einem abgesteckten Areal Oberflächenfunde auf.

In einem so großen Forschungsgebiet mussten wir uns auf Stichproben beschränken. Also legten wir mit Vermessungsgeräten ein großes Quadratnetz über den Bereich, und – mit dieser Karte als Grundlage – markierten wir Quadrate mit einer Kantenlänge von fünf Metern mithilfe einer Schnur direkt auf dem Boden. In einem Teil dieser Quadrate wurden Artefakte, Knochen und alle sonstigen Funde ausführlich dokumentiert und gesammelt. Das war im Grunde drei heiße Monate lang unser Tagesprogramm. Jeden Tag Schnüre spannen, erst in die eine Richtung, dann quer dazu, und dann sammeln, sammeln und eintüten, eintüten und etikettieren. Das klingt unglaublich monoton, aber hin und wieder wurde es richtig spannend, wenn man eine kunstvoll gearbeitete Pfeilspitze oder ein Feuersteinmesser fand oder vielleicht die Überreste eines exotischen Tieres aus längst vergangener Zeit. Manchmal machte es sogar regelrecht Spaß.

Um 10 Uhr gab es ein Mittagessen aus Brot, Thunfisch, Eiern, Melonen und ähnlichen Leckereien, und um eins war Arbeitsschluss. Hatte ich erwähnt, dass es heiß war? Schatten gab es an unserem Arbeitsplatz nur unter den Planen, die wir zwischen den Fahrzeugen gespannt hatten. Zurück im Haus ruhten wir zwei Stunden aus, und dann machten wir uns an die Schreibtischarbeit. Es gab immer genug Steinwerkzeuge oder Knochen zu sortieren und Artefakte zu zeichnen, und ich versuchte mich an beidem. Das Abendessen war immer eine Überraschung, und danach versammelten wir uns vor dem Radio, um dank BBC ein paar Nachrichten aus der »Welt da draußen« zu hören. Abends kam auch ein angenehmer Wind auf, der uns gut schlafen ließ.

Es ist schwer zu sagen, was die Einwohner wohl dachten, als sie zum ersten Mal den Fahrzeugkonvoi voller *howagas* (Ausländer) sahen, der sich zu so früher Stunde durch ihre kleinen Dörfer schlängelte. Der Platz um unser Grabungshaus war von einer niedrigen Lehmziegelmauer umgeben, die für die neugierigen Einheimischen allerdings kein Hindernis darstellte. Sie fanden offenbar alles, was wir taten, unterhaltsam. Das war zwar ein Übergriff auf unsere Privatsphäre, aber doch nur allzu verständlich. Stellen Sie sich vor, eine große Gruppe sehr merkwürdiger Menschen zieht in das Haus direkt neben Ihnen. Sie sprechen eine unbekannte Sprache, scheinen ziemlich reich zu sein und machen sich an allen möglichen seltsamen Geräten zu schaffen. Viele Wochen lang brechen diese verrückten Narren, begleitet von Wachen, bei Tagesanbruch auf in eine schattenlose Sandhölle, um Steine und alte Knochen aufzuheben in einer Gegend, in der Menschen gar nicht überleben können. Sie kehren erhitzt, erschöpft und durstig zurück und verbringen den Nachmittag damit, die belanglosen Abfälle anzustarren, die sie Tag für Tag mühsam eingesammelt haben. Nach mehreren Monaten packen sie alles zusammen und kehren in ihre Heimat auf der anderen Seite der Erde zurück. Kein Wunder, dass die Dorfbewohner neugierig wurden und wir die größte Attraktion weit und breit waren!

Wegen unseres unglaublichen Nachrichtenwerts wurden wir auch zur Zielscheibe der ungebremsten Gastfreundschaft unserer Nachbarn. Sobald wir uns nur ein paar Schritte von unserem Lager entfernten, wurden wir zum Tee, manchmal sogar zum Essen eingeladen. Die ersten Einwohner von Qasr Qarun, die ich kennenlernte, waren unsere Wächter, die auf dem

Hof kampierten. Sie hatten bemerkt, dass ich auf sie ebenso neugierig war wie sie auf mich, und winkten mir, mich doch zu ihnen zu setzen. Sie rückten zusammen, um mir Platz auf einer dünnen gewebten Matte zu schaffen, und entzündeten gekonnt und schnell ein kleines Feuer aus herumliegenden Pflanzenabfällen. Ein kleiner Kupferkessel wurde mit Wasser gefüllt und eine Handvoll Tee hineingeworfen (die Ägypter behaupten, dass heißer Tee an einem heißen Tag kühlend wirkt).

Wir verstanden die Sprache des jeweils anderen nicht, schafften es aber mit Gebärden, einander zu verdeutlichen, was wir sagen wollten. Bald kochte der Tee, und einer von ihnen holte aus seinem Gewand eine Papiertüte und mehrere kleine Gläser hervor. Mit dem Kristallzucker aus der Tüte wurden die Gläser bis zu einem Viertel gefüllt und dann mit Tee aufgegossen. Sie reichten mir ein Glas – es war so heiß, dass ich es beinahe fallen gelassen hätte. Der Tee war stark und unglaublich süß, und anfangs verspürte ich den Drang, mir sofort die Zähne zu putzen, doch nach ein paar Mal stellte ich fest, dass man sich daran gewöhnen konnte, und das Teetrinken wurde zu einer schönen Gewohnheit.

Die Teepausen mit meinen neuen Freunden waren eine wunderbare Beschäftigung für die knapp bemessene Freizeit. Sie waren unglaublich großzügig und bereit, alles zu teilen, was sie hatten. Zudem konnte ich so von begeisterten und geduldigen Lehrern Arabisch lernen, und mein Wortschatz wuchs ständig. Zuallererst lernte ich natürlich Vokabeln, auf die ich in der unmittelbaren Nähe zeigen konnte: »Tee«, »Wasserbüffel« und »Gänse«.

Die Gastfreundschaft der Ägypter ist einfach wunderbar. Einmal fuhren wir, weil wir Wasser brauchten, in ein anderes Dorf im Fajjum und erlebten dort eine grenzenlose Hilfsbereitschaft: Nachdem wir den Dorfbrunnen gefunden hatten, begannen wir gerade, unsere Wasserkanister auszupacken, doch sofort nahm man uns die Behälter aus der Hand und brachte sie zur Handpumpe. Dort tauchten bald Dutzende Dorfbewohner auf, um beim Befüllen irgendwie behilflich zu sein. Sie bildeten eine Menschenkette vom Brunnen zu unserem Jeep, sodass die vollen Kanister problemlos weitergegeben und auf das Fahrzeug geladen werden konnten. Mit der noch frischen Erinnerung an meine Erfahrungen auf dem Giza-Plateau wühlte ich in meinen Hosentaschen nach Kleingeld. Mein Kollege tat das Gleiche, weil wir dachten, wir müssen jedem Einzelnen dieser in hellen Scharen herbeigeeilten ungebetenen Helfer etwas geben. Wir kratzten eine Handvoll Münzen zusammen, die wir dem Mann geben wollten, der die ganze Operation offenbar organisierte. Er sollte sie dann an seine Freunde verteilen. Als wir ihn allerdings darum baten, wollte er das Geld nicht annehmen. Obwohl wir darauf bestanden, wiesen er und die anderen Dorfbewohner jede Bezahlung für ihre Dienste zurück. Es gab hier weder geldgierige Pyramiden-»Führer« noch trickreiche Kameltreiber; sie waren einfach ganz normale, überaus gastfreundliche Menschen, die nur helfen wollen, selbst so komischen Fremden wie uns.

Im Laufe des Sommers lernte ich von meinen Freunden im Dorf noch so manches. Besonders nachdenklich stimmte mich ein Zwischenfall bei einer Mittagspause in der Wüste. Wie gewöhnlich saß ich im Schatten neben den Fahrzeugen mit den Wachen und schlang mein Essen hinunter. Die Männer zeigten mir oft Dinge, die sie von zu Hause mitgebracht hatten. Hin und wieder spielten wir in den Pausen improvisiertes Puppentheater mit unseren Mützen oder raffiniert gefalteten Bekleidungsstücken. An jenem Tag kaute ich ein Stück des dort üblichen Brotes: *eisch baladi*, was eigentlich »Bauernbrot« heißt. Es besteht aus auf dem Boden gedroschenem Weizen, der dann zu Mehl vermahlen und zu runden Fladen gebacken wird. Plötzlich biss ich sehr schmerzhaft auf einen kleinen Stein, der sich in das Brot verirrt hatte. Wütend spuckte ich es aus, stand auf und warf den Rest des Fladens wie einen Frisbee in die Wüste. Als ich mich missmutig wieder hinsetzte, stand ein Wachmann auf und schlenderte langsam hinaus in den Sand. Er sammelte das Brot auf, kam zu mir zurück und hockte sich vor mich hin. Langsam wedelte er mit dem halb aufgegessenen Brot vor meiner Nase und erklärte sanft: »Brot ist ein Geschenk Gottes.« Er übergab mir den Fladen, und wir aßen weiter. Dieser arme, einfache Mann erteilte mir eine denkwürdige Lektion in Sachen Verschwendung und darüber, wie wichtig es ist, das zu schätzen, was man hat.

Die Fahrzeuge machten uns immer wieder Kummer. Die tägliche Fahrt in die Wüste und zurück konnte relativ angenehm oder aber eine die Knochen durchrüttelnde Tortur sein, je nachdem, wer gerade am Steuer saß. Einer aus unserem Team war berüchtigt dafür, dass er jedes Schlagloch und jede Düne in der Gegend mitnahm. Mein persönlicher Rekord für unsanfte Kontakte mit dem Wagendach hinten im Jeep lag bei dreimal direkt hintereinander, außerdem wurde man ständig von einer Seite auf die andere geworfen. Doch nicht nur die Autos malträtierten uns – auch die Hitze und die doch recht zweifelhaften sanitären Bedingungen forderten ihren Tribut. Die meisten von uns waren krank, manchmal wochenlang, und am Ende der Kampagne hatten auch die dünnen im Team mindestens zwanzig Pfund abgenommen.

Die Umgebung faszinierte mich mit jedem Tag mehr – die trockene Wildnis wirkte immer freundlicher, und meine Wertschätzung für ihre vielen, erst auf den zweiten Blick sichtbaren Wunder wuchs. Der »Charakter« dieser Umwelt kam zum Vorschein, die Wüste offenbarte sich allmählich als weitaus schöner und komplexer, als ich jemals gedacht hätte. Ihre Oberfläche zum Beispiel kann immer wieder anders aussehen, mit feinen Abstufungen in der Farbe des Sandes und mit Kieseln in allen möglichen Formen und Größen. Auch der Wind formt den Sand immer neu; ein paar goldene Wellen und feine Kräuselungen können schon bald in eine völlig glatte Sandfläche übergehen, an anderer Stelle prägen ein paar hartnäckige Sedimentkrusten den Wüstenboden. Und gelegentlich unterbrechen kleine unverwüstliche Türme aus verhärtetem Sediment, die sogenannten *Jardangs*, den welligen weißen Horizont.

Die Wüste führt eindeutig ein Eigenleben und ist in ständiger Bewegung, sei es durch die langsam wandernden Dünen oder durch Sturzfluten, die die Landschaft gewaltsam und von einem Augenblick auf den anderen verändern können. Sie übt eine unbarmherzige Macht aus – die Menschen versuchen zwar, sie zu kontrollieren, doch sie schafft es immer wieder, sich das Ihre zurückzuholen. Die antike griechische Stadt Dionysias etwa, direkt neben dem Tempel in Qasr Qarun gelegen, wurde vor fünfzig Jahren von Franzosen und Schweizern freigelegt. Als die Grabungen endeten, ergriff die Natur wieder Besitz von dem Gelände: Die Stadt ist auf dem besten Wege, allmählich unter dem Wüstensand wieder in Vergessenheit zu geraten.

Ich war überrascht, wie sehr mich die Weite der Wüste an die Herausforderungen eines riesigen, abweisenden Gebirges erinnerte. Der Schnee und das Eis der Gletscher auf einem Berg können ebenso unendlich und verlassen wirken wie die Wüste, und manchmal fragte ich mich, wie viele meiner geliebten Berge wohl auf diese gewaltige Fläche passen würden. Andererseits musste ich auch immer wieder an die Berge denken, weil ich mich in dieser drückenden Sommerhitze nach der eisigen Kälte eines Morgens im Hochgebirge sehnte.

Der See in der Nähe unserer Grabung bot uns eine angenehme Abwechslung von Hitze und Sand. Zu Beginn der Kampagne gingen die meisten von uns ganz früh morgens schwimmen, doch nach ein paar Wochen schwand die Begeisterung, und so war ich oft der einzige Besucher des Sees. Ich genoss den einsamen Weg anderthalb Kilometer die staubige Straße entlang zum Ufer. Jeden Abend kamen die Fellachen, die das Land bearbeiteten, von den Feldern nach Hause. Eine abwechslungsreiche Kolonne aus Menschen und Tieren, fast wie bei einem Zirkus, zog an mir vorbei: Kamele, so hoch mit Futter beladen, dass sie wandelnden Heuhaufen glichen; ein dicker Mann auf seinem kleinen Esel, der trotz des Gewichts recht zügig dahintrabte; schwerfällige Wasserbüffel oder Männer mit ihren Werkzeugen auf der Schulter. Ich sah täglich dieselben Gesichter, meist lächelnd und zufrieden mit dem einfachen Leben, das nur wenige von uns verwöhnten Westlern ertragen könnten.

Wenn ich gelegentlich zum See joggte, erregte der Anblick eines vorbeirennenden Ausländers in bunter Kleidung besonderes Staunen. Ohne Ausnahme drehte sich jeder Einzelne um, um zu sehen, wer mir denn auf den Fersen sei. Manchmal nahm ein Junge auf einem Esel die Herausforderung an und versuchte, mich auf seinem brüllenden Reittier zu überholen, wobei der Esel wegen seiner Ausdauer und der lauten Anfeuerungsrufe seines Jockeys oft den Sieg davontrug. Unten am See ging ich dann bis zum Hals ins Wasser und genoss den Sonnenuntergang. Die Felsen in der Ferne wechselten die Farbe wie ein Chamäleon, von Gelb über Orange zu Purpur, dann zu Grau und schließlich zu Schwarz. Die aufsteigende glänzende Kugel des Mondes, die in der Dämmerung zwitschernden Vögel und die Silhouetten der Palmen – das alles kündete vom Ende eines weiteren schönen ägyptischen Tages.

Das Fajjum-Projekt machte mich nicht nur mit Ägypten bekannt, sondern bot mir auch die ersten praktischen Lektionen in Grabungstechnik. »Vom Bekannten zum Unbekannten. Darum geht es im Grunde«, erklärte mir mein weitaus erfahrener Kommilitone Paul Buck, wobei seine Kelle über eine geschwärzte Erdschicht kratzte, um noch mehr davon freizulegen, während die Sonne auf uns niederglühte. »Marshalltown Company. Deren

Kellen sind der beste Freund des Archäologen.« Paul kratzte weiter an dem antiken Ring aus vom Feuer geborstenen Steinen herum. Bald kamen mehrere Fischgräten zum Vorschein, die Reste eines vorgeschichtlichen Abendessens. Vom Bekannten zum Unbekannten – das konnte als das Credo jedes Entdeckers gelten oder als eine Metapher für die Archäologie insgesamt.

Von Paul lernte ich im Fajjum viel über das Graben, und in späteren Jahren lernte ich Doug Esse kennen, einen Meister der Kelle, einen jungen Mann, der als bester seiner Generation gerühmt wurde und dessen Einfluss auf die Archäologie des Nahen Ostens beständig anstieg, als er starb, ohne seinen beruflichen Höhepunkt erreicht zu haben. »Man braucht ein Händchen dafür«, behauptete Doug, und das müsse so feinfühlig sein, dass man auch blind arbeiten könne. Seine geübten Hände deckten verwirrend komplizierte Befunde auf, zu deren Deutung ein ebenso komplexer Verstand nötig war. Dougs Kelle war ein Präzisionsinstrument, mit scharfen Rändern, ihre Oberfläche abgewetzt durch zwanzigjährigen Gebrauch. Der Griff passte sich seiner Hand an wie ein viel getragener Handschuh. »Das ist meine Zauberkelle!«, verkündete Doug grinsend, wenn er meine Bitten, sie doch einmal ausprobieren zu dürfen, im ersten Sommer, als wir zusammen arbeiteten, immer wieder ausschlug. »Niemand benutzt meine Zauberkelle!« Sie tat, was getan werden musste, und hatte die faszinierende Fähigkeit, zu finden, was gefunden werden sollte.

In einem schwachen Moment im Jahr darauf und nach Tagen lästigen Bettelns meinerseits gab Doug überraschend nach, »aber nur für ein paar Minuten«. Die Kelle glänzte, als ich ihren Griff umfasste. Ihre besonderen Qualitäten bestätigten sich sofort. Sie schnitt durch den Boden wie ein Messer durch warme Butter. Die geschärften Ränder fanden die Kanten antiker Lehmziegel wie von selbst, obwohl sie in der grellen Sonne praktisch nicht zu sehen waren; die leichte Veränderung der Bodenstruktur an der Stelle, wo Lehm begann, war durch winzige Schwingungen im Griff deutlich zu spüren. Doch mir waren nur ein paar Minuten Arbeit mit diesem magischen Werkzeug vergönnt. »Die Zeit ist um! Ich muss weitermachen!«, erklärte Doug und griff nach seinem treuen Begleiter. Jedes weitere Bitten war fruchtlos. Wie ich gehört habe, wurde er feierlich mit seiner Kelle begraben, dem Werkzeug, das seinem außerordentlichen Intellekt bei der Freilegung vergangener Zeitalter stets behilflich gewesen war.

Das Fajjum-Projekt bestand allerdings nicht nur aus Arbeit. Freitag ist der heilige Tag des Islam, und so quetschten wir uns am Donnerstagnachmittag in Autos und machten uns auf den beschwerlichen Weg nach Kairo, um uns ein bisschen zu entspannen. Am Freitagabend kamen wir dann zurück, um am nächsten Tag die Arbeit fortzusetzen. Gewöhnlich checkte ich im Garden City House ein, während andere sich manchmal für das Hilton entschieden oder für andere nettere Hotels, um wenigstens einen Tag lang im Luxus zu schwelgen. Der Gegensatz zwischen Kairo und dem Fajjum war drastisch. Kairo bot viele Möglichkeiten der Unterhaltung und eine breite Palette von Nahrungsmitteln. Ich verbrachte die meisten freien Tage mit der Erkundung der antiken Stätten, einschließlich einiger weiterer Trips nach Giza und zu den Pyramiden und Gräbern von Sakkara etwas weiter im Süden. Außerdem verbrachte ich zahllose Stunden im überwältigenden Ägyptischen Museum am Midan et-Tahrir, dem zentralen Platz in Kairo.

Einmal wurde eine längere Arbeitspause bewilligt und wir fuhren in den Süden, nach Luxor, um dort so viele antike Stätten zu besichtigen, wie wir in die wenigen kurzen Tage hineinpressen konnten. Damals stattete ich dem Tal der Könige meinen ersten Besuch ab – er hinterließ einen tiefen und nachhaltigen Eindruck.

Nach drei heißen Sommermonaten war die Zeit der Heimreise gekommen. Ich verließ Ägypten mit einem reichen Schatz an Erfahrungen und, ebenso wichtig, genügend Begeisterung und Ideen, um jahrelang intensiv bei der Sache zu bleiben.

4

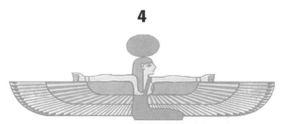

ÄGYPTEN LÄSST MIR KEINE RUHE

Ich kehrte in den regnerischen Nordwesten Amerikas und an die Big University zurück, doch beim Gedanken an meine Erlebnisse in Ägypten und im Fajjum wusste ich eines ganz sicher: Ich musste unbedingt wieder dorthin. Es war nicht einfach nur ein Wunsch, es war eine *Notwendigkeit.* Ich wusste nicht, wie oder unter welchen Umständen ich zurückkommen könnte, aber ich wusste, dass ich auch nicht annähernd genug gesehen hatte. An der Big University hatte ich zwar eine hervorragende Ausbildung bekommen, aber mir war klar, dass der dortige Wissenschaftsbetrieb und ich eigentlich nicht sonderlich zueinander passten. Und dann verließ mein Lehrer Dr. W. die Uni auch noch für ein paar Jahre, um ein Forschungszentrum in Kairo zu leiten.

Im Dezember 1982 reichte ich die letzten Leistungsnachweise für meinen Master-Abschluss ein und war schon wieder auf dem Weg nach Ägypten, diesmal auf eigene Faust. Das Geld war knapp, und so hatte ich mir einen möglichst billigen Nachtflug bei einer obskuren afrikanischen Airline gesichert, der mich dann auch glücklich nach Kairo brachte. Um 1.30 Uhr morgens betrat ich ägyptischen Boden – und ein kalter Windstoß traf mich wie ein Schlag. Ich kannte ja nur den glühend heißen Sommer, in meiner leichten Kleidung war ich auf die frostigen Januartemperaturen überhaupt nicht vorbereitet. Ich hatte diesmal weder Auftrag noch konkretes Programm, und mit nur zweihundert Dollar in der Tasche wollte ich zwei Monate bleiben.

Im Flugzeug hatte ich Iain Bamforth kennengelernt, einen jungen Schotten, der noch nie in Ägypten gewesen war. Ich wusste, wie man am besten in die Innenstadt kommt, und Iain hatte eine Liste der billigsten Unterkünfte in Kairo. Auch er verfügte nur über ein sehr schmales Budget, und selbst das bescheidene Garden City House war uns noch zu teuer. Nachdem wir ziemlich lange in der Innenstadt herumgeirrt waren, wies uns ein Hotelschild über dem menschenleeren Bürgersteig den Weg zu einer möglichen Unterkunft. Wir waren im Golden Hotel, der legendären ultrabilligen Hippie-Backpacker-Absteige, gelandet. Es bestand aus einer unscheinbaren Lobby und ein paar geschmacklosen Zimmern voller Rucksäcke und überall verstreuter Klamotten. Für anderthalb ägyptische Pfund pro Nacht bekamen wir hier einen Platz auf dem Boden oder auf einer Matratze. Das Hotel beherbergte eine bunte internationale Mischung ständig wechselnder Menschen, und man wusste nie, mit wem und mit wie vielen man sein Zimmer in der nächsten Nacht teilen würde. Für uns war es ein immerhin erträgliches Basislager, von dem aus wir Ägypten nach Belieben erkunden konnten.

Das Hotel gehörte einem alten Mann über achtzig, der sich Mr. Faris nannte. Er hatte in den 1920er-Jahren in Oxford studiert und sprach ein makelloses British English. Faris war ziemlich reich und betrieb das Hotel als einen Service für Reisende mit kleinem Geldbeutel. Außerdem hatte er etwas für junge Leute übrig. Nachmittags hielt er immer Hof in der Lobby, wo er jedem, der fragte, hilfreiche Tipps gab. Mr. Faris war ein wandelndes Lexikon in Bezug auf Ortskenntnis, einschließlich der besten und billigsten Lokale, der Busfahrpläne, unbekannter Orte, die einen Besuch wert waren, warnender Ratschläge und Tröstungen für die Verzweifelten. »Und wie war Ihr Abenteuer heute?«, fragte er jeden heimkehrenden Reisenden aufrichtig interessiert. Man konnte immer ein freundliches Wort und viel Sympathie oder auch Glückwünsche von dem Herrn im schwarzen Anzug erwarten. Ich vermute, dass er das fragwürdige Verhalten einiger seiner Gäste ganz blauäugig zur Kenntnis nahm; er schrieb es einfach den Torheiten der Jugend zu und sah darüber hinweg.

Mit Iain, dem Schotten, schloss ich schnell Freundschaft. Wir reisten etwa einen Monat zusammen durch Ägypten. Oft war auch Maria, eine junge Frau aus Neuseeland, dabei, die ebenfalls im Golden Hotel wohnte. Maria, der wir aus unerfindlichen Gründen den Spitznamen »Madame

Nadia« gegeben hatten, war von Südafrika aus im Laufe des vorherigen Jahres quer durch den Kontinent bis nach Kairo gereist. Wo es ihr gefiel, hatte sie länger Station gemacht. Ägypten war ihr letzter Stopp vor Europa, wo sie sich ihre Rückreise erarbeiten wollte.

Als »Fachmann« vor Ort begleitete ich Iain und Maria hinaus zu den Pyramiden und anderen archäologischen Stätten nahe Kairo. Einmal lud ich sie auch ein, mich auf eine Exkursion hinaus ins Fajjum zu begleiten, wo wir ein paar meiner einheimischen Freunde besuchten, die ich beim Projekt im Jahr zuvor kennengelernt hatte. Es war herrlich, die alten Freunde wiederzusehen, und wir wurden wie verloren geglaubte Familienmitglieder mit einer überwältigenden Gastfreundschaft empfangen.

Nach unserer Rückkehr nach Kairo beschlossen Iain, Maria und ich, mit dem Zug für ein paar Tage nach Alexandria zu fahren, um die alte Stadt am Mittelmeer zu besichtigen. Sie war von Alexander dem Großen im 4. Jahrhundert v. Chr. gegründet worden und zu einer der kosmopolitischsten Metropolen der alten Welt herangewachsen. Zwei spektakuläre Monumente der Antike hatten einst hier gestanden: ein riesiger Leuchtturm, der es auf die Liste der sieben antiken Weltwunder geschafft hatte, und eine Bibliothek, die das gesammelte Wissen der Antike gehortet hatte. Leider war nichts davon erhalten. Die Bibliothek war in Flammen aufgegangen – ein bis heute unersetzlicher Verlust. Es war kein besonders guter Trip; tagelang regnete es Bindfäden, der unsere Begeisterung wahrlich dämpfte, bevor wir nach Kairo zurückkehrten. Nach mehreren Wochen als Nomaden auf der Jagd nach ägyptischen Altertümern verabschiedeten wir uns von Maria. Wir hatten die Kunst, in Ägypten billig zu leben, schnell gelernt. Ich konnte drei annehmbare, meist sogar leckere Mahlzeiten pro Tag für etwa einen Dollar bekommen. Sandwiches mit Fûl – dicken Bohnen – und Falafel waren unser Grundnahrungsmittel, ebenso Koschari, ein sättigendes Gericht aus Reis, Nudeln, Linsen und pikanter Tomatensauce, das man auf der Straße kaufte und aß. Gelegentlich aß ich Schawarma – Sandwiches mit kleinen Fleischstückchen, die wie Döner von einem senkrechten Drehspieß heruntergeschnitten wurden – oder trank frisch gepressten Guavensaft, doch wenn ich richtig prassen wollte, ging ich ins Felfela, ein günstiges Restaurant, das ägyptische Hausmannskost im Stadtzentrum von Kairo servierte und das sich heute auch bei finanziell gut gestellten Touristen großer Beliebtheit erfreut. Trotz unserer Billigherberge und des spartanischen Lebensstils ging es uns alles andere als schlecht.

Als Maria weitergezogen war, bestimmten Iain und ich mit leichtem Herzklopfen die Sinaiberge zu unserem nächsten Reiseziel. Erst wenige Monate zuvor hatten die Israelis die Halbinsel nach etwa fünfzehn Jahren Besetzung seit dem Sechs-Tage-Krieg von 1967 offiziell geräumt. Jetzt war dort eine internationale Friedenstruppe stationiert, und der Sinai war wieder für Touristen von Ägypten aus zugänglich. Vor der Abreise besprach ich meine neuesten Pläne mit Dr. W., und er warnte mich: Nach so vielen Jahren voller Konflikte waren viele Strände vermint, mehrere Menschen waren selbst in entlegensten Wüstentälern von Minen zerfetzt worden. Ich solle vorsichtig sein.

Wir buchten Plätze in einem kleinen Flugzeug, das die arabische Wüste und den Suezkanal überquerte und uns zu einer kleinen Landebahn am Fuße der zerklüfteten Sinaiberge in der Nähe des Dorfes St. Katherine brachte. Bekannt ist die Region vor allem wegen des alten, festungsähnlich ausgebauten Katharinenklosters am Fuße des Gebel Musa, der traditionell mit dem Berg Sinai gleichgesetzt wird, also mit dem Ort, an dem Gott Moses die Tafeln mit den Zehn Geboten übergab. Fromme Mönche leben hier, seit das Kloster im 6. Jahrhundert vom römischen Kaiser Justinian gegründet wurde.

Ich wollte unbedingt den höchsten Gipfel des Sinai erklimmen, also wanderten Iain und ich ein Felstal hinter dem Kloster hinauf und schlugen unser Zelt zwischen riesigen Felsen auf. Der Aufstieg am nächsten Morgen war kühl, aber nicht besonders schwierig, und der Gipfel, der von einer kleinen Moschee und einer christlichen Kapelle gekrönt wird, bot eine wunderbare Sicht auf die schneebedeckten Bergspitzen ringsum. Schnee? In einer der großen Wüsten der Welt? Zu unserer Überraschung brach auch unser Zelt unter dem Neuschnee fast zusammen, als wir später von einem Versorgungstrip ins Dorf zurückkehrten. Wettermeldungen aus den verschiedenen Landesteilen waren auch ein wichtiges Gesprächsthema unter den zahllosen Globetrottern im Golden Hotel gewesen. »Sehr kalt und windig an der Nordküste des Roten Meeres! Geht nach Süden!«, hieß es dann, und viele richteten sich danach. Wenn der Winter in Kairo kühl und trostlos ist, kann das Thermometer in der südlichsten ägyptischen Stadt Assuan noch immer angenehme 21 Grad zeigen. Assuan war in unseren Augen deshalb das ideale nächste Ziel.

In Einklang mit unserem kargen Lebensstil in Ägypten kauften Iain und ich Tickets für das billigste Transportmittel, das wir auftreiben konnten: einen Zug dritter Klasse. Diese Züge sind normalerweise von den ärmeren Menschen Ägyptens bevölkert, etwa den hart arbeitenden Dorfbewohnern. Die Passagiere sitzen auf unbequemen Holzbänken oder auf dem Boden an Fenstern, deren Scheiben oft zerbrochen sind oder ganz fehlen. Der Zug kriecht im Schneckentempo durch die Landschaft und hält an fast jeder Kleinstadt am Nilufer. Diese äußerst spartanische Reise belohnte uns allerdings mit tollen Ausblicken auf die ägyptische Landschaft, und wir lernten viele interessante Menschen kennen.

Im dunklen Abteil der dritten Klasse fiel mir von oben etwas in den Schoß. Ich schaute hinauf und sah einen ägyptischen Soldaten in der Gepäckablage direkt über mir. Er hatte es sich dort bequem gemacht und war gerade dabei, in aller Ruhe eine Zwiebel zu schälen und dann zu essen. Zunächst fanden wir diesen Anblick nur lustig, doch bald wurde uns klar, dass dies mit Abstand der beste Platz im Abteil war. So suchten auch wir uns eine gemütliche Ablage und legten unsere Schlafsäcke aus. Jetzt hatten wir es warm und relativ bequem, und nachdem wir uns an den Leisten festgeklammert oder festgebunden hatten, aus denen die Gepäckablage bestand, verbrachten wir tatsächlich eine angenehme Nacht, in den Schlaf gelullt vom gleichmäßigen Rattern des Zuges.

Nach etwa achtzehn Stunden erreichten wir Assuan, eine ruhige, freundliche und wunderbar warme Kleinstadt. Die Atmosphäre war hier völlig anders als in den meisten Orten, die ich bis dahin in Ägypten besucht hatte. Vielleicht lag das an den zurückhaltenden Nubiern oder an der Kleinstadtatmosphäre. Selbst der Nil, der hier zwischen großen Felsinseln hindurchfließt, wirkte anders. Assuan ist im Sommer ein Glutofen, doch ist es wahrscheinlich der schönste Ort, den man in ganz Ägypten besuchen kann, vor allem während der kalten Jahreszeit im Norden.

Iain und ich fanden eine weitere klassische Billigherberge, gegen die uns das Golden Hotel wie das Hilton erschien. Das Continental Hotel trug seinen Namen zu Recht, es war voll westlicher Rucksacktouristen, hatte allerdings anstelle von Schlafsälen kleine Zimmer. Der Preis stimmte, etwa ein Dollar pro Tag, und in Unterkünften dieser Art trifft man die unterschiedlichsten Typen. Viele saßen vor dem Hotel und verbummelten den Tag, nippten an ihren Getränken oder spielten Backgammon. Einheimische kamen dazu, die vielleicht auch mal einen zahmen Affen oder eine Wasserpfeife mitbrachten. Assuan war wirklich angenehm. Mit einem Segelboot ließen wir uns zu den Gräbern am Westufer des Flusses und zur Insel Elephantine bringen, um die vielen Altertümer dort zu besichtigen. Wir warfen sogar einen nüchternen Blick auf die Gegenwart und Zukunft und liefen die fast vier Kilometer lange Krone des ebenso gigantischen wie umstrittenen Assuan-Hochdamms ab.

Zu den wichtigsten Attraktionen Assuans zählten für mich die Granitsteinbrüche, die die ägyptischen Pharaonen mit den am meisten begehrten Steinen versorgt hatten. Den rötlichen Assuan-Granit findet man in Bauwerken daher weit nördlich bis hinauf nach Giza – beispielsweise ist Cheops' Grabkammer mit ihm ausgekleidet – oder in rauen Mengen an Orten wie dem Karnak-Tempel bei Luxor. Gewaltige Steinblöcke, ja ganze Obelisken wurden aus dem Fels gebrochen, auf stabile Transportschiffe geladen und teilweise mehrere Hundert Kilometer weit verschifft.

Man muss nicht weit gehen, um Granit in Assuan zu finden; er ist überall – in den Steinbrüchen am Nilufer und den Felsinseln im Fluss, die einst die natürliche Südgrenze Ägyptens bildeten. Als Bergsteiger hielt ich immer nach reizvollen Klettermöglichkeiten Ausschau, und bei unseren Wanderungen fand ich eine etliche Meter hohe natürliche Spalte in einem Granitvorsprung über dem Fluss. Ich schnürte meine Kletterschuhe enger, klemmte Hände und Füße in den Spalt und begann mich vertikal den Fels hinaufzuziehen. Ein, zwei Meter über dem Boden kletterte ich an den säuberlich in den Fels gemeißelten Hieroglyphen des Namens Ramses' II. vorbei – ein Erlebnis, das man nur in Ägypten haben kann.

Irgendwann war es für Iain Zeit, nach Schottland zurückzukehren. Ich reiste allein weiter nach Luxor, um noch mehr von den unzähligen Sehenswürdigkeiten dort zu besuchen, und kehrte auch noch einmal ins Tal der Könige zurück, eine Stätte, die mich immer stärker faszinierte. Aber schließlich war auch für mich die Zeit gekommen, nach Hause zu fliegen. Im Gepäck hatte ich eine mächtige Ladung Geschichten, einen reichen Schatz an Reiseerfahrungen und eine noch weiter gewachsenen Begeisterung für Ägypten.

Soknopaiou Nesos ist die verlassene Hülle einer einst blühenden Stadt, die schon lange aufgegeben und zu Ruinen verfallen war. Es gibt dort keine Touristen. Mein Freund vom prähistorischen Fajjum-Projekt, Paul Buck, schien der Klang des Namens zu gefallen, und gelegentlich hatte ich ihn die Worte auf der Fahrt durch die Wüste vor sich hin murmeln gehört, manchmal war es spontan laut aus ihm hervorgebrochen: »Soknopaiou Nesos!« Der griechische Name dieser antiken Stadt auf der entlegenen, öden Hochfläche des nördlichen Fajjum, lautet übersetzt »Insel des Sobek«, und Sobek war der altägyptische Krokodilgott, den man mit dem Fajjum verband. Der Name klingt eigentlich absurd, denn das nächste Wasser ist der Birket Qarun weit unterhalb des Plateaus, auf dem die Stadt liegt, und das war im Altertum nicht anders.

Bekannt ist der Ort vielleicht eher unter seinem jüngeren Namen Dimeh, der sich jeder Übersetzung entzieht. Dimeh überlebte nur als antiker Lehmziegelhaufen am Horizont, als mysteriöser Wachtposten, der heutigen Entdeckern als Orientierungspunkt dient. Selbst an einem klaren Tag tauchen die Ruinen überraschend in der Entfernung auf, doch wenn aufgewirbelter Staub die Sicht trübt, wirkt ihr geisterhaftes Bild zuerst wie eine Fata Morgana. Die hohen Mauern widerstehen noch immer hartnäckig den Naturkräften, die seit zwei Jahrtausenden an ihnen nagen.

1984, ein Jahr nach dem Ende meines Rucksackabenteuers, war ich wieder einmal in der ägyptischen Wüste gelandet. Diesmal allerdings nicht einfach als Tourist ohne festes Ziel – ich hatte einen Auftrag. Ich war in Ägypten, um bestimmte Aspekte antiker Technik zu studieren. Zugleich hatte Dr. W. mir ermöglicht, an Pauls Untersuchungen zur Vorgeschichte im nördlichen Fajjum teilzunehmen.

Wir waren unterwegs zu einer Stätte, die nur ein paar Kilometer von Dimeh entfernt mitten in der Wüste lag. Alles, was wir zum Überleben brauchen würden, Wasser, Nahrungsmittel, Brennstoff, musste dort hingebracht werden. Es war März, es war kalt, und ständig wehte ein kräftiger Wind, der sich alle Mühe gab, uns zu vertreiben. Paul war besonders an Geoarchäologie – der Anwendung geologischen Wissens, um etwas über die Umwelt in der Antike zu erfahren – interessiert und legte die Stellen fest, an denen sich eine genauere Untersuchung lohnen würde. Wir kartografierten einige Stätten, und wenn wir für den Tag genug hatten, zogen wir uns in den Pink Palace zurück, eine winzige Ziegelhütte, in der wir uns warmes Essen und Getränke zubereiteten. Seltsamerweise waren wir selbst an diesem abgelegenen Ort nicht ganz allein. Irgendwie hatte sich die Nachricht unserer Anwesenheit in der Wüste verbreitet, und bald tauchten die wenigen Wächter von den weit verstreut liegenden antiken Stätten in diesem Gebiet auf, grinsten freundlich und hofften auf einen Teller heißes Chili oder Pauls Spezialität »Reis der sieben Kostbarkeiten«.

Während die Wüste tagsüber ein Ort der Stille ist, erwacht sie in der Nacht zum Leben: das ferne Geheul umherstreifender Hunde auf der Suche nach Beute, das ständige Rütteln des Windes am Zelt – vage Ängste werden geweckt, da die fremdartigen Laute der Wüstennacht und die Einsamkeit die eigene Fantasie anstacheln. Auch die zahlreichen Schlangenspuren rund um das Zelt am nächsten Morgen sind nicht gerade eine Beruhigung, doch dann beginnt ein neuer Tag, und die Arbeit geht weiter.

Die Wüste mit all ihrer Mühsal und ihren gelegentlichen Ängsten war oft angenehmer als das lärmende Chaos Kairos. Ich hatte mich nach der Ankunft zunächst wieder im Golden Hotel eingemietet. Eigentlich war es seit Kurzem geschlossen, doch der alte Faris hielt noch immer Hof in seiner Lobby und schien gar nicht zu merken, dass es nicht mehr in Betrieb war und die jungen Touristen nicht mehr kamen. Für den Schnäppchenpreis von 30 Dollar im Monat bekam ich von Faris die Schlüssel zu einem Zimmer, das ich mir mit einem anderen Mieter, einem heimwehkranken Geschäftsmann aus Sri Lanka, teilte.

Einen großen Teil meiner Zeit verbrachte ich sowieso außerhalb der Wohnung und möglichst auch außerhalb Kairos. Ich reiste nach Sakkara und Luxor, um Darstellungen in Gräbern zu fotografieren, und verbrachte ziemlich viel Zeit in ägyptologischen Bibliotheken und Museen. Es war großartig, eine Zeit lang nach einem relativ flexiblen Zeitplan archäologischen Studien in Ägypten nachzugehen, von gelegentlichen Überraschungen unterbrochen. Eines Tages zum Beispiel las ich, als ich meine Post im Forschungszentrum abholte, einen Aushang, mit dem eine Kreuzfahrtlinie junge Wissenschaftler suchte, die im Austausch gegen eine Zehn-Tage-Deluxe-Reise auf dem Roten Meer den Passagieren ein bisschen historischen Hintergrund vermitteln konnten. Ein namhafter Wissenschaftler wurde für jede Kreuzfahrt eingeflogen, und Leute wie ich, die sich ihre Sporen erst noch verdienen mussten, sollten bei den Busausflügen Vorträge halten und die Passagiere beim Essen und auf Ausflügen unterhalten. Ich heuerte sofort an.

Ich fuhr zum Kairoer Flughafen, um die ankommenden Passagiere abzuholen, und zu meiner Verblüffung war der berühmte Wissenschaftler niemand anders als T. G. H. »Harry« James, der Leiter der ägyptischen Abteilung des British Museum. Noch nicht einmal zwei Monate zuvor war ich mit einem Empfehlungsschreiben eines gemeinsamen Freundes in seiner altehrwürdigen Wirkungsstätte in London aufgetaucht. Harry hatte sich netterweise die Zeit genommen, mich zu begrüßen, und mir viel Glück für meine Forschungen gewünscht. Damals hatte ich das Museum voller Ehrfurcht und dankbar für meine kurze Audienz bei ihm verlassen. Die Aussicht, mehr Zeit mit ihm zu verbringen, war einfach fantastisch.

Mit seinem typischen trockenen Humor begrüßte Harry die Kreuzfahrtpassagiere, als sie in den Bus stiegen, und bat um die Koffer, als sei er für das Gepäck zuständig. Als der Bluff aufflog, erklärte er schließlich: »Ich bin Harry James!« Dann zeigte er auf mich: »Und das ist mein Jünger.« Das war mir ganz egal. Ich durfte zehn Tage mit diesem wunderbaren Gentleman verbringen, ihm Löcher in den Bauch fragen über alles, was die Ägyptologie betraf, und so wunderbare Orte wie das Wadi Rum und Petra in Jordanien sowie antike Stätten in der ägyptischen Ostwüste besuchen. Auch viele Passagiere waren hingerissen, darunter die Comtesse Tauni de Lesseps, eine Enkelin jenes Mannes, der den Bau des Suezkanals geleitet hatte. Ich hätte diese Tour gern wiederholt, aber es war Zeit, weiterzuziehen. Wieder einmal freute ich mich darauf, nach Hause zurückzukehren. Sherry war immer erleichtert, dass ich nur auf archäologische Abenteuer aus war und nicht in den Bergen nach weitaus gefährlicheren Abenteuern suchte.

Trotz meiner Begeisterung und wachsenden Erfahrung war ich noch lange nicht qualifiziert, eine eigene archäologische Expedition in Ägypten zu leiten. Ein Doktortitel und eine formelle Anbindung an eine geeignete Institution wie ein Museum oder eine Universität gehören zu den dafür notwendigen Kriterien, und ich musste noch einiges tun, um beides zu erreichen. Neben meinem Graduiertenstudium, an dem ich eine Zeit lang kein übermäßiges Interesse hatte, versuchte ich auf vielen Wegen, in Tuchfühlung mit der Archäologie zu bleiben – durch Feldforschung und die

Beschäftigung mit Themen, die irgendwie mein Interesse weckten oder einfach zufällig auftauchten.

Als ich eines Tages in Tacoma, Washington, saß und die Zeitung durchblätterte, las ich, dass dort ein Arzt namens Ray Lyle gerade eine Mumie mit moderner medizinischer Technik untersuchte. Sofort rief ich ihn an und fragte, ob ich nicht irgendwie dabei sein könnte. Ich wurde als »Berater« in Lyles Team aufgenommen, weil ich zu den wenigen Menschen im Nordwesten der Vereinigten Staaten gehörte, die sich intensiver mit dem alten Ägypten beschäftigt hatten. Es war eine faszinierende Erfahrung. Die Mumie und die dazugehörigen Särge wurden mit allen möglichen Methoden untersucht. Während die Ärzte die körperlichen Merkmale genauer erforschten, half ich, einige Informationen aus dem Umfeld zusammenzutragen, um die Identität und die zeitliche Einordnung der Mumie möglichst genau zu bestimmen.

Die Mumie war 1891 in Ägypten von einem Geschäftsmann aus Tacoma namens Allen Mason gekauft worden. Heute hört es sich seltsam an, aber damals, im 19. Jahrhundert, konnten Touristen problemlos Mumien oder Särge – oder beides zusammen – kaufen und als exotische Souvenirs mit nach Hause nehmen. Der Antikenhandel war ein großes Geschäft, und es gab ein scheinbar unerschöpfliches Angebot an Toten aus dem alten Ägypten, um die Nachfrage der Kunden zu befriedigen. Aus diesem Grund finden sich Mumien oder Mumienteile – Köpfe, Hände usw. – in Museen, Antiquitäten- und Kuriositätenläden und selbst in Privathäusern überall in Europa und Nordamerika. Wenn man bedenkt, dass die Mumifizierung in Ägypten etwa drei Jahrtausende lang betrieben wurde, dann gab es ganz offensichtlich genügend Leichen, die einbalsamiert, eingewickelt, in Särge gelegt und begraben worden waren.

Den alten Ägyptern lag viel daran, den Leib als solchen zu erhalten, weil er als Wohnstätte für eine der Manifestationen der Seele, den *Ka*, diente. Allerdings erfuhren nicht alle Toten die gleiche Behandlung. Der durchschnittliche ägyptische Arbeiter wurde wohl höchstens mit ein paar persönlichen Gegenständen für das Leben im Jenseits in eine Matte gewickelt und in einer Grube beigesetzt. Wer es sich jedoch leisten konnte, ließ seine sterbliche Hülle von Fachleuten behandeln, damit der Körper in einem Zustand weiterexistierte, der mehr oder weniger dem Aussehen zu

Lebzeiten entsprach. Es gibt praktisch keine ägyptischen Texte, die den Prozess der Mumifizierung beschreiben, doch der griechische Historiker Herodot liefert ein paar Einblicke und deutet an, dass es drei verschiedene Methoden der Präparierung gab. Seine Beschreibung der Deluxe-Prozedur ist ebenso morbid wie faszinierend:

> *Zuerst ziehen sie mit einem gekrümmten Eisendraht das Gehirn durch die Nasenlöcher heraus, genauer gesagt, nur einen Teil davon; den Rest beseitigen sie, indem sie Arzneimittel eingießen. Danach schneiden sie mit einem scharfen äthiopischen Steinmesser den Leib an den Weichteilen entlang auf und nehmen das ganze Innere heraus. Es wird mit Palmwein gereinigt und mit einer Lösung aus zerriebenen Spezereien durchspült. Darauf füllen sie die Bauchhöhle mit reiner zerriebener Myrrhe, mit Kassia und den übrigen Spezereien, aber nicht mit Weihrauch. Nun nähen sie alles wieder zu und legen den Leichnam siebzig Tage ganz in Natron. Länger darf die Beizung nicht dauern. Nach dieser Zeit wird der Körper gewaschen, von Kopf bis Fuß mit Streifen aus feiner Leinwand umwickelt und mit Gummi bestrichen, den die Ägypter anstelle von Leim verwenden. Nun holen die Angehörigen die Leiche ab, zimmern einen hölzernen Sarg in Menschengestalt und schließen den Körper darin ein. Die so eingesargte Leiche bergen sie in der Familiengrabkammer, aufrecht an die Wand gelehnt.*

Natron ist ein Salz, das in der Wüste natürlich vorkommt und auch bei den billigeren Methoden eingesetzt wurde, um den Körper vollständig auszutrocknen, wobei Fleisch und Knochen intakt blieben. Qualitätsunterschiede fallen sofort ins Auge. Bei einigen eher billigen Behandlungen sehen die Leichen aus wie mit Dörrfleisch überzogene Knochen, während manche Königsmumien erstaunlich gut erhalten sind. Das Gesicht des Pharaos Sethos I. aus dem Neuen Reich etwa ähnelt dem eines friedlich schlafenden Mannes, obwohl sein »Nickerchen« jetzt schon mehr als dreitausend Jahre dauert. Sein Sohn, der kriegerische Pharao Ramses II., hat sich ebenfalls seine königliche Gelassenheit bewahrt – und einen Schopf lockiges rötliches Haar.

Neben den Menschen mumifizierten die Ägypter auch Millionen Tiere, die als heilige Tiere bestimmter Gottheiten galten, darunter Krokodile, verschiedene Fisch- und Vogelarten, Paviane und natürlich Katzen. Unter dem alten Friedhof von Sakkara gibt es labyrinthartige Katakomben, in denen viele Tausend mumifizierte Ibisse aufbewahrt werden – jeder in einem eigenen Tonbehälter. Dort findet man auch riesige unterirdische Tunnel (die fast wie U-Bahn-Tunnel aussehen) mit zahlreichen gewaltigen Steinsarkophagen, die einst die einbalsamierten Körper heiliger Stiere enthielten.

Es waren unglaublich viele Mumien im Umlauf. Mark Twain, der Ägypten 1867 besuchte, bestätigte in *Die Arglosen im Ausland* in seiner sarkastischen Art, dass es sie wirklich im Überfluss gab:

> *Ich werde nicht über die Eisenbahn reden, denn sie ist wie jede andere Eisenbahn – ich will nur sagen, dass das Brennmaterial, das sie für die Lokomotive brauchten, aus drei Jahrtausende alten Mumien besteht, die tonnen- oder friedhofsweise für diesen Zweck aufgekauft werden, und dass man manchmal den Lokführer profan fluchen hört: »Zur Hölle mit diesen Plebejern, sie brennen nicht für einen Cent – reich einen König rüber.«**

Öffentliche oder im privaten Kreis durchgeführte Auswicklungen exportierter Mumien wurden im 19. Jahrhundert zu einem beliebten gesellschaftlichen Ereignis. Die Leinenbinden wurden aufgeschnitten und der Körper der Ehrfurcht und dem Staunen des Publikums ausgesetzt. Aber es war nicht nur ein Spektakel, denn die Sezierungen wurden immerhin oft von Ärzten oder von Laien vorgenommen, die an der Anatomie und der Mumifizierung interessiert waren. Doch der Erkenntnisgewinn war meist gering. Heute dagegen können Mumien mit moderner Technik, vor allem mithilfe der Computertomografie, in allen Einzelheiten untersucht werden, ohne ihre oft kunstvoll gewickelten Binden zu zerstören.

Die Beschäftigung mit Mumien und Mumifizierung ist vor allem in den letzten Jahrzehnten für eine Reihe von Wissenschaftlern zu einer echten Leidenschaft geworden. 1994 führten zwei Forscher, der Ägyptologe Dr. Bob Brier und der Mediziner Dr. Ron Wade, die wohl erste authentische

---

* Das wurde mir als Tatsache mitgeteilt. Ich erzähle es nur, wie man es mir erzählt hat. Ich bin gewillt, es zu glauben. Ich kann alles glauben.

ägyptische Mumifizierung nach zwei Jahrtausenden durch. Anhand der von Herodot geschilderten Prozeduren und anderer Einzelheiten, die man aus der Untersuchung antiker Mumien gelernt hatte, wurde ein »der Wissenschaft gespendeter« Leichnam in der überlieferten Weise vorbereitet und dann in Natron gelegt. Das Experiment lieferte zahlreiche Erkenntnisse, und bei regelmäßigen Untersuchungen dieser modernen Mumie deutet alles darauf hin, dass der Körper auch längerfristig erhalten bleiben wird.

Ich erinnere mich noch an meine erste Mumie. Sie war in einer kleinen Glasvitrine im Natural History Museum in Los Angeles ausgestellt. Eigentlich war ich dort, um die Dinosaurier zu sehen, doch welcher Junge hätte einem Blick auf eine so gruselige zusätzliche Attraktion widerstehen können? Der Mumifizierte hieß Pu und hatte gelebt, als die Griechen in Ägypten herrschten, also vor etwa zweitausend Jahren. Auch er war vor vielen Jahrzehnten als Souvenir erworben und nach Amerika gebracht worden.

Pus Gesicht und Zehen waren freigelegt – er bot keinen besonders schönen Anblick. Sein Gesicht sah eigentlich eher aus wie ein Totenschädel und lieferte mir viel Gesprächsstoff. Meine anderen jugendlichen Begegnungen mit ägyptischen Toten waren die Schwarz-Weiß-Bilder im Fernsehen, wie etwa Boris Karloff als ruchloser Imhotep in dem klassischen Horrorfilm *Die Mumie*, der ins Leben zurückkehrt, um seine alte Liebe wiederzufinden. Er weckte in mir eine seltsame Mischung aus Angst und Faszination – mein Verstand wusste, dass so etwas nicht passieren konnte, und doch war die Vorstellung, Mumien wieder zum Leben zu erwecken, so intensiv, dass ich eine Zeit lang nur bei Licht schlafen wollte.

Die Mumie in Tacoma war eine Überraschung für mich. Ich hätte nie gedacht, dass etwas so Interessantes nur ein paar Kilometer von meiner Wohnung entfernt zu entdecken war. Im 19. Jahrhundert in Ägypten eine Mumie zu kaufen, war eine Sache, aber was fing man damit an, wenn man wieder zu Hause war? Allen Mason bewahrte sie eine Weile zu Hause auf, dann brachte er sie in sein Büro in der Stadt, und schließlich, nach fast zwanzig Jahren, schenkte er sie der heutigen Washington State Historical Society. Dort wurde sie im Museum als Skurrilität zwischen alten Pferdewagen, Wahlplakaten und anderen Dingen, die einen Bezug zur Geschichte dieses Bundesstaats haben, ausgestellt und war eine beliebte Attraktion. 1959 wurde die Mumie der University of Puget Sound ausgeliehen, wo sie als Kuriosum zu Lehr- und Forschungszwecken diente. 1983 kam sie wieder ins Museum der Historical Society zurück und landete erstmal im Depot. Als Dr. Lyle, ein Amateurägyptologe aus der Gegend, von der Mumie erfuhr, ließ er all seine Kenntnisse und Beziehungen als Orthopäde spielen. Die Mumie wurde in ein Krankenhaus am Ort gebracht, geröntgt und durch einen Computertomografen geschickt. Historisch gesehen war dies eine der frühesten Mumien-CTs in den Vereinigten Staaten. Heute ist diese Vorgehensweise allgemein üblich. Nachdem ich Aufnahme in Lyles Team gefunden hatte, ging ich für einen ersten Blick ins Museum. Die Mumie lag in einem ihrer beiden Särge, immer noch teilweise einbandagiert, aber mit entblößtem Kopf und Unterarmen. Ihre Haut war dünn und schwarz, die Augenhöhlen eingesunken. Ich hatte Schlimmeres gesehen. Einmal hatte man mich zu einem verlassenen Grab in Ägypten mitgenommen, in dem die Dorfbewohner die Mumien ablegten, die sie hin und wieder fanden. In der niedrigen Kammer stapelten sich Torsi ohne Arme und Beine, aber mit Kopf; ein anderer Raum war voll mit einer wilden Mischung aus Armen, Beinen und anderen Körperteilen – ein entsetzlicher Anblick, abstoßend und fesselnd zugleich. Ich blieb nicht lange, aber die Erinnerung ist geblieben.

In Tacoma führte Ray Lyles Untersuchung zu einigen grundlegenden Erkenntnissen. Die Mumie war eindeutig ein erwachsener Mann im Alter zwischen fünfundzwanzig und vierzig Jahren. Zu Lebzeiten war er 1,60 Meter groß gewesen, und seine Füße waren auffallend klein. Heute müsste er wohl etwa Schuhgröße 37 kaufen. Todesursache? Unklar.

Der Leichnam selbst lag in einem Sarg, der mehr oder weniger die Gestalt eines menschlichen Körpers hatte, und der wiederum befand sich in einem weiteren rechteckigen Sarg in Form eines Schreins. Ein mit mir befreundeter Botaniker nahm einige winzige Proben von diesen Gegenständen und stellte fest, dass sie hauptsächlich aus Akazienholz bestanden. Texte auf den Särgen verwiesen darauf, dass die Mumie den Namen Anchwennefer trug und aus der Stadt Ipu, dem heutigen Achmim, stammte. Ipu war ein wichtiges Kultzentrum des Fruchtbarkeitsgottes Min. Anchwennefer schien als »zweiter Prophet«, als sehr hochrangiger Priester im Min-Tempel, fungiert zu haben. Er lebte, wenn man von der Radiokarbondatierung seiner Leinenbinden ausgeht, in der Zeit der 25. Dynastie, um 700 v. Chr. Ägypten befand sich damals im Niedergang und wurde von den Kuschiten aus dem Sudan beherrscht, den damaligen Rivalen der Ägypter, die deren politische Uneinigkeit ausnutzten und Truppen aus dem Süden ins Land schickten.

Im Zuge eines Projekts, bei dem möglichst viele Mumien aus Achmim vergleichend untersucht werden sollen (das Akhmim Mummy Studies Consortium), wird auch Anchwennefer gerade noch einmal genauer unter die Lupe genommen. In Anbetracht der unterschiedlichen Herkunft der Touristen im 19. Jahrhundert, die Mumien kauften, überrascht es kaum, dass die Toten aus Achmim heute in alle Welt verstreut sind. Trotz dieser logistischen Schwierigkeiten lohnt die Beschäftigung mit Mumien aus einem einzigen antiken Ort, da sie interessante vergleichende Informationen über medizinische Praktiken und religiöse Vorstellungen der Zeit liefern. Vor allem aber ist die CT-Technik heute sehr viel weiter entwickelt als bei unserer Untersuchung im Jahr 1985, und sie wird wohl weitaus mehr ans Licht bringen als die einfachen Fakten, die wir vor etwa fünfundzwanzig Jahren herausbekamen.

Wenn Anchwennefer aus seinem ausgedehnten Schlummer erwachen würde, wäre er sicher entsetzt. Er, dem als früherem Priester des Min-Tempels ein ordentliches Begräbnis zuteil geworden war, wurde ausgegraben, sein Leichnam an Touristen verkauft, um dann im Magazin eines Geschichtsmuseums in einem kalten, bewaldeten Teil der Welt zu landen, von dem er überhaupt nichts ahnte. Was für eine lange, sonderbare Reise für ihn, und was für ein interessantes Studienobjekt für mich!

Auch mein Interesse an der Dokumentation antiker Stätten wuchs. Im Fall Ägypten bleibt die detaillierte Vermessung und Beschreibung antiker Monumente eine vorrangige Aufgabe, da viele aus den verschiedensten Gründen heraus einem schnellen Verfall preisgegeben sind. Tourismus, Ausweitung der Landwirtschaft und der Siedlungen sowie natürliche Erosion fordern ihren Tribut, und wir müssen diese kostbaren Relikte der Vergangenheit wenigstens dokumentieren, wenn wir sie schon nicht erhalten können. Idealerweise sollte es eine möglichst detaillierte Erfassung dessen geben, was einst vorhanden war, unabhängig davon, ob die Monumente selbst dem Zahn der Zeit trotzen oder nicht.

Und hier kommen die Epigrafiker ins Spiel. Epigrafik ist die Beschäftigung mit Inschriften und die Kunst, sie zeichnerisch zu erfassen. Dazu gibt es verschiedene Möglichkeiten. Die einfachste besteht darin, dass ein begabter Künstler eine Inschrift abzeichnet oder eine bemalte Wand mit Bleistift, Tinte oder Wasserfarben kopiert. Howard Carter begann seine ägyptologische Laufbahn in diesem Metier – er kam zum ersten Mal als Siebzehnjähriger nach Ägypten, um antike Inschriften und Malereien zu dokumentieren, und seine Arbeiten zählen zum Besten, was in diesem Bereich je geleistet wurde. Eine andere epigrafische Technik ist das direkte Durchpausen von Inschriften und Malereien auf transparentes Papier oder durchsichtige Plastikfolien. Dabei ist zwar normalerweise ein direkter Kontakt mit der bemalten Wand vonnöten, aber dennoch ist diese Technik weit weniger schädlich als einige ältere Methoden, bei denen mit Gips oder feuchtem Löschpapier Abklatsche hergestellt wurden.

Innerhalb weniger Jahre nach der Erfindung der Fotografie geriet auch Ägypten in den Fokus der neuen Technik. Die antike wie die zeitgenössische Kultur bot eine Fülle von verlockenden Motiven, und die Fotografie kann auch der Epigrafik von Nutzen sein. Allerdings haben sowohl die Handzeichnung wie auch die Fotografie ihre Nachteile. Eine Zeichnung kann durch die subjektive Sicht des Künstlers beeinflusst werden, aber auch die angeblich objektiven Details eines Fotos können durch Faktoren wie Schattenwurf oder die Hervorhebung zufälliger Beschädigungen beeinträchtigt sein. Am sinnvollsten ist es, beides in Kombination einzusetzen.

Die University of Chicago steht bei der Dokumentation an vorderster Front, und ihr Epigraphic Survey ist seit vielen Jahrzehnten in Ägypten aktiv. Mithilfe einer Spende von John D. Rockefeller wurde 1924 das sogenannte Chicago House in Luxor gegründet. Dort wird auch heute noch in den sechs kühleren Monaten des Jahres gearbeitet. Das erklärte Ziel dort ist es, »Fotografien und genaue Linienzeichnungen der Inschriften und Reliefszenen der großen Tempel und Gräber in Luxor für die Veröffentlichung herzustellen«.

Bei meiner ersten Ägyptenreise lernte ich einen Wissenschaftler kennen, der schon einmal im Chicago House gearbeitet hatte und mir die Dokumentationsmethode erklärte. Zunächst wird ein großformatiges Schwarz-Weiß-Foto von, sagen wir, einem kleinen Teil einer beschrifteten Tempelwand angefertigt. Auf dem Abzug zieht ein Künstler mit Tinte die

Hieroglyphen oder anderen Dekorationen nach, die auf dem Foto zu sehen sind. Dann geht er damit zurück an die Wand, und alle fehlenden oder unklaren Einzelheiten werden nachgetragen und genauer ausgearbeitet. Schließlich wird das Foto ausgebleicht, sodass nur noch das Linienbild übrig bleibt, das dann immer wieder korrigiert wird, bis die Ägyptologen einstimmig die Genauigkeit akzeptieren. Dazu ist es manchmal nötig, lange Zeit auf sehr hohen Leitern gegen riesige Steinsäulen gelehnt in der Hitze zu stehen. Präzise künstlerische Regeln werden eingehalten, und das Endresultat ist ein unglaublich genaues Faksimile, das Teil einer Publikation wird, die wiederum als dauerhaftes Dokument dient, selbst wenn das Originalmonument traurigerweise zu Staub zerfallen sollte. Es ist eine langwierige, anspruchsvolle und teure Prozedur. Manchmal wird gespottet, dass die Dokumentation weitaus länger dauert als einst der Bau und die Ausschmückung der Tempel. Doch die hervorragenden Ergebnisse sind sicher jede Anstrengung wert.

Nun war ich nicht gerade in einer Position, die es mir ermöglicht hätte, in der elitären Welt des Chicago House arbeiten zu dürfen, doch mein Interesse an der Epigrafik brachte mich immerhin an einen Ort, der ein bisschen näher lag und mir weitaus vertrauter war, weil meine Eltern mich als Neunjährigen zum ersten Mal dorthin mitgenommen hatten: Hawaii. Ich fand die Inselgruppe einfach grandios. Es war zwar nicht Ägypten, aber die Kultur, die Umgebung und die Archäologie waren ähnlich spannend, und ich konnte mein epigrafisches Interesse an antiken Stätten ausleben, die man auf diesen schönen tropischen Inseln entdeckt hatte.

Als Captain Cook 1778 auf den Inseln von Hawaii landete, hatte die eingeborene Bevölkerung kein Schriftsystem. Sie war sicher in vielerlei Hinsicht hoch entwickelt und bewahrte einen reichen Schatz mündlicher Überlieferung, der über Generationen weitergegeben worden war, aber es gab keine hawaiianische Schrift, bevor die ersten amerikanischen Missionare 1820 an Land kamen. Doch natürlich gibt es verschiedene Arten von Kommunikation, darunter auch künstlerische Ausdrucksformen – und mich interessierten besonders die sogenannten Petroglyphen: Das sind Symbole und andere Zeichnungen, die in Steinoberflächen gekratzt, gemeißelt oder gehackt und oft an sehr entlegenen oder verlassenen Plätzen zu finden sind. In der hawaiianischen Sprache heißen sie *ki'i pohaku* – »Bilder in Stein« –, und sie bleiben ein schwer zu entzifferndes Rätsel.

9 Petroglyphen auf Hawaii: Handelt es sich bei den dargestellten Figuren um
Tänzer oder um Kämpfende?

Die Petroglyphen sind in ihrem heißen, feuchten Klima – ähnlich wie die
Monumente in Ägypten – einem natürlichen Verfall ausgesetzt. Schlimmer
noch, eingeschleppte Pflanzenarten wie etwa der Kiawe, ein mit dem Mes-
quite verwandter Baum, der zu den Mimosengewächsen gehört, haben
sich in vielen Küstengegenden angesiedelt und wuchern wie Unkraut. Ihre
starkwüchsigen Stämme und Wurzeln brechen die Lava auf und zerstören
damit die unwiederbringlichen alten Werke. Zudem streifen die wilden
Nachfahren von Ziegen und Eseln, die auf den Inseln ebenfalls eigentlich
nicht heimisch sind, auf den Lavaflächen umher und fressen die schmack-
haften Blätter und die süßen Samenkapseln des Kiawe. Mit ihrem Dung
lagern sie dann die Samen in den winzigen Rissen ab und beschleunigen
damit die Zerstörung.

Auch die moderne Entwicklung hat Folgen: Einst verlassene Gebiete
sind zu Erholungsorten und teuren Wohnvierteln geworden, sodass nun
Menschen, manche davon leider mit zerstörerischen Energien, in die

nächste Nähe dieser kostbaren Bilder aus der Vergangenheit kommen. Dabei verdienen die polynesischen Petroglyphen durchaus besondere Aufmerksamkeit. Deshalb ging ich zwischen meinen Ägyptenreisen Anfang der 1980er-Jahre und auch später noch mehrmals nach Hawaii, um zu dokumentieren, was noch zu retten war.

An der Westküste der »großen Insel« Hawaii liegt eine Region namens Kona. Sie befindet sich auf der trockenen Seite der Insel, und ein beträchtlicher Teil der Landschaft besteht aus sich meilenweit ausdehnender schwarzer Lava, die von einem großen Vulkan namens Hualalai bis zum Meer geflossen ist. Kona war die Heimat des großen Kriegerhäuptlings Kamehameha, der die Inseln zu einem Reich vereinigte, und später landeten die ersten Missionare hier mit dem Ziel, die hawaiische Kultur zu christianisieren. Heute ist die hübsche Stadt Kailua-Kona eine Touristenhochburg.

Knapp zwanzig Kilometer nördlich der Stadt liegt eine alte Region namens Ka'upulehu. Der Name bedeutet »geröstete Brotfrucht« und entstammt einer alten Legende, nach der die Vulkangöttin Pele zwei Schwestern in diesem Gebiet besuchte. (Angeblich teilte die eine Schwester ihre Brotfrucht mit der Göttin, die sich nicht zu erkennen gab, und ihr Haus wurde bei einem Vulkanausbruch verschont). Bis in die 1960er-Jahre hinein war die Küste hier nur per Boot oder nach einer kilometerlangen Wanderung entlang alter Pfade zugänglich. Etwa zu dieser Zeit gründete ein Mann namens Johnno Jackson hier etwas, das einmal das Kona Village Resort werden sollte, ein ruhiger Komplex von Hütten im polynesischen Stil, die noch heute Leute anziehen, die ein schlichtes und zugleich luxuriöses Refugium suchen. Und ausgerechnet hinter dem Resort liegt in einem Lavafeld eine der beeindruckendsten Petroglyphenansammlungen der hawaiianischen Inseln, wenn nicht sogar ganz Polynesiens.

Old Ka'upulehu war einst ein blühendes Dorf an einer hübschen Bucht, doch Mitte des 20. Jahrhunderts hatte es bestenfalls noch eine Handvoll Einwohner. Praktisch alle waren in die Städte abgewandert, die allen modernen Komfort boten. Bei einer archäologischen Oberflächenbegehung in den frühen 1960er-Jahren fanden die Wissenschaftler nur noch Reste von Zivilisation: einige Steinsockel, die als Fußboden der Schilfhäuser gedient hatten, von Muschelschalen alter Mahlzeiten übersäte Schutthöhlen, einige gut versteckte Grabhöhlen und die Petroglyphen. Allerdings sind die Petroglyphen von Ka'upulehu etwas ganz Besonderes. An anderen Stellen finden sich eher einfache Ritzungen von Strichfiguren und vielen Kreisen und Punkten. Der Stil und die Motive in Ka'upulehu sind einzigartig, manche Zeichnungen wirken dynamisch, fast lebendig. Es gibt viele Dutzende Ritzungen von Gebilden, die offenbar die Segel von Kanus darstellen, einige zeigen Kräuselungen im gespannten Stoff, als ob der Wind hineinblasen würde. Man kann die Gestalt eines Mannes entdecken, der mit einer langen Leine und riesigen Haken fischt, zwei Männer, die einen Körper auf einer Stange tragen, und mehrere Abbildungen von Männern mit Kopfschmuck, die aussehen, als wären sie Häuptlinge. Es gibt auch zahlreiche Beispiele dessen, was auf Hawaiianisch *papamu* heißt, in den Felsen gehauene rechteckige Punktmuster, die einige Einheimische als Spielfelder für *konane* deuten, ein schachähnliches Spiel mit schwarzen und weißen Steinen.

Man hat aufgrund des häufigen Vorkommens der Segelmotive vorgeschlagen, dass Ka'upulehu einst als eine Art Segelschule für Kanuten diente und dass die *papamu* womöglich eigentlich ein Lehrmittel sein könnten, bei dem weiße Steine in die verschiedenen Löcher gelegt wurden, um die Sternzeichen abzubilden, die für die Navigation wichtig waren.

Leider haben gerade einige der faszinierendsten Beispiele schwer darunter gelitten, dass man versucht hat, ihnen ihr Geheimnis zu entlocken. Manche sind stark abgerieben, ihre Kanten wurden beim wiederholten Kopieren mit Papier und Kreide abgewetzt. Noch schlimmer ist ein Beispiel, bei dem Latex direkt in eine der Steinzeichnungen geschüttet wurde, um einen Abklatsch herzustellen. Der Latex blieb jedoch in der porösen Oberfläche der Lava hängen und richtete verheerenden Schaden an. Auch ein unüberlegter Versuch mit Gießharz führte zu einem katastrophalen Ergebnis.

Aus dem Wunsch heraus, diese kostbaren Bilder zu bewahren, und ausgehend von dem, was ich über die Wissenschaftler im Chicago House und ihre epigrafischen Methoden gelernt hatte, fragte ich den Manager von Kona Village, ob ich vielleicht versuchen könnte, die Petroglyphen auf dem Gelände zu dokumentieren. Er war von der hawaiianischen Geschichte und Kultur ebenso fasziniert wie ich und willigte begeistert ein. Also machte ich mich, alte Surveyberichte und Karten im Gepäck, allein auf den Weg nach Hawaii und zu den Lavafeldern von Kona.

In einem ersten Schritt versuchte ich, möglichst viele Petroglyphen hinter dem Dorf aufzuspüren. Das war nicht gerade ein Spaziergang – das Gebiet war dicht mit den widerlichen Kiawe-Bäumen bewachsen, deren Dornen meine Haut und meine Kleidung aufrissen und deren abgefallene Blätter einen großen Teil der Lavaoberfläche bedeckten. Vereinzelte abgesprengte schwarze Felsbrocken rund um die Stämme der Kiawe waren eine ständige Mahnung an die Zerstörung, die die Bäume anrichteten. Wie viele Petroglyphen waren wohl von diesen pflanzlichen Neuankömmlingen schon geradezu weggesprengt worden? Und es herrschte eine furchtbare Hitze – nicht die trockene Hitze der ägyptischen Wüste, sondern die feuchte Hitze einer tropischen Insel, verstärkt durch die schwarze Oberfläche des Lavagesteins, die stellenweise zu heiß war, um sie auch nur zu berühren.

Während ich mit Besen verschiedener Größe über die Lava kroch, wandelte sich die Aufgabe, alle Petroglyphen zu finden und sie womöglich korrekt zu dokumentieren, von meiner geplanten locker-lustigen hawaiianischen Epigrafik-Tour hin zu einem unglaublich schweren und kaum umsetzbaren Vorhaben. Man musste gewaltige Massen von Pflanzenresten wegfegen, bis man einigermaßen sicher sagen konnte, dass alle Petroglyphen darunter zum Vorschein gekommen waren. Außerdem war die Surveytechnik, die ich mir ausgedacht hatte, im Alleingang kaum umzusetzen, da die Kiawe immer mit ins Blickfeld gerieten. Auch das Licht war ein Problem, und einige Petroglyphen, die man am frühen Morgen oder am späten Nachmittag klar erkennen konnte, waren für den Rest des Tages praktisch unsichtbar. Es war unglaublich frustrierend.

In einem anderen Gebiet hatte ich mehr Erfolg. Wenn man sich quer über die Lavawüste ein paar Hundert Meter vom Dorf entfernt, findet man verstreute Gruppen von Petroglyphen in einem Gebiet, das die Kiawe noch nicht erobert haben. Manche davon sind wirklich außergewöhnlich und wirken geradezu lebendig. Zu sehen sind zum Beispiel eine aufregende Gestalt mit einem hohen, sehr aufwändigen Kopfschmuck und zwei Männer, die mit Paddeln über ihren Köpfen tanzen oder kämpfen. Wenn man noch weiter in die raue Landschaft vordringt, findet man eine andere Stelle, wo noch immer isolierte Schutzwände aus Stein stehen, nur ein paar Meter von einer Lavaspur entfernt, die die Landschaft im Jahr 1801 durchschnitt. Die Lava zerstörte alles, was sich ihr in den Weg stellte, und füllte die nahe Bucht fast ganz auf. Man fragt sich, was wohl darunter liegen mag. In der Nähe finden sich weitere *papamu*, Segel und ein seltsamer, tief eingeritzter Fuß mit sechs Zehen.

Mithilfe eines Kompasses und eines Winkelmessers, den ich auf einer ebenen Lavafläche fixiert hatte, sowie einiger langer Maßbänder konnte ich Teile des offenen Terrains kartieren und die Petroglyphen in der Umgebung zumindest inventarisieren. Ich genoss die Einsamkeit und die weite, trockene Wildnis; die Hitze, die frische Luft und der offene Himmel ließen mich oft an Ägypten denken. Ein paar Wochen später übergab ich dem Resort einen Bericht mit Empfehlungen für die Erhaltung der Petroglyphen. Nach dieser Arbeit interessierte ich mich noch mehr für die Dokumentation antiker Stätten und die Bewahrung solcher Dinge wie der Felszeichnungen.

Die Deutung antiker Felskunst führt zu zahlreichen offenen Fragen. Bilden die Petroglyphen reale Dinge und Ereignisse ab, begleitet vielleicht von einer symbolischen oder rituellen Handlung? Verstehen wir ihren Sinn, können wir ihn überhaupt verstehen, oder lassen wir vielleicht nur – in einer Art steinernem Rohrschach-Test – unserer eigenen Fabulierkunst freien Lauf? Könnten einige Exemplare nicht einfach nur Graffiti sein, spontane Schöpfungen, inspiriert durch andere Petroglyphen in der Umgebung? Felskunst ist außerdem unglaublich schwer zu datieren. Man könnte zum Beispiel das Alter des Lavastroms, in den die Zeichnungen geritzt sind, geologisch bestimmen, doch wenn die Lava fünftausend Jahre alt ist und die Inseln erst vor etwa eintausendfünfhundert Jahren besiedelt wurden, können wir einfach nur davon ausgehen, dass sie irgendwann zwischen der Besiedlung und der Ankunft des Archäologen entstanden sind.

Gelegentlich gibt die Thematik Hinweise auf das Alter. Die Darstellung eines Pferdes oder einer Ziege zeigt, dass die Petroglyphe jüngeren Datums ist, denn diese Tiere gelangten erst mit der Ankunft der Europäer auf die Inseln. In Ka'upulehu gibt es eine große Inschrift mit der Zahl »1820«, aber selbst das ist kein sicherer Hinweis auf die Entstehungszeit. Es könnte sich um ein Geburtsjahr oder das Datum eines anderen, für den Schöpfer der Inschrift wichtigen Ereignisses handeln.

Nach meinen eigenen ersten Bemühungen sind in Ka'upulehu wunderbare Dinge geschehen. Das wichtigste Petroglyphenfeld wurde von Bäumen befreit, und ein stabiler Steg mit Erklärungen erlaubt den Besuchern heute, die Felskunst zu besichtigen, ohne darauf herumzutrampeln. Ein von der Archäologin Georgia Lee geleitetes Projekt leistete überzeugende Arbeit bei der Dokumentierung vieler Petroglyphen nach präzisen epigrafischen Standards.

Einige Jahre später kehrte ich mit einem kleinen Freiwilligenteam aus meinem Freundeskreis nach Ka'upulehu zurück. Wir nannten unser Unternehmen die Experimentelle Epigrafik-Expedition und wollten bei der Dokumentation der Petroglyphen mit modernen technischen Methoden experimentieren. Also brachten wir Laptops, Digitalkameras und andere Gerätschaften mit und gingen an die Arbeit. Bei einem Experiment versuchten wir, die Chicago-House-Methode auf die Lava anzuwenden. Mit einer Digitalkamera fotografierten wir eine Ritzzeichnung, überspielten das Foto an Ort und Stelle auf den Laptop, öffneten es mit Adobe Photoshop und zeichneten es mit einem digitalen Stift nach. Mit einem tragbaren, batteriebetriebenen Drucker konnten wir sofort eine Kopie anfertigen, sie mit dem Original vergleichen, nachbessern, und voilà – eine schnelle, billige und genaue Wiedergabe der Petroglyphe lag vor uns. Würde dies auch in Ägypten funktionieren? Könnten ähnliche Techniken schließlich die traditionelle Methode des Chicago House ersetzen? Vielleicht, aber es ist eine Sache, relativ simple Formen wie polynesische Petroglyphen zu dokumentieren, und eine ganz andere, die feinen Details der pharaonischen Inschriften aufzunehmen. Ich bin sicher, dass das Chicago House seine hervorragende Arbeit mit den jeweils besten Mitteln fortsetzen wird.

Interessiert war ich auch an den Möglichkeiten der hochauflösenden Fotografie zur Aufnahme des gesamten Gebiets, sowohl zur Dokumentation als auch für die Erforschung der Beziehung zwischen den verschiedenen Gruppen von Petroglyphen. Luftbildaufnahmen vom Lenkdrachen aus konnten das Problem unserer Meinung nach vielleicht lösen, und so rekrutierten wir mit großzügiger Hilfe der Drachen Foundation – einer Stiftung für alles, was mit Drachen zu tun hat – einen Fachmann, der einen speziellen Gleitdrachen mit fest montierter, per Fernbedienung auslösbarer Kamera nach Kona brachte. Nun sind Drachen aber natürlich vom Wind abhängig, und wir mussten einige Zeit warten, bis die Bedingungen günstig waren. Schließlich bekamen wir ein paar tolle Bilder aus großer Höhe, aber leider war es schwer, den Drachen exakt so zu lenken, wie wir es gern gehabt hätten.

Zudem war die Arbeit in der zerklüfteten Lava gefährlich für den Drachenlenker wie auch für den Drachen selbst, besonders bei der Landung. Wir trugen einige hässliche Kratzer und Schnitte davon, und einmal stürzte der Drachen plötzlich ab, wobei die Kamera auf den Felsen zerschellte. Insgesamt waren die Ergebnisse also durchwachsen, aber keineswegs entmutigend.

An unserem letzten Tag improvisierten wir einen letzten Versuch. In einem Laden kauften wir mehrere Partysets, bestehend aus Dutzenden bunter Luftballons und einem Heliumtank. Mit einem umfangreichen Ballonstrauß gingen wir schließlich hinaus ins Petroglyphenfeld. Palmen und Kiawe-Bäumen, die unseren Bemühungen buchstäblich die Luft rausgelassen hätten, gingen wir so gut wie möglich aus dem Weg. Anders als beim Drachen war bei den Ballons absolute Windstille erforderlich, und wir warteten wieder auf günstige Wetterbedingungen. Mit mehreren Seilen konnten wir die Ballons mit angehängter Kamera tatsächlich über Petroglyphengruppen lenken, um einige gute Aufnahmen aus der gewünschten Höhe zu bekommen. Mit den dabei gewonnenen Erkenntnissen werden wir wahrscheinlich eines Tages zurückkommen und es noch einmal versuchen – aber dann mit einer besseren Ausrüstung.

5

DIE FASZINATION DES ALLTÄGLICHEN

Für einen Bergsteiger ist ein Seil ein wertvoller Begleiter. Es kann ihn vor einem tödlichen Sturz von einem glatten Felsen oder einem Fall in die Tiefen einer Gletscherspalte bewahren. Es schenkt ein Sicherheitsgefühl, das das Selbstbewusstsein bei der Besteigung und Querung gefährlichen Terrains stärkt, und es kann den Abstieg auf festen Grund sehr erleichtern. Als Bergsteiger habe ich deshalb ein echtes Eigeninteresse an dieser Technik, an der im wahrsten Sinne des Wortes schon oft mein Überleben hing.

Moderne Kletterseile sind aus künstlichen Materialien hergestellt. Sie bestehen aus fortlaufenden Bündeln von Nylonsträngen, die durch eine geflochtene Hülle geschützt sind. Ihre Dicke, ihr Durchmesser, ist ein wichtiger Faktor für ihre Stärke, während ihre Länge die Einsatzmöglichkeiten bestimmt. Ein Standardseil ist heute sechzig Meter lang mit einem Durchmesser von 10,5 Millimetern, und solche Seile sind in den verschiedensten Farben und Mustern erhältlich. Sie sind flexibel genug, um in den Klettergurt geknotet, gebunden oder an Ankern befestigt zu werden, und können zum Transport oder zur Lagerung aufgerollt werden. Kletterseile können »dynamisch« sein, also mit einer gewissen Dehnbarkeit, um einen Fall abzudämpfen, oder »statisch« mit wenig Dehnung, um sehr spezifische Einsätze zu erleichtern, etwa beim Einsteigen in lange vertikale Höhlen.

Mein eigenes Interesse an Seilen mag ein bisschen exaltiert erscheinen, aber sie sind wirklich unglaublich vielseitig verwendbar. Was wir Tau,

Strick, Trosse, Leine, Schnur oder Faden nennen, kann unter dem Allgemeinbegriff »Seil« zusammengefasst werden. Zumindest theoretisch kann man Seile als eine Ansammlung von Fasern definieren, die zu einer flexiblen, belastbaren Schnur gezwirnt oder geflochten werden. Sie können viele funktionale Formen annehmen, etwa als hauchdünnes Seidengarn, mit dem man zierliche chinesische Kleider näht, als Zwirn oder Schnur, mit der man ein Paket schnürt, oder als dickes Tau aus Gräsern, das eine Schlucht im peruanischen Hochland überspannt. Wenn Sie sich umsehen, werden Sie viele Beispiele für Seile in den verschiedensten Größen und Materialien entdecken. Und vor dem Zeitalter des Klebebandes waren es noch weitaus mehr.

Auch die alten Ägypter brauchten Seile für alle möglichen Dingen. Als Meister der einfachen Technik setzten sie sie auf vielerlei praktische und kreative Weise ein. Alltagsszenen auf Grabwänden zeigen die komplizierte Takelung ihrer Schiffe, und eine der spannendsten Entdeckungen aus dem alten Ägypten überhaupt, ein gut erhaltenes viertausendsechshundert Jahre altes hölzernes Schiff, wurde einzig und allein durch Stricke zusammengehalten. Diese 1954 in einer Grube unter Steinplatten am Fuße der Cheops-Pyramide gefundene sogenannte Sonnenbarke bestand aus Zedernholzplanken unterschiedlicher Größe, die mit Seilen zusammengebunden wurden. Auch diese Seile lagen gut erhalten mitten unter den vielen Hundert Einzelteilen des vollständig auseinandergenommenen Schiffs.

Wissenschaftler und Touristen bestaunen die Pyramiden und die Kolossalstatuen der Pharaonen, aber wenn man mal genauer darüber nachdenkt, war die simple, banale Seiltechnik ein wesentlicher Teil des Bauprozesses. Schwere Gegenstände wurden gezogen, gehoben und heruntergelassen, und das Seil als unbeachtetes, aber lebensnotwendiges Hilfsmitel der Alten Welt war immer dabei. Das übersieht man leicht, weil es so selbstverständlich wirkt.

Als Kletterer mit einer hohen Wertschätzung für Seile musste ich nicht lange überlegen, als Dr. W. mich fragte, ob ich vielleicht versuchen wollte, ein bissen Ordnung in eine Sammlung von verschiedenen Seilfragmenten zu bringen, die bei seiner Grabung in El-Hibe in Mittelägypten zum Vorschein gekommen waren. Es waren etwa achtzig Stücke verschiedener Größe, die meisten schmutzig und zwischen zweitausend und dreitausend

Jahre alt. Altägyptische Seile! Wo sollte ich anfangen? Zunächst griff ich zu einem Nachschlagewerk mit dem schönen Titel *Ancient Egyptian Materials and Industries* von Alfred Lucas und J. R. Harris. Dieses faszinierende Werk deckt alle möglichen Themen und Materialien ab, von Ziegeln und Perlen bis zu Keramik oder Holz. Glücklicherweise fand sich auch ein kleiner Abschnitt, in dem es um Seile ging, der mir einige grundlegenden Informationen lieferte sowie daneben auch den nicht gerade überraschenden Hinweis darauf, dass es nicht viel Literatur zum Thema gebe.

Immerhin fand ich außerhalb der Ägyptologie, in der archäologischen Literatur zu Nordamerika, einige weiterführende Erkenntnisse. Dort gab es ein paar gute Untersuchungen zum Thema, die auf vielen erhaltenen Exemplaren besonders aus den trockenen Gebieten des Südwestens beruhten. Ich stieß auf Analysestrategien und -techniken, die ich direkt auf meine ägyptischen Materialien anwenden konnte. Die amerikanischen Stücke zeigten mir wieder einmal, dass Ägyptologen unglaublich verwöhnt sind. Die überreiche Auswahl an Denkmälern – gut erhaltene Bauwerke, Grabbeigaben sowie Texte, die deren Deutung erleichtern – hat die Entwicklung der Ägyptologie sehr geprägt. Nur wenige Spezialisten beschäftigen sich überhaupt mit »Gebrauchsgegenständen«, zumindest war das viele Jahre lang so. Ohne Inschriften, ohne einen festen historischen Rahmen und, offen gesagt, ohne die Pracht der pharaonischen Kultur entwickelte sich die Archäologie Nordamerikas ganz anders. Hier wird jeder einzelne Fund oder Befund minuziös untersucht, egal wie winzig oder scheinbar belanglos er auch sein mag. Es gibt Fachleute, die sich mit Steinwerkzeugen, winzigen Pollenkörnern, Keramik, Tierknochen und sogar Dung beschäftigen. Die amerikanische Archäologie also half mir, mehrere Dutzend alte Stricke aus einem Land in den Griff zu bekommen, das reich an Artefakten, aber schwach in der Deutung nicht so aufregender Kleinigkeiten ist.

Drei Faktoren sind wichtig, um die Funktion eines Seils zu bestimmen: die Herstellungsweise, das Material und die Größe oder der Durchmesser. Archäologen klassifizieren Seile nach ihrer Herstellung, und zwar nach der Zahl der Stränge und der Richtung, in der sie gedreht werden. Stränge können als S-gedreht (nach links) oder als Z-gedreht (nach rechts) beschrieben werden. Die Spannung zwischen solchen in gegensätzliche Richtung gedrillten Strängen hält das Seil zusammen. Typischerweise werden drei S-gedrillte Stränge oder Kardeele zu einer Z-gedrillten Leine zusammengedreht. Bei einer Untersuchung kann man diesen Aufbau mit einer einfachen Formel beschreiben, etwa: $Z=s/s/s$. Und Leinen wie diese können dann zu noch größeren und stärkeren Seilen zusammengedreht werden.

Die Funde aus El-Hibe deckten eine breite Palette ab – von einem Stück, das man wohl als »Bindfaden« bezeichnen würde, bis zu weitaus dickeren Exemplaren, von denen einige aussahen, als seien sie erst vor ein paar Tagen hergestellt worden, während andere schon bei der leisesten Berührung in einzelne Fasern zerfielen. Es machte Spaß, damit zu arbeiten, in einem vollgestopften Labor, umgeben von kleinen Schachteln und Tüten voller Dinge, die wirklich von den alten Ägyptern stammten. Ich entwickelte ein standardisiertes Formular zur Erfassung der Daten, in das ich jede greifbare Information eintrug. Die Aufbauformel war leicht zu erkennen, und zur Bestimmung des Durchmessers der Stränge reichte eine Schieblehre. Im Grunde brauchte ich die meiste Zeit bei diesem kleinen Projekt dazu, herauszufinden, *wie* man sich überhaupt mit diesem Material befasst.

Aus alldem war nicht viel mehr herauszuholen als eine Erweiterung des spärlichen Datenmaterials zum Thema. Es wäre schön gewesen, wenn ich hätte bestimmen können, wie jedes Stück verwendet worden war, aber dafür gab es wirklich nicht viele Anhaltspunkte, wenn man nicht aufgrund der reinen Dicke oder vielleicht des einen oder anderen Knotens spekulieren wollte. Ein Aspekt der Untersuchung allerdings kam einer Interpretation schon sehr nahe: Die Seile stammten aus zwei Grabungen in verschiedenen Gebieten der Fundstätte El-Hibe, und die Seiltypen unterschieden sich deutlich. Eine Erklärung dieses Befundes könnte sein, dass die beiden Bereiche unterschiedliche Funktionen erfüllten. In El-Hibe scheint dies tatsächlich der Fall gewesen zu sein: Bei einer Grabung wurden Privathäuser freigelegt, bei der anderen eine Art offizieller Architektur. Aber unabhängig davon, ob ich mit dieser Studie auch nur einen winzigen Teil zur Geschichte des alten Ägypten beitragen konnte, ich hatte jedenfalls mein Wissen und meinen Erfahrungshorizont erweitert, und mein Interesse war geweckt.

Bei meinem zufälligen Zusammentreffen mit Harry James auf dem Kreuzfahrtschiff im Roten Meer fragte ich ihn irgendwann einmal, ob es in der ägyptischen Sammlung des British Museum auch Fragmente von Seilen gebe. »Seilstücke!«, antwortete Harry. »Ja, die haben wir tatsächlich.« In meiner Begeisterung versuchte ich ihm deutlich zu machen, wie wichtig Seile für die alten Ägypter waren, doch dem Mann, der ganze Galerien voller herausragender Skulpturen, Mumien und unschätzbar wertvoller Kunstwerke unter sich hatte, war natürlich selbst bewusst, dass alles, egal wie banal, etwas zu unserem Kenntnisstand beitragen konnte. »Kommen Sie doch bei Ihrem Stopp in London in die Abteilung, und wir werden sehen, was wir da haben!« Ein paar Wochen später stand ich also wieder im British Museum, und wie versprochen gab es gut konservierte und sorgfältig aufbewahrte antike Seilstücke zu untersuchen.

Es war eine wunderbare Zusammenstellung von Stricken aus verschiedenen Zeiten und Orten Ägyptens, die zusammen eine schöne, variantenreiche Sammlung bildeten. Es gab ein riesiges Stück, das beinahe so dick war wie mein Handgelenk, und ein anderes langes Seil, das zu einer Rolle aufgewickelt war. Ein weiteres bestand im Grunde aus einem einzigen, sehr großen Knoten. Harry lieferte alle Daten, die in den Aufzeichnungen des Museums vorhanden waren, und ich suchte siebzehn Muster für eine genauere Analyse heraus, ausgehend von den erhaltenen Informationen über jedes Stück. Die meisten waren um oder vor 1900 gesammelt worden, als solche Artefakte von Archäologen, die in Ägypten arbeiteten, noch als unwichtig angesehen wurden. Glücklicherweise hatten einige Exemplare trotzdem den Weg ins Museum gefunden, mit Anmerkungen zu ihrem Fundort und dem allgemeinen Fundkontext.

Aufgrund meiner Arbeiten am Material aus El-Hibe hatte ich eine gute Vorstellung davon, wie man solche Objekte dokumentieren sollte. Diesmal allerdings wollte ich mich auf die einzige wichtige Variable konzentrieren, die ich bisher mangels Fachkenntnis nicht berücksichtigt hatte: das Material. Aus was bestanden diese Artefakte? Die Materialbestimmung von Objekten aus Pflanzen fiel doch sicherlich in das Gebiet der Botanik, und so ging ich nach meiner Rückkehr in die Biologie-Abteilung der Pacific Lutheran University, um mir einen fachkundigen Berater zu suchen. Professor David Hansen fand die Fragen eines Fans antiker Seile sicher ungewöhnlich, aber irgendwie überzeugte ich ihn davon, dass das Projekt zumindest interessant genug war, um sich etwas näher damit zu beschäftigen. Dass er bisher nie etwas mit ägyptischer Archäologie zu tun gehabt hatte, spielte dabei keine Rolle – diesen Teil konnte ich abdecken. Was ich brauchte, war sein botanisches Wissen.

Nach einem kurzen Streifzug durch die noch immer sehr übersichtliche Literatur zum Thema hatte Dave eine gute Vorstellung von dem, was er brauchte. Faserproben aus den alten Seilen konnten in sehr dünne Scheiben geschnitten und auf Objektträger gelegt werden. Da jede Pflanzenart im mikroskopischen Querschnitt anatomisch eindeutig bestimmbar ist, sollten wir zumindest theoretisch in der Lage sein, die alten Proben mit Schnitten moderner Referenzpflanzen der Arten zu vergleichen, die unserer Kenntnis nach im alten Ägypten Verwendung fanden. Bei meinem nächsten Besuch in London würde ich also die notwendigen Faserproben besorgen müssen.

Die Gelegenheit bot sich in jenem Herbst, zweimal sogar, auf der Hin- und Rückreise zu einem Job als Lehrer auf der Privatjacht eines Ölmagnaten in der Ägäis – eine so absurde Sache, dass sie hier nur von meiner spannenden Geschichte über antike Seile ablenken würde. Natürlich war es wunderbar, im British Museum arbeiten zu dürfen. Ich freute mich jeden Tag aufs Neue darauf, im »Students' Room« der ägyptischen Abteilung aufzutauchen. Ich drückte einfach auf einen Klingelknopf an einer unauffälligen Tür zwischen zwei Statuen der löwenköpfigen Göttin Sachmet, gelegen in einem der grandiosen Treppenhäuser des Museums. Sogleich wurde ich eingelassen und konnte mich an die Arbeit machen, unterstützt von den hilfreichen und gastfreundlichen Museumsmitarbeitern. Es dauerte mehrere Tage, die Seile mithilfe meines üblichen Formulars zu untersuchen und zu dokumentieren. Mit Genehmigung des Museums durfte ich Proben von jedem Artefakt nehmen: Ich legte ein paar Fasern in kleine Münzkuverts, die ich in Daves Labor an der PLU mitnahm.

Die meisten Proben waren so brüchig, dass wir sie zunächst in einer speziellen chemischen Lösung einweichen mussten. Danach wurden einzelnen Fasern in kleine Paraffinblöcke eingebettet, bevor sie ihrem Schicksal im Mikrotom entgegengingen. Das Mikrotom ist eine kleine Maschine mit einer äußerst scharfen Klinge, die Proben vieler Dinge, von menschlichem Gewebe bis hin zu antiken Seilfasern, in Mikrometer dünne Scheiben zerschneiden kann. »Mit dem Ding schneidet man sich schon beim Hinsehen!«, scherzte ich und überließ Dave die Arbeit. Mit einer kleinen

Kurbel führte er das Mikrotom wie ein Metzger, der Pastrami schneidet, und schnitt jede Faser in dünne Bändchen, die dann auf Objektträger gelegt und eingefärbt wurden, um ihre Strukturen sichtbar zu machen. Unter dem Mikroskop konnten man verschiedene Merkmale erkennen, die wie Taschen und Strähnen aussahen und sich bei einigen Proben unterschieden, bei anderen aber eindeutig identisch waren. Um die tatsächlichen Materialien zu identifizieren, brauchten wir allerdings eine Reihe verlässlicher Referenzproben, die wir mit unseren antiken Mustern vergleichen konnten. In einem ersten Schritt lieferte ich schon einmal Fasern von Dattelpalmen, die auf unserem Familienbesitz in Südkalifornien wuchsen. Wir würden aber noch eine ganze Menge anderer Arten brauchen, und dazu war eine Reise in das Land, in dem sie wuchsen, also Ägypten, unerlässlich.

Mit einer Liste der infrage kommenden Arten flogen Dave und ich ins Land der Pharaonen. Unglücklicherweise verschlampte die Fluglinie praktisch das gesamte Gepäck meines Freundes, sodass Dave nur noch die Kleider, die er am Leibe trug, und eine Pflanzenpresse blieben – ein Gerät aus vielen Lagen dickem Papier und Karton, die zwischen zwei Holzrahmen gepresst werden. Alle anderen nötigen Werkzeuge einschließlich unserer »Floras« – der Pflanzenbestimmungsbücher – waren ebenso mit dem Gepäck verschollen wie auch die mitgenommenen Geräte zur Probenentnahme. Wir vermuten, dass ein solches Instrument, mit dem man Kernproben von Bäumen entnimmt und das einem Metallrohr ähnelt, daran schuld war, dass der lebenswichtige Koffer von einem misstrauischen Sicherheitsbeamten am Flughafen beschlagnahmt wurde. (Daves Koffer stand übrigens etwa drei Monate später vor seiner Tür in Olympia, Washington – ohne jede Erklärung). Nachdem wir ein paar Tage vergeblich auf das Gepäck gewartet hatten, beschlossen wir, trotzdem anzufangen, und ich lieh Dave ein paar von meinen Klamotten, die an ihm ziemlich komisch aussahen, denn ich war ziemlich viel größer als er. Aber egal, von so etwas ließen wir uns nicht ausbremsen.

Eine Pflanze, für die wir uns interessierten, war der Papyrus – fast schon ein Synonym für das alte Ägypten. Damals diente er zur Herstellung des altägyptischen »Papiers«, eben Papyrus. Die Ägypter benötigten große Mengen von diesem Produkt, und während der griechischen und römischen Herrschaft wurde es in den ganzen Mittelmeerraum exportiert. Die

Ägypter selbst benutzten die Pflanze auch für viele andere Dinge, für Boote, für Sandalen und, ja, auch für Seile. Ein paar griechische Besucher Ägyptens behaupteten sogar, dass die Pflanze als Nahrungsmittel verwendet wurde, was einen Kollegen von mir, Donald Farmer, dazu brachte, den Begriff »Papyriphagen« zu kreieren. Nebenbei bemerkt: Wir haben tatsächlich einmal eine Nährwertanalyse der Pflanze gemacht und dabei auch festgestellt, dass sie ähnlich wie Sellerie schmeckt, mit einem leicht süßen, strohigen Geschmack.

Seltsamerweise starb die Papyruspflanze in Ägypten nach dem Niedergang der altägyptischen Kultur praktisch aus. Vor etwa fünfzig Jahren allerdings erlebte sie eine Renaissance, und das verdankt sie dem Tourismus – und Hassan Ragab. Dieser faszinierende Mann diente unter anderem als ägyptischer General, als ägyptischer Botschafter in Italien und Jugoslawien und als der erste Botschafter des Landes in der Volksrepublik China. Ragab war begeistert vom Papyrus, und nachdem er die Pflanze erfolgreich wieder in Ägypten angesiedelt hatte, entwickelte er eine Technik, »Papyrus« daraus herzustellen. Wir wissen zwar nicht ganz genau, ob seine Methode der antiken entspricht, aber sie liefert ansprechende, haltbare und tatsächlich auch beschreibbare Blätter.

Klug, wie er war, gründete er »Dr. Ragab's Papyrus Institute«, in dem er Papyrusblätter verkaufte, die mit allen möglichen Motiven – von pharaonischen Grabreliefs bis hin zu Koranversen – handbemalt waren. Das war die Geburtsstunde eines Gewerbezweigs, der noch heute in voller Blüte steht. Dutzende Papyrusfabriken verkaufen diese sehr beliebten Souvenirs in den großen ägyptischen Touristengebieten. Leider sind manche aus den falschen Materialien, etwa Bananenblättern, gemacht – das Endprodukt sieht zwar täuschend ähnlich aus, doch die Fälschungen fallen nach kurzer Zeit auseinander.

Auf den ersten Blick hat es vielleicht den Anschein, als sei Ragabs Papyrus-Institut einfach Geldmacherei unter einem pädagogischen Deckmäntelchen. Ich hatte von Ägyptologen oft abfällige Kommentare über die geschmacklose Ausbeutung des pharaonischen Erbes gehört, doch nur wenige waren auch tatsächlich einmal dort gewesen. Meiner Ansicht nach lagen sie falsch. Das Institut hatte durchaus eine pädagogische Komponente. Von einer Uferstraße aus stiegen die Besucher ein paar Stufen hinab in einen hübschen Garten, wo ein junger Angestellter den Prozess der Papyrusherstellung erläuterte und demonstrierte. Frische grüne Papyrusstängel wurden aufgeschnitten, um ihr weißes Mark freizulegen, das dann in dünne Streifen geschnitten, in zwei Schichten quer übereinandergelegt und gepresst wurde, wobei die natürliche Stärke der Pflanze als Klebemittel diente. Das ergab schließlich ein hübsches Blatt stabiles »Papier«. Vom Garten aus wurde man dann auf ein am Nilufer vertäutes Hausboot begleitet, und dort konnte man sich in einem Laden umschauen, in dem bemalte Papyri ebenso angeboten wurden wie Gerätschaften zur Papierherstellung und Bücher. Man wurde jedoch nicht genötigt, etwas zu kaufen.

Ich habe Hassan Ragab mehr als einmal getroffen und fand den älteren Mann charmant und sehr interessiert an Themen der altägyptischen Technik. Sein Bruder Mohammed, der damals die Geschäfte führte, war ebenfalls sehr beschlagen in allem, was Antike und Botanik betraf. Als wir ohne unser Referenzmaterial in Ägypten landeten, war ich fest davon überzeugt, dass die Brüder Ragab uns würden helfen können. Und tatsächlich: Als wir Mohammed unser Problem darlegten, führte er uns in einen schmalen Raum des Instituts, wo wir eine wunderbare Bibliothek zur Botanik und Landwirtschaft Ägyptens fanden, darunter auch all die grundlegenden Bücher, die wir bei unserem Gepäckfiasko verloren hatten. Wir durften nachschlagen und kopieren, was wir wollten. Außerdem wurden viele Pflanzen, die wir suchten, gerade in einem Garten weiter oben am Nil angebaut, in einem neuen, kommerziellen Bildungs- und Erlebnispark, der dort gerade entstand und Pharaonic Village heißen sollte. Und dann stellte man uns noch einen Fahrer zur Verfügung, der uns zum Garten bringen sollte, wo wir Proben von allem nehmen durften.

Mit unserer Liste in der Hand wollten Dave und ich Pflanzen sammeln, die nicht nur zur Herstellung antiker Seile, sondern auch anderer Gegenstände Verwendung gefunden hatten, also von Körben, Matten usw., außerdem Hölzer, mit deren Hilfe man die Materialien von Särgen und anderen Gegenständen bestimmen könnte. Auf der Plantage der Ragabs fanden wir vieles davon innerhalb weniger Stunden an einem Ort versammelt. Bei den Bäumen waren auch die botanischen Namen angegeben, sodass Dave sie sofort identifizieren konnte. Einfacher geht es kaum. Führten die Ragab-Brüder also ein echtes »Papyrus-Institut«? Ganz sicher, und ihre Expertise wie auch ihre Ressourcen standen jedem zur Verfügung, der

sich wirklich dafür interessierte, selbst skeptischen Ägyptologen und ausländischen Botanikern ohne Ausrüstung.

Es gab allerdings verschiedene wild wachsende Arten, deretwegen wir
uns aufs Land hinausbegeben mussten. Halfagras zum Beispiel war offenbar in der Antike häufig zum Einsatz gekommen, und wir stellten fest,
dass es zwei Gräser gab, die praktisch gleich aussahen und denselben
arabischen Namen, aber botanisch unterschiedliche Bezeichnungen trugen. Wir brauchten sie beide, also heuerte ich einen Fahrer an, der ver-
sprach, er könne uns wirklich überall hinbringen. Unterwegs lehnte sich
Dave immer wieder leicht aus dem Fenster und suchte mit geschultem
Blick die Seitenstreifen ab. Sobald er eine interessante Pflanze sichtete,
hielten wir an, zogen die Bestimmungsbücher zurate und nahmen, wenn
wir einen Treffer gelandet hatten, eine Probe, die sofort in der immer
dicker werdenden Pflanzenpresse verschwand. Es machte einfach Spaß,
wie eine Safari der anderen Art, bei der wir nicht wilden Tieren nachjag-
ten, sondern Blättern des *Juncus acutus,* Fasern der Dumpalme und Schilf-
stängeln.

Einmal besuchten wir auch ein Dorf, um zu sehen, ob man auf dem
Land noch immer Seile herstellte. Ich fragte ein bisschen herum, und
schließlich wurden wir zu einer Lichtung in einem Palmenhain geführt,
wo ein älterer Mann inmitten eines Haufens brauner Fasern saß, die
man von den Bäumen abgezogen hatte. Verblüfft konnten wir beobachten, wie er mit einer Geschicklichkeit, die er sich sicher durch lebens-
lange Wiederholung angeeignet hatte, die Faserstreifen zwischen seinen Zehen hielt und seine Handflächen so hin- und herdrehte und
rollte, dass ein stabiles Seil entstand. Dieser Mann mit seinem dunklen,
runzligen Gesicht war eine veritable menschliche Seilfabrik und schien
unbeeindruckt von den beiden Ausländern, die ihm da so fasziniert
zusahen. Leider reichte unser Arabisch damals noch nicht aus, um ihn
all das zu fragen, was wir gern gewusst hätten. Wie lange übte er diesen
Beruf schon aus? War das Handwerk schwer zu erlernen? Machte er
auch noch etwas anderes? Wie wählte er sein Material aus? Immerhin
bekamen wir heraus, dass die Fasern der Dattelpalme gewöhnlich seine
erste Wahl waren, aber er zeigte auch auf eine Stelle mit Halfagras als
Ausweichmöglichkeit.

Einem Seiler zuzusehen, war beeindruckend und lehrreich, doch was war mit den alten Ägyptern selbst? Glücklicherweise war es damals üblich gewesen, Alltagszenen auf den Grabwänden der Elite in Relief oder Malerei festzuhalten. Es gibt mehrere Szenen, die einen künstlerischen Schnappschuss von der Seilherstellung liefern, und für unsere Forschung mussten wir unbedingt so viele untersuchen, wie wir finden konnten. Im Grab des Ptahhotep aus dem Alten Reich in Sakkara zum Beispiel kann man Seiler bei der Arbeit sehen, im Zusammenhang mit der Herstellung von Papyrusbooten. Sehr hilfreich ist auch, dass es bei einigen dieser Szenen Bildunterschriften in Hieroglyphen gibt, sodass eindeutig klar wird, was dort gerade geschieht. Auch das Grab des Chaemwaset aus dem Neuen Reich in der thebanischen Nekropole enthält eine gemalte Szene, auf der drei Männer mitten im Papyrusdickicht Seile herstellen; zu sehen sind auch alle Materialen, Werkzeuge und die Rollen des fertigen Produkts.

10 *Der Botaniker Dr. David Hansen versucht, einem wild gewachsenen Juncus acutus ein Blatt auszureißen, um es im Labor genauer unter die Lupe nehmen zu können. Stellten die Ägypter aus den Fasern dieser Pflanze Seile her?*

Ptahhoteps Grab ist schon seit Langem öffentlich zugänglich, also brauchten wir nur den riesigen Friedhof von Sakkara zu besuchen, um es uns anzuschauen. Das Grab ist groß, die Wände überzogen von einer Vielzahl faszinierender Szenen, die mich immer wieder ablenkten, während ich nach dem einen kleinen Bildausschnitt suchte, für den wir uns besonders interessierten. Bei Chaemwasets bescheidenem Grab dagegen war die Lage ganz anders. Man brauchte eine besondere Erlaubnis, um hineinzukommen, und einen Lageplan, um es überhaupt zu finden. In Begleitung eines Inspektors der ägyptischen Altertümerbehörde gelang es uns schließlich, den kleinen Eingang des Grabes zu finden, der mit einem Eisengitter und einer Lehmziegelmauer verschlossen war. Ich bezahlte einen Einheimischen, um uns bei der Öffnung zu helfen, und als – vielleicht zum ersten Mal nach Jahrzehnten – Sonnenlicht ins Grab strömte, starrte ich verblüfft auf die kleinformatigen Malereien mit ihrem Detailreichtum und ihren strahlenden Farben. Die Szene zeigte zwar nur einen einzelnen Moment der Seilherstellung, aber es gab doch genügend Hinweise und Einzelheiten, um den gesamten Vorgang zum Leben zu erwecken. Ein paar Notizen und Fotos, und schon wurde das Grab wieder geschlossen, um auf zukünftige Wissenschaftler mit wieder anderen Fragestellungen zu warten.

Mit einer wunderbaren Sammlung von Faser- und Holzproben und einer aus allen Nähten platzenden Pflanzenpresse kehrten Dave Hansen und ich für den nächsten Schritt an die PLU zurück. Die Referenzexemplare mussten bearbeitet werden, und wieder setzten wir das Mikrotom in Betrieb und bestückten Objektträger. Danach konnten wir uns endlich daran machen, die antiken Materialien zu identifizieren. Selbst einem Nichtbotaniker wie mir fiel es bald leicht, anhand ihrer Strukturen die Unterschiede zwischen verschiedenen Arten, alten wie heutigen, zu erkennen. Zu unserer großen Überraschung stellten wir fest, dass viele Museumsmuster falsch zugeordnet worden waren. Die meisten waren als Palmseile deklariert, obwohl sie eigentlich aus Halfagras bestanden.

Ich dachte eine Weile über dieses Problem nach und kam zu dem Schluss, dass die meisten falschen Zuschreibungen auf den Annahmen der ursprünglichen Sammler der antiken Seile beruhten. Im 19. Jahrhundert, als viele der Artefakte gesammelt wurden, war die Dattelpalme die wichtigste Lieferantin von Fasern für Seile, wie sie in den Dörfern hergestellt und auf den Märkten verkauft wurden. Das war allerdings in der Antike ganz anders, wie unsere alten Muster zeigten. Damals scheint Halfagras das bevorzugte Material gewesen zu sein. Es gab sogar ein Exemplar, das als Hanf etikettiert war – ein häufiges Material für Schiffstaue im britischen Empire –, obwohl Hanf eine südostasiatische Pflanze ist, die die alten Ägypter gar nicht kannten. Die schmutzigen alten Seile sahen fast alle gleich aus, und die frühen Ausgräber orientierten sich in ihren Beobachtungen wahrscheinlich an jüngeren Praktiken, in der Annahme, dass etwas so Grundlegendes wie die Herstellung von Seilen im Wesentlichen unverändert geblieben sei.

Es stimmt wohl, dass die Seilerei im alten Ägypten sich nicht grundlegend von der in den ländlichen Gebieten der heutigen Welt unterscheidet. Das Endergebnis ist das gleiche, ob es aus Kokosfasern besteht wie in Polynesien oder aus Zedernwurzeln wie im Nordwesten Amerikas. Es ist eine jener fundamentalen Techniken, deren Nutzen offensichtlich ist und die vielleicht unabhängig voneinander Dutzende Male erfunden wurden. Die bevorzugten Materialien allerdings variieren je nach Region und können sich ändern, wenn etwa durch Klimawandel auf einmal andere Pflanzen zur Verfügung stehen. Papyrus zum Beispiel, ein beliebtes Material für antike Seile, starb in Ägypten aus, und der großflächige Anbau der Dattelpalme ist ein relativ junges Phänomen. Der beste Weg, die Materialien zuverlässig zu identifizieren, ist wohl unser Vorgehen. Man muss das Aussehen ignorieren und sich die inneren Merkmale anschauen. Diese Beobachtungen bildeten die Grundlage für meine erste wissenschaftliche Veröffentlichung.

Na schön, denken Sie jetzt vielleicht, wir wissen jetzt, dass altägyptische Seile aus Halfagras, Papyrus und hin und wieder auch ein paar anderen Materialien gemacht wurden, aber was bringt uns das? Wer will das wissen? Tatsächlich aber haben einige dieser Artefakte spannende Geschichten zu erzählen!

Einer der Stricke, die ich im British Museum untersuchte, war ein wunderbar erhaltenes langes Fragment, das im Mai 1942 zusammen mit sechs anderen in den Kalksteinbrüchen von Tura südöstlich von Kairo gefunden worden war. Der enorme Durchmesser dieser Seile und ihre Entdeckung in einem Steinbruch, aus dem unter anderem auch Blöcke für die Pyramiden von Giza stammen, verursachten eine gewisse Aufregung. Vielleicht waren sie beim Brechen der Steine für diese massiven Monumente eingesetzt worden! Unsere Analyse ergab, dass dieses Exemplar mit einem Durchmesser von ungefähr 7,6 Zentimetern und mit dem Aufbau Z=s/s/s (also drei links gedrehte Stränge, die ein rechtsgedrehtes Seil bilden) aus *Cyperus papyrus* gemacht worden war. Die Radiokarbondatierung ergab allerdings ein weitaus jüngeres Alter als vermutet: Das Seil war etwa zweitausend Jahre alt und stammte aus der griechisch-römischen Zeit in Ägypten. Es war also nicht beim Pyramidenbau im Alten Reich benutzt worden, aber sein Fundort und seine Dicke, sein Material und Aufbau ließen vermuten, dass es durchaus bei der Steinbrucharbeit eingesetzt worden war oder beim Transport der gebrochenen Blöcke, die auch damals verwendet wurden, um bewundernswerte Dinge herzustellen.

Ein anderes Exemplar aus dem British Museum ist eines der interessantesten ägyptischen Artefakte, die ich je untersuchen durfte. Dieses Seil wurde von dem berühmten italienischen Abenteurer Giovanni Belzoni im Jahr 1817 gefunden, als er das Grab des Pharaos Sethos I. im Tal der Könige entdeckte. Als Belzoni das Grab betrat, gelangte er durch drei farbig dekorierte Korridore schließlich an einen tiefen senkrechten Schacht, die sogenannte Brunnen-Anlage, die in mehreren Königsgräbern des Neuen Reiches vorkommt. In Belzonis Worten:

Auf der anderen Seite des Schachtes, gegenüber dem Eingang, entdeckte ich eine kleine Öffnung, zwei Fuß breit und zwei Fuß sechs Inches hoch, und auf dem Boden des Brunnens eine Menge Schutt. Ein Seil, an einem Stück Holz befestigt, war quer über den Gang gelegt und an Vorsprüngen befestigt, die eine Art Tür bildeten; es scheint von den Alten benutzt worden zu sein, um in den Schacht hinabzuklettern; und von der kleinen Öffnung an der gegenüberliegenden Seite hing ein weiteres bis auf den Boden, zweifellos, um daran wieder emporzuklettern.

Das erste Seil und das Holz, an dem es befestigt war, »zerfielen zu Staub, als [ich] sie berührte«, notierte Belzoni, während das Seil auf der gegenüberliegenden Seite des Schachtes »ziemlich stabil blieb«. Dieses Seil ist es, das heute im British Museum aufbewahrt wird; ursprünglich wurde es in einer von Belzoni zusammengestellten Ägyptenausstellung in London gezeigt und schließlich mit dem Rest seiner Sammlung versteigert.

11 *Fragmente des Seils, das Giovanni Belzoni im Grab Sethos' I. im Tal der Könige gefunden hat. Heute befinden sie sich in der ägyptischen Abteilung des British Museum in London.*

Von Belzonis Seil aus *Desmostachya bipinnata* oder Halfagras sind gegenwärtig sieben Abschnitte erhalten, die einschließlich zweier Knoten 6,2 Meter lang sind. Mit einem Durchmesser von etwa zwei Zentimetern hat es eine Z=s/s-Struktur, besteht also aus zwei linksgedrehten Strängen, die zusammen ein rechtsgedrehtes Seil bilden.

Die Entdeckung des Seils in seiner ursprünglichen Lage eröffnet interessante Szenarien zu seiner Verwendung in der Antike. König Sethos' Grab wurde in der späten 20. Dynastie ausgeraubt, seine Mumie später entfernt und zusammen mit den Mumien anderer Könige in einem Versteck untergebracht. Die Priester, die die Mumien Sethos' I. und der anderen retteten und ihre stark beschädigten Überreste neu einwickelten, hinterließen Notizen, aus denen hervorgeht, dass sein Grab, nach Berechnungen der

Ägyptologen, um 1074 v. Chr. zum ersten Mal ausgeraubt worden war. Danach hatte es eine Zeit lang als Lagerstätte für die Mumien seines Vaters und seines Sohnes, Ramses I. und Ramses II., gedient, die aus ihren eigenen geplünderten Gräbern geborgen worden waren. Die drei wurden dann um 968 v. Chr. in das neue Versteck gebracht. Die Frage ist also, ob Belzonis Seil von den ersten Grabräubern benutzt wurde, um den tiefen Schacht zu überwinden, oder von den Priestern der Nekropole, die die königlichen Mumien über ihn hinwegtransportieren mussten.

Eine Radiokarbonmessung von Belzonis Seil ergab eine geschätzte Datierung um 950 v. Chr., plus oder minus sechzig Jahre. Ein solches Alter lässt der Vorstellung Raum, dass das Seil an einem oder mehreren der dramatischen Ereignisse beteiligt war, die sich im Grab Sethos' I. abspielten, sodass dieses »banale« Stück gedrehter Pflanzenfasern womöglich mit einem realen, äußerst interessanten Stück Geschichte verbunden ist.

Dave Hansen und ich stellten unsere Daten in einem Bericht mit dem Titel »A Study of Ancient Egyptian Cordage in the British Museum« zusammen, und wir waren begeistert, als das Museum die kleine Monografie in ihrer Reihe *Occasional Papers* veröffentlichte. Ich weise immer noch gern darauf hin, dass sie sich gut verkauft … als Mittel gegen Schlaflosigkeit. Im Grunde aber freuen wir uns, dass unsere Arbeit einen Sinn hatte und in anderen Veröffentlichungen zitiert wird. Die Geschichte von Belzonis Seil stellte ich auch in München beim Internationalen Ägyptologenkongress vor, und sie wurde in den Akten der Konferenz publiziert.

Dave und ich machten weiter und untersuchten noch andere Objekte, darunter auch einige antike Holzproben. Unsere Sammlung von modernen Pflanzen und Referenzschnitten ist im Herbarium der Pacific Lutheran University untergebracht, wo sie allen zur Verfügung steht, die ähnliche Interessen verfolgen.

Wen interessieren schon alte Seile? Verglichen mit der Cheops-Pyramide und den Gräbern im Tal der Könige sind sie geradezu lachhaft langweilig, aber nur in dem Sinne, dass sie so alltäglich sind und nicht einzigartig. Alltäglich bedeutet aber nicht unnötig. Ganz im Gegenteil – man braucht Seile dringend, um Pyramiden zu bauen, Esel anzubinden, Boote aufzutakeln und riesige Steinsarkophage in schräg abfallende Korridore hinabzulassen.

Im Grunde ist das alte Ägypten eine Art riesiges Puzzle aus Myriaden von großen und kleinen, bekannten und unbekannten, eindeutigen und komplizierten Teilen. Es besteht nicht nur aus goldenen Särgen, Steinstatuen und Hieroglyphen. Auf den ersten Blick ist so etwas wie die Seilherstellung vielleicht trivial, aber bei näherem Hinsehen zeigt sich, dass solche alltäglichen Techniken wesentliche, wenn auch unspektakuläre Fäden im kulturellen Gewebe des alten Ägypten sind. Und viele dieser Fäden haben wunderbare Geschichten zu erzählen.

Wen interessieren schon alte Seile? Ich bin vielleicht ein Spinner, aber mich interessieren sie.

6

LEICHENFLEDDEREI

In der Wissenschaft passiert es häufig, dass man etwas entdeckt, während man eigentlich etwas anderes sucht – man bezeichnet dies als Serendipität. Oftmals kommt dabei sogar etwas Besseres heraus, und die zufälligen Erkenntnisse bekommen manchmal Vorrang vor dem eigentlich Gesuchten. Als ich zum Beispiel im British Museum an meiner Studie zur altägyptischen Seilerei arbeitete, fiel mir ein Exemplar besonders auf. Es trug die Inventarnummer EA 45189, bestand aus drei Strängen gedrehter Papyrusfasern und war etwa einen halben Meter lang. Interessant war vor allem seine Herkunft – es sollte angeblich aus den Grabungen David Hogarths an einer Fundstätte namens Assiut stammen. Obwohl ich mich ja durchaus für die Geschichte der ägyptischen Archäologie interessierte, hatte ich noch nie von Hogarth oder von einer solchen Ausgrabung gehört. Als ich Harry James fragte, konnte er zumindest eine Teilantwort liefern: Hogarth war ein Gelehrter, den das British Museum 1906 mit Ausgrabungen beauftragt hatte, und da er weder Ägyptologie studiert noch die Ergebnisse dieser Arbeit veröffentlicht hatte, waren seine tatsächlichen Leistungen im Wesentlichen unbekannt. Bei seiner Rückkehr hatte er allerdings mehrere Hundert Objekte mitgebracht, die eine kostbare Bereicherung für die Sammlung des Museums darstellten.

Harry führte mich zu einem Schrank im Archiv der ägyptischen Abteilung und zeigte mir zwei alte Notizbücher von Hogarths Grabung – eines enthielt Beschreibungen mehrerer Dutzend Gräber, das andere einen handgezeichneten Katalog der Funde. Die Notizbücher waren überaus spannend, und ich fragte, ob ich sie mir genauer anschauen dürfte. »Warum nicht?«, antwortete der Kurator. Ich bekam Kopien von beiden sowie zusätzliches Material aus den Aufzeichnungen des Museums ausgehändigt. Das Ganze wurde schließlich zu einem größeren Forschungsprojekt. Mithilfe einer Vielzahl von Dokumenten konnte ich eine »verschollene« Grabung aus früherer Zeit, als die Archäologie noch ganz anders ablief als heute, rekonstruieren und nacherleben.

Für meine Freilegung von Hogarths Arbeit waren weder Schaufeln noch Kellen noch irgendwelche körperlichen Anstrengungen nötig. Meine Basislager in London, vor allem das British Museum, der spektakuläre Lesesaal der British Library und andere moderne Einrichtungen, lieferten eine angenehme Umgebung. Das Schwitzen überließ ich einzig dem Guinessglas in der Museum Tavern, das ich mir jeden Tag nach Arbeitsschluss gönnte. Hogarths Notizen zu ordnen und zu verstehen war eine hübsche Herausforderung, am schwierigsten war es noch, seine Handschrift zu entziffern, die auf den ersten Blick praktisch unlesbar ist. Schließlich lernte ich seine Schrift, einschließlich der seltsamen Steno-Ligaturen, recht flüssig zu lesen, was meine Arbeit enorm erleichterte. Eine Zeit lang zumindest waren Hogarths und mein Leben durch ein altes Stück Seil miteinander verbunden. Eine faszinierende Geschichte kam zum Vorschein, mit spannenden Charakteren, einer grandiosen, aber völlig unterschätzten Fundstätte und einem persönlichen Einblick in die ägyptische Archäologie zu einer Zeit, als sich gerade erst feste Arbeitsstandards entwickelten.

Im Jahr 1894 wurde Ernest Alfred Wallis Budge zum Kurator der Abteilung ägyptischer und assyrischer Altertümer im British Museum ernannt. Budge war akademisch vielseitig interessiert, energisch und dem Museum gegenüber unerschütterlich loyal, und er arbeitete in den dreißig Jahren, die er diese Position innehatte, sehr hart daran, die Sammlungen seiner Abteilung zu vergrößern. Dadurch sicherte er sich einen Platz in der Geschichte der Ägyptologie. Zum einen war er ein produktiver – vielleicht allzu produktiver – wissenschaftlicher Autor mit über hundertdreißig Büchern auf der Publikationsliste. Zum anderen aber war er auch bekannt dafür, dass er hochkarätige antike Gegenstände aufspüren und oft nur durch raffinierte Tricks erwerben konnte, um sie dann aus fremden Ländern nach Großbritannien zu bringen. Mithilfe eines Netzwerks von Händlern kam Budge von seinen Ausflügen etwa nach Ägypten oder Mesopotamien mit verblüffenden Artefakten zurück, darunter auch Papyri und Keilschrifttafeln für das Museum.

Eine andere Möglichkeit, Museumssammlungen zu erweitern, war an der Wende zum 20. Jahrhundert die Ausgrabung. Bei der damals noch von Europäern geleiteten Altertümerverwaltung in Ägypten (dem Service des Antiquités de l'Égypte) konnten ausländische Museen, Universitäten und auch Einzelpersonen Grabungsgenehmigungen beantragen. Wenn der Antrag genehmigt wurde, bekam man eine Konzession, quasi einen archäologischen Claim, zugesprochen, der idealerweise frei war von konkurrierenden anderen Ausgräbern. Wenn die Arbeit beendet war, wurden die geborgenen Fundstücke zwischen der Altertümerbehörde und den finanzierenden Institutionen aufgeteilt. Ein Museum hatte also einen guten Grund, solche Arbeiten zu bezahlen – nämlich genau die Hälfte der Funde.

Im März 1906 reiste Budge nach Ägypten, um den Leiter der Altertümerbehörde, den bekannten französischen Ägyptologen Gaston Maspero, aufzusuchen und mit ihm über die Möglichkeiten einer Grabungskonzession zu verhandeln. Ziel eines solchen Projekts, so erklärte Budge, sollte es sein, »Objekte zu gewinnen, die die Lücken in unserer Sammlung füllen können«. Er merkte auch an, dass das British Museum »es sich nicht leisten könne, umfangreiche Veröffentlichungen oder Lagepläne in großem Maßstab herauszugeben«, was erklärt, warum das neue Projekt praktisch »verloren« ging, das heißt der wissenschaftlichen Welt jahrzehntelang unbekannt blieb. Maspero bot ihm einen Friedhof an einem Ort namens Chawaled nahe Assiut an, der »viele Gräber der 18. Dynastie und Gräber einer weit früheren Zeit mit hölzernen Statuen usw.« enthalten sollte. Ein Teil der Stätte war schon dem Italiener Ernesto Schiaparelli zugesprochen worden, doch ein angrenzendes Gebiet war noch verfügbar. Budge deutete an, dass das British Museum bereit war, tausend Pfund zu bezahlen »für ein paar Jahre, vorausgesetzt, die Ergebnisse sind zufriedenstellend«.

Nach Budges Rückkehr beriet das Kuratorium des British Museum über seinen Bericht und wies ihn an, sich um die empfohlene Stätte zu bewerben, doch während sein Bewerbungsbrief noch unterwegs war, erhielt er von Maspero die Nachricht, dass die Konzession in Chawaled einem anderen Engländer gegeben worden sei – dem berühmten Archäologen W. M.

Flinders Petrie. Als Ersatz bot Maspero zwei andere Stätten an, Abydos und Assiut, »wobei Letzteres Gräber der 10. bis 12. Dynastie enthält«. Budge wog die beiden Vorschläge gegeneinander ab und entschied sich für Assiut. Der Direktor des British Museum telegrafierte dies sofort an Maspero. Budges Argumente für diesen Ort lasen sich wie folgt: »Von der Geschichte jener Zeit [10. bis 12. Dynastie] ist nur sehr wenig bekannt, und man kann mit guten Gründen annehmen, dass erfolgreiche Grabungen dort das Wissen über die Geschichte dieser Epoche erheblich voranbringen werden.«

Assiut liegt am Westufer des Nils etwa dreihundertsechzig Kilometer stromaufwärts von Kairo und damit in der Antike genau zwischen zwei Machtzentren, Memphis und Theben. Diese geografische Lage machte die Region in Zeiten politischer Auseinandersetzungen zwischen Nord und Süd zu einem Grenzgebiet. Die Stadt liegt in einer fruchtbaren Ebene vor der Kulisse einer Bergkette aus Kalkstein, die von Nordwesten nach Südosten verläuft und von Gräbern durchlöchert ist wie ein Schweizer Käse.

Das alte Assiut ist den Ägyptologen wegen mehrerer Besonderheiten bekannt, unter denen seine Rolle in den turbulenten Ereignissen der sogenannten Ersten Zwischenzeit (um 2160 bis 2055 v. Chr.), einer Art Bürgerkrieg, hervorsticht. Am Ende des Alten Reiches war die zentrale Autorität des Pharaos geschwächt, und der Kampf um die Kontrolle über Ägypten entwickelte sich zu einem Machtkampf zwischen Memphis, Theben und Herakleopolis, der Hauptstadt einer Provinz in Mittelägypten. Die Gründe für den Konflikt sind noch immer umstritten, aber als er endete, war Ägypten im nachfolgenden Mittleren Reich wieder geeint, stabil und wohlhabend. Leider hatten sich die Herren von Assiut auf die falsche Seite geschlagen, doch immerhin überlebte die Stadt.

Assiut – altägyptisch *Sauti* – ist auch bekannt als das Kultzentrum des Gottes Upuaut, der in Gestalt eines Schakals verehrt wird, weshalb die alten Griechen die Stadt in Lykopolis, »Stadt der Wölfe«, umbenannten. Wer sich für altägyptische Texte interessiert, kann dort noch heute fünf Gräber von Provinzstatthaltern der Ersten Zwischenzeit und des Mittleren Reiches sehen, an deren Wänden sich wichtige historische und biografische Inschriften sowie Jenseitstexte befinden. Ebenso gilt die riesige Nekropole der Stadt als Fundort vieler bemalter Särge und hölzerner Statuetten, die als Grabbeigaben dienten.

Im späten 18. und im 19. Jahrhundert besuchten viele westliche Antikensammler die Stadt, einige kopierten sogar die Texte in den Gräbern. Gleichzeitig durchwühlten sicher auch viele Einheimische den Friedhof von Assiut auf der Suche nach gut verkäuflichen Altertümern. 1893 zum Beispiel »grub« ein Einheimischer namens Faraq ein großes, undekoriertes Grab eines hohen Beamten des frühen Mittleren Reiches namens Mesehti aus. Darin fanden sich unter anderem Mesehtis Särge mit Jenseitstexten und vor allem zwei faszinierende Gruppen von Holzsoldaten, jeder etwas mehr als dreißig Zentimeter groß und mit Miniaturwaffen ausgerüstet. Sie sind heute eine einzigartige und beliebte Attraktion des Ägyptischen Museums in Kairo.

Die erste offizielle ausländische Grabung auf dem alten Friedhof von Assiut unternahmen 1903 die beiden Franzosen Émile Chassinat und Charles Palanque. Sie fanden sechsundzwanzig kleine, nicht dekorierte Gräber, von denen nur fünf ausgeraubt worden waren. Von den einundsechzig Särgen aus diesen Gräbern waren vierunddreißig mit Texten beschriftet, die eine Fülle von biografischen, funerären und religiösen Informationen liefern.

Der italienische Ägyptologe Ernesto Schiaparelli grub von 1905 an in Assiut. Seine Konzession umfasste die meisten großen Gräber mit Inschriften und den östlichen Bereich der Nekropole. Er arbeitete bis 1913 auf dem Friedhof und war dabei offenbar sehr erfolgreich. Schiaparelli veröffentlichte zwar keine Ergebnisse, doch Gegenstände aus seiner Grabung kann man heute im Museo Egizio in Turin besichtigen. Kurz gesagt, mit dieser Konzession würde das British Museum an einer sehr spannenden und fundreichen Stätte arbeiten, obwohl schon einiges legal oder illegal daraus entfernt worden war.

David Hogarth wurde als Leiter für das Museumsprojekt empfohlen als jemand, »dessen Qualifikation und Erfahrung wohlbekannt sind«. Ich schlug seinen Namen im *Who Was Who in Egytology* nach, einem wichtigen Handbuch für jeden, der sich mit solchen historischen Studien beschäftigt, und stellte fest, dass Hogarth damals dort noch keinen Eintrag hatte. Jetzt bekam meine Forschung eine Wende ins Biografische – ich sammelte alle Informationen, die ich über diesen Mann finden konnte.

David George Hogarth, 1862 in England geboren, studierte Altertumswissenschaften in Oxford und erwarb sich besondere Fachkenntnisse in der Sprache und Kultur des alten Griechenlands. Nach seinem Abschluss versuchte er sich etwas zögerlich in archäologischer Feldforschung: Er half bei der Aufnahme von Inschriften in Kleinasien und arbeitete auf einer Grabung auf Zypern. Bei einem so dürftigen Hintergrund war es merkwürdig, dass gerade Hogarth auf eine Sondermission nach Ägypten geschickt wurde – doch genau das geschah.

Zwischen 1893 und 1895 hatte der Schweizer Ägyptologe Édouard Naville jährliche Grabungskampagnen im Auftrag des Egypt Exploration Fund am prächtigen Totentempel der Hatschepsut am Westufer in Luxor durchgeführt. Die Stiftung, die 1882 für die Erforschung und die Veröffentlichung archäologischer Stätten Ägyptens ins Leben gerufen worden war, bezahlte das ganze Unternehmen. Der riesige Tempel galt als überaus lohnendes und besonders anspruchsvolles Projekt, doch nicht alle waren begeistert von der Wahl Navilles als Ausgräber. W. M. Flinders Petrie etwa war zutiefst beunruhigt, als er davon hörte, denn Naville schien vor allem daran interessiert, bedeutende Kunstwerke ans Licht zu bringen, und kümmerte sich wenig um Kleinfunde und eine saubere Grabungstechnik.

Versuche, Naville aus dem Projekt zu entfernen, scheiterten, doch Anhänger Petries schafften es schließlich, dass die Stiftung einen jungen Archäologen schickte, der sich der Grabung anschließen und sie beobachten, Hilfestellung leisten und die Arbeitsweise verbessern sollte. So kam Hogarth 1894 das erste Mal nach Ägypten. Bei dieser Gelegenheit schrieb er:»Ich hätte nicht einwilligen sollen, doch jetzt, nachdem ich also eingewilligt hatte, weil der Ruf des Orients zu stark war, hätte ich bescheiden auf der untersten Sprosse der langen Leiter der Ägyptologie anfangen sollen.« Überraschenderweise verteidigte Hogarths Bericht das Vorgehen des Schweizer Wissenschaftlers: Viele der angeblichen Missstände waren seiner Ansicht nach aus den Besonderheiten der Fundstätte heraus begründbar.

Die nächsten beiden Jahre erforschte Hogarth ein paar andere Stätten in Ägypten – mit einer eindeutigen Vorliebe für griechische Relikte. Im Winter 1895/1896 nahm er an der Untersuchung einiger antiker griechischer Städte in Ägypten teil, mit dem Ziel, Papyrusdokumente aus deren antiken Abfallhaufen zu bergen. Zu seinem Team gehörten auch zwei andere junge Forscher aus Oxford, Bernard P. Grenfell und Arthur S. Hunt, die später durch ihre beharrlichen und erfolgreichen Bemühungen in diesem Bereich und ihre Übersetzung vieler solcher Papyri zu Ruhm kommen sollten.

Seltsamerweise entwickelte Hogarth nach drei Jahren Arbeit am Nil eine spürbare Abneigung gegen das alte Ägypten, die er in seinem Buch *A Wandering Scholar in the Levant* 1896 auch offen zum Ausdruck brachte. Darin räumte er zwar eine gewisse Wertschätzung für die ägyptische Landschaft ein, fand aber die Kunst und Architektur der alten Ägypter uninteressant und statisch, ganz im Gegensatz zu der der Griechen:

> *Ich kenne nichts Betrüblicheres, als von einer Untersuchung griechischer Kunst zu einer Untersuchung der sogenannten Kunst in Ägypten überzugehen. Wo ist das Streben nach dem Ideal, jenes künstlerische Gewissen, das jedes Werk der Hellenen inspiriert? Schauen Sie das Niltal hinauf und hinunter; schauen Sie die Bauten von Oberägypten an, von denen die meisten von außen gut aussehen, aber im Inneren nichts als Schutt und Verfall sind, der nur in einem Land überdauern kann, in dem es keinen Frost und keinen Regen gibt: Schauen Sie auf den Stuck, der über die Mauern gelegt wurde, um eine Vielzahl von Sünden zu überdecken: Werfen Sie einen Blick auf die Rückseite oder einen nicht gleich sichtbaren Teil einer Statue, und Sie werden sehen, dass der »Künstler« weder vom Stolz auf sein eigenes Werk beeinflusst war noch vom Glauben daran, dass seine Götter alles sahen. Überall erblickt man unvollendete Tempel, halb ausgemalte Gräber, nur in Umrissen fertige Reliefs, übernommene und zweckentfremdete Inschriften mit nur unvollständigen Änderungen. Die Künstler sind nicht besser als Kunsthandwerker, sie modellieren und malen ohne nachzudenken Jahrhundert um Jahrhundert Götter und Könige und Soldaten und Sklaven nach festgeschriebenen Konventionen: Zwanzig Generationen dauert es, um eine Veränderung in auch nur einer Einzelheit hervorzubringen. Die Persönlichkeit des Schöpfers ist niemals in der Schöpfung zu erkennen, und es gibt kaum eine Statue in Ägypten, die auch nur für einen Augenblick individuelle Inspiration vermuten lässt.*

Auch von den Ägyptologen war Hogarth nicht allzu beeindruckt. Im selben Buch schrieb er:

Wohl aus Mangel an Vergleichsmöglichkeiten halten ihre Anhänger die Ägyptologie für einzigartig, als ob es keine andere Archäologie gäbe, und bedenken die Entdeckungen in Ägypten mit absoluten Superlativen. Im über dem Nil hängenden Dunst werden Mykene, Ninive und Pompeji vergessen, und Hawara oder Dahschur [zwei ägyptische Pyramiden- und Friedhofsstätten] werden hoch gelobt als die Orte, an denen vor den Augen der Forscher die wunderbarsten Auferstehungen eines vergangenen Zeitalters stattgefunden haben ... In einem größeren Ausmaß als in vielleicht jedem anderen Land ist die Beschäftigung mit dem alten Ägypten in die Zuständigkeit des neugierigen Amateurs oder des Schmalspurspezialisten gefallen, der kaum vertraut ist mit anderen wissenschaftlichen Forschungen; und erst in letzter Zeit hat man offenbar verstanden, dass man eine Verbindung zur modernen Welt suchen muss, sonst wird Ägypten immer öde bleiben, ein Memnon, der, wie Hegel es so schön ausgedrückt hat, ewig den Tag erwartet.

Obwohl Hogarth also ganz entschieden kein Gefallen an der pharaonischen Kunst finden konnte, lernte er doch in Ägypten die für seine Zeit äußerst hohen archäologischen Standards kennen, die Petrie entwickelt hatte. In einem Buch, das einige seiner archäologischen Unternehmungen beschreibt, räumte er ein:

Wenn ich auch wenig für sie [den Egypt Exploration Fund] getan hatte, so hatte ich doch viel für mich selbst getan. In jenen drei Kampagnen hatte ich, vor allem durch meine Bekanntschaft mit Petrie und durch das Zusammensein mit Männern, die ihre Lehrzeit bei ihm abgeleistet hatten, gelernt zu graben. Als ich das erste Mal nach Ägypten kam, hatte ich keinerlei Methode und kein Verständnis dafür, dass Augen und Hand und Ziel des einfachen Arbeiters die Fortsetzungen der eigenen sein müssen ...
Mehr noch, im Umgang mit den unvergänglichen Altertümern des Nillandes lernte ich zu beobachten, so wie es ein Altertumsforscher tun sollte. Und etwas von seinem Geist ging auf mich über. ... Aber im letzten Moment war ich doch nicht für die ägyptische Forschung zu begeistern.

In Ägypten hatte er auch die Gelegenheit, seine Kenntnisse des Arabischen zu erweitern, die ihm später noch sehr von Nutzen sein sollten. In den nächsten Jahren war Hogarths Leben ebenso ausgefüllt wie abwechslungsreich. Er arbeitete als Kriegsberichterstatter für die *London Times,* leitete die British School of Archaeology in Athen und grub in Griechenland, auf Kreta, in der Türkei und in Naukratis, einer altgriechischen Stadt im ägyptischen Nildelta. Mit diesem Hintergrundwissen über Hogarth und mithilfe aller Quellen, die ich finden konnte, einschließlich seiner Notizbücher und seiner Korrespondenz mit Budge, konnte ich jetzt die Grabung selbst Revue passieren lassen.

Zurück also zur Geschichte der Grabung. Nachdem die Genehmigung erteilt und ein Archäologe gefunden war, ging es endlich los. Budge schlug vor, Hogarth solle drei Pfund pro Tag bekommen, dazu die Reisekosten von und nach England und andere Spesen. Man ging davon aus, dass die Arbeit in drei bis vier Monaten zu erledigen wäre, und die Gesamtausgaben wurden auf fünfzehnhundert Pfund geschätzt. Das Kuratorium bewilligte den Antrag.

Hogarths Buch *Accidents of an Antiquary's Life,* Quelle der oben zitierten Passagen, widmet einen großen Teil des Kapitels mit dem Titel »Digging« der poetischen Beschreibung seiner Arbeit in Assiut. In einer Abendunterhaltung mit einer kultivierten jungen Dame beschrieb er seine Prüfungen und Plackereien auf so charmante Art, dass er seine Gesprächspartnerin damit sowohl beeindrucken als auch abschrecken konnte:

Man wies mich an, die Gräber in einem Teil des Hügels hinter Siut zu untersuchen, dessen weiche Kalksteinfelsen mit Gräbern jedes Alters durchsetzt sind. Dieser riesige Friedhof in der Nähe einer großen Stadt war immer und immer wieder geplündert worden, vor allem auf der Suche nach hölzernen Statuetten und Modellen, die offenbar in der Wolfsstadt häufiger und besser geschnitzt worden waren als irgendwo anders im alten Ägypten; und man warnte mich, ich brauche nicht auf eine unberührte Bestattung hoffen, sondern solle mich damit zufriedengeben, das zu durchwühlen, was eiligere Räuber zurückgelassen hatten.

Seine Mission beschrieb er dichterisch als »eine Art Leichenraub, den die Wissenschaft billigt und zweifellos mit Berufung auf eine Verjährungsfrist vor dem Engel der Auferstehung rechtfertigen wird. Ein Grab auszurauben gilt offenbar tatsächlich entweder als niederträchtig oder als lobenswert, je nachdem, ob die Leiche schon lange oder erst kurze Zeit darin liegt.«

Bei Hogarths Ankunft in Ägypten waren die Grenzen der Grabungskonzession im Gebiet des riesigen, von Gräbern durchlöcherten Berges direkt hinter der Stadt Assiut klar umrissen. Vom Fuß des Berges an wurde eine mit dem Kompass gezogene Grenzlinie festgelegt, die etwas östlich von einem der dekorierten Gräber begann. Dem British Museum stand es frei, die Bergflanke im Westen und fünfzehn Kilometer im Norden davon zu untersuchen; das Gebiet östlich der Linie war die Domäne Schiaparellis. Leider fand sich Hogarths selbst gezeichnete Karte, die sowohl die Grenzen der Konzession wie auch die Gräber zeigte, die er freilegen sollte, nirgends unter seinen Papieren. Ein Brief an Budge gab mir allerdings Hinweise, mit deren Hilfe ich die Karte schließlich fand: in einem gebundenen Buch mit offizieller Museumskorrespondenz, wo ich sie nie vermutet hätte.

Hogarth startete seine Grabung offenbar am 15. Dezember 1906, doch bevor die eigentliche Arbeit begann, zeigte ihm der französische Ägyptologe Gustave Lefebvre, der örtliche Altertümerinspektor, wo die Grabräuber im Jahr zuvor einen beschrifteten Grabeingang am Fuße des Hügels im Vorhof eines großen Grabes gefunden hatten. Hogarth setzte hier an und legte im Laufe der nächsten zehn Tage ein Grab frei, das Inschriften auf den Türlaibungen trug und viele Objekte enthielt. Das Grab erhielt die römische Nummer I, und so begann eine Nummerierung, die schließlich bei siebenundfünfzig Gräbern enden sollte, die Hogarth am Ende seiner fast dreimonatigen Kampagne »mit gutem Ergebnis freigelegt« hatte. Für Grab I wurde ein Plan gezeichnet; andere in der unmittelbaren Umgebung untersuchte Hogarth im Zuge der Erkundung des Grenzbereichs seiner Konzession.

Die Grabung war in erster Linie der Suche nach noch relativ ungeplünderten Gräbern gewidmet. In einem Bericht schätzte Hogarth, dass »für jedes profitable Grab wenigstens zwanzig geöffnet worden sind, die nichts einbringen, und trotzdem aufs Gründlichste untersucht werden mussten …« In einem Brief aus Assiut vom 1. Januar 1907 schrieb er: »Inzwischen habe ich mit den Gräbern hoch oben im Berg begonnen … aber obwohl immer wieder Gräber gefunden wurden, die in der Moderne nicht ausgeraubt worden waren, waren sie doch niemals intakt. Die Gräber liegen auf Terrassen, und erst als wir uns systematisch von unserem Ausgangspunkt zur dritten Terrasse hinunter gearbeitet hatten, stießen wir auf ein jungfräuliches Grab.«

Es war interessant, sich die erhaltenen Lohnabrechnungen näher anzusehen. Die Arbeitermannschaft der Grabung wuchs während der ersten drei Wochen stark an. Am 15. Dezember standen dreizehn Mann auf der Gehaltsliste, am 18. Dezember waren es siebenundzwanzig, am 19. Dezember vierzig und am 24. Dezember vierundfünfzig Einheimische. Insgesamt waren mindestens dreiundsechzig Ägypter im Laufe der Grabung dort beschäftigt, von denen ein paar vorzeitig ausstiegen und einige andere nur halbe Tage arbeiteten. Der Durchschnittslohn betrug fünf Piaster am Tag, doch Omar Hussein bekam sechs (wahrscheinlich als Vorarbeiter) und Gabr Seidan (vielleicht ein Kind) nur dreieinhalb. Achmet Hussein bekam zehn Piaster gezahlt, für seine Dienste und die seines Esels.

Hin und wieder gab es einen Bonus, vermutlich für besondere Leistungen, für anstrengende Arbeiten oder als Bakschisch. Das Wort bedeutet »Trinkgeld« oder, zynischer gesagt, »Schmiergeld«, und einige Archäologen in Ägypten belohnten ihre Arbeiter, indem sie für die gefundenen Gegenstände den Marktpreis bezahlten. Im besten Falle war das Bakschisch-System produktiv und effektiv, aber es konnte auch dazu führen, dass heimlich irgendwelche anderswo gefundene Objekte untergeschoben wurden. Am 24. Dezember wurden einundzwanzig Piaster für die Entdeckung der fehlenden Bruchstücke einer in Grab I gefundenen Statue ausgezahlt. Petrie, der für die Archäologen seiner Zeit eine Vorbildfunktion übernahm, war ein Befürworter des Bakschisch-Systems und meinte, es ermuntere zum sorgfältigen Graben, um die Gegenstände heil zu bergen und auch die kleinen Objekte nicht zu übersehen. Der wöchentliche Bonus konnte über zwanzig zusätzliche Piaster betragen. Faraq Ali Ali und Mussi Hassan zählten zu den erfolgreichsten Grabungsarbeitern bei Hogarth, sie erhielten zusätzlich dreiundzwanzigeinhalb bzw. vierundzwanzig Piaster in der Woche zwischen dem 31. Dezember 1906 und dem 5. Januar 1907. Sie könnten also an der Entdeckung des unberührten Grabes beteiligt gewesen sein, das am 1. Januar gefunden wurde.

Schon früh hatte Hogarth Zweifel am Erfolg seiner Konzession. Sein Gebiet war offenbar besonders stark geplündert und als Steinbruch benutzt worden; die großen Gräber, wie sie Schiaparelli weiter im Westen und Petrie im Süden gefunden hatten, fehlten. In einem Brief an Budge schrieb er:

> *Die Fakten sprechen hier entschieden gegen einen Erfolg. Die Kopten benutzten diesen Friedhof offenbar in den ersten Jahrhunderten der christlichen Ära als Wohnstatt, verwandelten Gräber in Häuser und plünderten systematisch Grabgruben usw.; und in allerjüngster Zeit – besonders seit Faraqs Entdeckung der Soldaten [1893] – hat es hier überaus systematische Plünderungen gegeben. Oft finde ich ein Dutzend Gräber, die durch Löcher und Durchgänge miteinander verbunden sind, gemacht von diesen Grabräubern, die ausschließlich unter der Erde arbeiten. Doch am schwerwiegendsten ist das Fehlen des größeren Grabtyps in unserem Teil des Friedhofs – wenn man nach den Gräbern gehen kann, die bisher geöffnet worden sind. Der Mittel- und der Südteil, die den Herren Schiaparelli und Petrie überlassen wurden, scheinen die größeren Gräber zu enthalten. Ich habe wenig Zweifel, dass ich hier und da kleine Gräber intakt und aus alter Zeit finden kann; was aber große und gut ausgestattete Gräber betrifft, so zweifele ich sehr daran, solange Herrn Schiaparellis Konzession nicht an mich übergegangen ist.*

Es ist klar, dass Hogarth eigentlich intakte Bestattungen in großen Gräbern finden wollte, ein ganz und gar nicht ungewöhnlicher Wunsch zu seiner Zeit. Das erklärt auch die großen Anstrengungen und die Ausdauer, die er auf die Freilegung zweier großer eingestürzter Gräber (XXVII und XVII) verwendete. Grab XXVII beanspruchte seine ganze Aufmerksamkeit vom 14. Januar bis zum 1. Februar, als er herabgefallene Steinblöcke mit Dynamit sprengte. Verlockt durch einen Schacht, der aussah, als sei er mit Palmholz versiegelt worden, und in dem »der Staub der Meißel [der antiken Arbeiter] noch an Wänden und Boden hing«, gab Hogarth nicht auf, fand das Grab dann aber schließlich leer und unbenutzt vor.

Grab XVII wurde vom 22. Januar bis zum 16. Februar freigelegt und lieferte für den betriebenen Aufwand sehr wenig Ertrag. Gegen Ende der Kampagne schrieb Hogarth: »Was in dieser ganzen Saison nie zum Vorschein kam, war auch nur ein einziges einigermaßen großes unangetastetes Grab aus dem Mittleren Reich, in dem sowohl die obere wie auch die untere Kammer gut ausgestattet gewesen wären. Ich habe unangetastete obere Kammern und unberührte Schächte gefunden, aber niemals beides zusammen ...«

Solche Kommentare können einem heutigen Archäologen, der nur zu gerne die zahlreichen für Hogarth enttäuschenden Funde untersucht hätte, die Sprache verschlagen. Auf ihn wirkt Hogarth ungeduldig, sogar etwas verwöhnt, aber man darf nicht vergessen, dass es hier um Archäologie in einem anderen Zeitalter geht, mit anderen Methoden und Erwartungen.

Schiaparellis Konzession lief am 31. Dezember 1906 aus, und Hogarth schrieb deswegen an Maspero, vermutlich mit der Bitte, das Territorium doch dem British Museum zuzusprechen. Gegen Ende der Grabung hörte man dann allerdings, dass Schiaparelli doch zurückkehren werde, und Hogarth reagierte darauf wie folgt: »Er [Schiaparelli] wird sie [die Konzession] vermutlich nicht völlig ausnutzen, wenn man sich an seinen Grabungen an anderen Orten orientiert, aber er würde wohl in jedem Fall den Erfolg jedes anderen dadurch erschweren, dass er alle Anhaltspunkte an der Oberfläche verwischt. Oder er arbeitet nur ein wenig hier, gerade ausreichend, um seine Ansprüche aufrechtzuerhalten, und erneuert seine Konzession am Ende des Jahres, wie er es beim letzten Mal gemacht hat.«

Hogarth zweifelte, dass Maspero gegen solche Spielchen zum Erhalt der Konzession vorgehen werde.

Trotz seines Ärgers erzielte Hogarth Ende Januar noch einen gewissen Erfolg: Er fand mehrere intakte Gräber und andere, die immerhin noch viele Grabbeigaben enthielten. Die unversehrten Gräber waren oft sehr klein, ihre Eingänge von sorgsam verkeilten Steinen blockiert, und sie lagen häufig »versteckt an unerwarteten Ecken des Friedhofs oder so in Felsvorsprünge hineingeschnitten, dass sie durch ihre Lage dem methodischen unterirdischen Vordringen der einheimischen Plünderer entgangen sind.« Andere ähnlich verschlossene Türen und Kammern wurden entdeckt, doch bei der Öffnung zeigte sich, dass die Gräber von oben, unten oder von der Seite ausgeraubt worden waren, wodurch manchmal ein riesiges Netz aus miteinander verbundenen Kammern entstanden war.

Überraschenderweise enthielten einige der größeren ausgeraubten Gräber noch mehr und qualitätvollere Gegenstände als die intakten kleinen Gräber, die wenige oder nur einfachste Grabbeigaben aufwiesen. Hogarth klagte auch darüber, dass in den unberührten Gräbern so wenige Artefakte zu finden waren: »Ein [intaktes Grab] etwa, gestern geöffnet, enthielt nicht weniger als zehn Särge, alle schlicht, aber offenbar aus dem Mittleren Reich, und nichts sonst außer grober Keramik. Andererseits lieferten zwei große Gräber, in der Antike ausgeraubt und von mir in den letzten beiden Tagen wieder freigeräumt, drei [Modell-]Boote mit Ruderern usw.; dazu mehrere Holzfiguren und andere Gegenstände von Wert.«

Irgendwann im zweiten Monat der Grabung verlegte Hogarth den Schwerpunkt in die Nähe von Schiaparellis Konzession in der Hoffnung, dort qualitativ hochwertigere Entdeckungen zu machen.

Hogarth machte sich auch große Sorgen wegen möglicher Diebe in der Gegend, und er verzeichnete mehrere Gegenstände, die gestohlen worden waren, aus Grab LV zum Beispiel: »Ich höre, dass trotz meines ›Bakschisch‹-Systems einiges aus diesem Grab zu den Händlern abgeflossen ist. Zwei Holzstatuetten sind als gestohlen gemeldet, neben einigen kleineren Dingen wie etwa Skarabäen. Da dieser Friedhof direkt über Assiout liegt, ist er überaus anfällig für die Zusammenarbeit zwischen Händlern und Arbeitern.«

In *Accidents of an Antiquary's Life* führt Hogarth aus:

> *Wenn ich jedes Jahr in Ägypten gegraben hätte und eine ausgebildete und vertrauenswürdige Mannschaft nach Siut hätte holen können und wenn der Schauplatz nicht so nahe an einer großen Stadt gelegen hätte, die berüchtigt war für ihren illegalen Antikenhandel, dann hätte jene Bußleistung vielleicht vermieden werden können. Und selbst während man sie leistete, wurde man beraubt. Die Händler passten meine Männer bei Sonnenuntergang unten am Hügel ab und bedrängten sie auf dem ganzen Weg zur Stadt, und ein Grabungsarbeiter, ein Jugendlicher mit einem helleren Verstand und Gesicht als die meisten – er war ein halber Bedawi – verdiente in den paar Wochen, bevor ich ihn rausschmiss, so viel, dass er sich ein Kamel, einen Esel und eine Ehefrau kaufte. Seine Einkäufe wurden immer in dieser Reihenfolge aufgezählt.*

Wie manches andere, was man über damalige Ausgräber hört, lässt auch die Taktik, die Hogarth gegen Diebstahl einsetzte, jeden heutigen Archäologen schaudern. Bei der Beschreibung von Grab XXXIX etwa notiert er: »Grab um 15.30 Uhr betreten – nur halbe Stunde, um acht Särge hinauszuschaffen.«

Es gibt in Hogarths Grabungsnotizen mehrere Hinweise auf einen gewissen »R. N.«, besonders, wenn es um die Dokumentation von Gräbern geht. So findet sich etwa in den Kommentaren zu Grab XXVI der Verweis: »Plan in R. N.s Buch«. Der Plan jenes Grabes war von anderswo ausgeschnitten und auf der nächsten, leeren Seite aufgeklebt worden. In allen Unterlagen, die ich in Bezug auf die Ausgrabung durchforstete, fand ich keine Hinweise auf die Identität dieses »R. N.«.

Vor Kurzem jedoch konnte ich mithilfe von Computersuchmaschinen wie Google auch dieses Rätsel lösen: »R. N.« war ein Amerikaner namens Richard Norton, Direktor der American School of Classical Studies in Rom. Wie Hogarth gerade an ihn kam, wissen wir nicht, aber er muss eine bedeutende Rolle bei diesem Projekt gespielt haben, obwohl er in der Korrespondenz mit Budge nie erwähnt wird.

Wenn man Hogarths Material zur Grabung durcharbeitet, spürt man seine wachsende Frustration bei der Durchsicht vieler Hundert ausgeraubter Gräber, immer in der Hoffnung, ein großes und ungeplündertes zu finden, doch immer wieder zurückgeworfen zu werden auf zwar relativ unberührte, doch armselig ausgestattete Beisetzungen. Zu allem Überfluss gab es Diebe im Team und eine scheinbar bessere, aber ungenutzte Konzession gleich nebenan. Und auch Hogarths aufrichtiges Streben, seine Arbeitgeber mit qualitätvollen Gegenständen zu versorgen, trug sicher zu seiner inneren Unruhe bei.

Am 3. Februar schrieb er:

Im Laufe des Monats habe ich etwa zwanzig unberührte Gräber geöffnet, dem Stil der Särge, der Beisetzungen und der Keramik nach meist aus dem Mittleren Reich. Aus diesen habe ich fast fünfzig Särge herausgeholt, von denen etwa fünfzehn bemalt sind. Insgesamt allerdings sind diese unberührten Gräber mit intakten Türen klein und enthalten kaum etwas außer Särgen (im Allgemeinen nicht bemalt) und grober Keramik. Bogen und Pfeile und in ein paar Fällen hölzerne Uschebtis

*und andere Statuetten waren die einzigen Begleiter der Toten ... Es ist
kaum der Mühe wert, noch weitere der kleinen Gräber zu finden ... Ich
werde eine beträchtlich Masse Altertümer mit nach Hause bringen,
anhand derer Sie dann entscheiden können, ob sich eine weitere Suche
lohnt ... Man kann immer weiter Tag für Tag neue Gräber finden. Die
Frage ist, ob die zehn Prozent dieser Gräber, die reich sind, den Aufwand wert sind, die neunzig Prozent zu finden, die relativ arm sind
oder völlig ausgeraubt wurden.* *

Die Lebensumstände während der Grabung in Assiut waren nicht gerade
luxuriös zu nennen, aber auch nicht ungewöhnlich für Ausgräber um die
Jahrhundertwende. Hogarth residierte offenbar im ausgemalten Grab
eines altägyptischen Beamten namens Cheti, obwohl dies in Schiaparellis
Konzessionsgebiet lag. Wie er schrieb, verbrachte er seine Abende in dieser

*riesigen Grotte zwischen ihren mit Geschichten bemalten Wänden,
denn durch das untere Niltal toben den ganzen Winter über wütende
Winde, und das Leben im Zelt, in Ägypten immer trübselig, wäre auf
dem Fels von Siut, der direkt in den Wind hineinragt und von allen
Stürmen umtost wird, noch jämmerlicher gewesen. Nicht, dass unsere
weit offen stehende Grotte nun sehr viel besser war als ein Zelt. Der
Nordwind traf auf die Rückwand, wehte in permanentem, unerbittli-
chem Zug die Seitenwände entlang und streute Staub auf alles, was wir
aßen oder tranken oder aufbewahrten. Nach den Mühen des Tages
fühlten wir nie Wärme, von Dezember bis Februar nicht, selbst wenn
wir uns so nahe wie möglich ans Feuer setzten, das wir nachts mit Bret-
tern unbemalter antiker Särge auf einer Herdstelle aus Ziegeln aus dem
Alten Reich entfachten. Das durch vier Jahrtausende Trockenheit gut
abgelagerte Holz verströmte einen alten, leichenähnlichen Geruch und
hinterließ einen schwachen Nachgeschmack auf dem Toast, den wir an
der Glut rösteten; und ein klares, rauchfreies Licht fiel flackernd auf
dicht an dicht stehende Särge, von denen jeder einen ausgemergelten*

---

*   Uschebtis sind Figuren, die ins Grab gelegt werden, um als symbolische Diener
im Jenseits die Anordnungen der Toten auszuführen.

Bewohner barg, eingewickelt und gebunden, an dessen stille Anwesenheit wir uns allmählich so gewöhnt hatten, dass wir unsere Vorräte und Flaschen, unsere Pfannen und unsere Kleidung zum Wechseln auf seinem praktischen Sargdeckel abstellten.

Es ist klar, dass die meisten Archäologen heute das Verbrennen von antiken Sargbrettern empörend finden würden, aber es gab für ein solches Vorgehen zu Hogarths Zeit mehr als genug Beispiele. In einem Brief, den ein junger Archäologe namens T. E. Lawrence im Jahr 1912 aus dem ägyptischen Kafr Ammar nach Hause schrieb, heißt es:»Selbst unser Feuerholz stammt von Särgen der 24. Dynastie, und unser Kohlebecken tat seinen Dienst das erste Mal in den Tagen des Falls von Karkemisch.« Damals schrieb Lawrence aus dem Lager eines Mentors von Hogarth – der niemand anders war als Petrie selbst.

Hogarths Tagebuch bestätigt ganz eindeutig, dass es oft kalt und windig war – er notierte regelmäßig das Wetter wie auch seinen Gesundheitszustand. Und es gab weitere Widrigkeiten. Hin und wieder gab es Erdrutsche oder Einstürze:»Der Erfolg schien vor uns davonzulaufen, und ihm nachzulaufen war gefährlich, wo der Fels brüchig war und loses Geröll, das aus geplünderten Gräbern weiter oberhalb stammte, jeden Moment den einzigen Luft- und Fluchtweg verschütten konnte und uns zum Tod einer Ratte in der Falle verurteilen konnte, und das aus ganz und gar nichtigem Grund und in überaus unangenehmer Gesellschaft.«

Ein Arbeiter wurde halb verschüttet, als ein bedrohlich großer Erdhaufen ins Rutschen geriet, während er Grab XXXIII freilegte. Als einige große Steinblöcke von Grab XXVII weggesprengt wurden, bildeten sich Risse im Felsen, und was von der ursprünglichen Decke noch übrig war, brach in sich zusammen.

Hogarth dramatisiert noch andere Unannehmlichkeiten, wie etwa»das schwache Licht rauchender Kerzen in der erstickend staubigen Luft einer schmalen Kammer, die nach Mumienbinden stank und den schmutzigen Lumpen der Fellachen«, und verstieg sich dann zu einer – sicher übertriebenen – gruseligen Beschreibung seines Unternehmens:

Auf allen Vieren in der Dunkelheit kriechend fand man den Weg oft versperrt durch einen Haufen dunkler, eingewickelter Mumien, die von früheren Grabräubern aus ihren Särgen gezerrt worden waren; man musste über sie hinwegkriechen und spürte dabei ihre Rippenknochen unter den Knien knacken und ihre einbandagierten Köpfe unter den Händen schrecklich hin und her rollen. Und nachdem man in einem schon dreimal geplünderten Leichenhaus nichts mehr zu plündern gefunden hatte, kroch man auf demselben gruseligen Weg ins Sonnenlicht zurück, halb erstickt am Mumienstaub und stinkend nach mehr verrotteten Grabbinden, als alle Wohlgerüche Arabiens übertönen können.

Aber Hogarth blieb trotz allem bei der Stange, und Ende Februar hatte er den gesamten Friedhof des »Mittleren Reichs« erkundet, der innerhalb der Konzession des British Museum lag. Auch der untere Teil des Konzessionsgeländes war untersucht worden: Dort befanden sich ptolemäische und römische Gräber im brüchigen Fels.

Der letzte Eintrag im Grabungsheft stammt vom 27. Februar 1907 und erklärt, dass die letzten Bemühungen der Expedition sich als fruchtlos erwiesen hätten. Das Grenzgebiet und der untere Teil der Konzession erbrachten nur noch mehr späte, geplünderte Gräber. Hogarth schrieb an den Direktor des British Museum: »Meiner Ansicht nach bleibt innerhalb Ihrer gegenwärtigen Konzession nichts weiter zu tun, was auch nur im Geringsten lohnen würde ...« An Budge: »Ich würde niemandem, wenn er nicht auf ptolemäische und römische Dinge aus ist, raten, jemals wieder den Spaten in Ihrem Teil der Stätte anzusetzen.«

»Eine gute, repräsentative Auswahl« der Gegenstände wurde verpackt, und alles andere, darunter unbemalte Särge, »Hunderte einfache Gefäße und andere Dinge, die das Verschicken nicht wert waren«, wurden im Grab Chetis II. zurückgelassen. Am 7. März hatte Hogarth siebenunddreißig Kisten mit Fundstücken zur Fundteilung an Maspero bzw. an das Museum in Kairo geschickt. Neunzehn der siebenunddreißig Kisten blieben in Kairo. Offenbar erhielt auch Norton einen kleinen Anteil, den er seinem Institut in Rom schenkte. Maspero war offenbar nicht daran interessiert, den Inhalt sämtlicher Kisten zu sichten, und bei einer späteren Reise nach Ägypten drängte Hogarth Budge dazu, doch noch weitere Gegenstände für sich zu beanspruchen. Die achtzehn übrigen Kisten wurden in siebenundzwanzig umgepackt und nach England verschifft.

Vom 11. Mai 1907 an wurde ihr Inhalt, insgesamt etwa siebenhundert Gegenstände, im British Museum katalogisiert. Mehrere Holzstatuetten, Modelle und einige Särge sind im Laufe der Jahre einem interessierten internationalen Millionenpublikum gezeigt worden. Allerdings gibt es noch immer einige Lücken in der Dokumentation. Trotz intensiver Suche sind die vielen Grabungsfotos verschollen, die Hogarth angefertigt hat. Sie würden die erhaltenen Informationen zu seinem wichtigen Projekt hervorragend ergänzen. Zwei Bilder allerdings haben überlebt: Sie wurden in seinen *Accidents of an Antiquary's Life* veröffentlicht und zeigen überraschende Ansichten der versiegelten Tür eines Grabes und den noch *in situ* liegenden Inhalt einer Grabkammer.

Nach Abschluss der Arbeit in Assiut sollte Hogarth nie wieder in Ägypten graben und seine Tätigkeit als Feldarchäologe insgesamt auch nur noch einige wenige Jahre lang fortsetzen. 1908 beteiligte er sich an einer Erkundung des alten hethitischen Fundplatzes Karkemisch in Nordsyrien, wo er 1911 dann auch die erste Grabungskampagne für das British Museum durchführte. Allerdings verfolgte er schon dort offenbar auch außerarchäologische Interessen. Die Stätte lag strategisch günstig, sodass man in Erwartung eines zukünftigen Krieges, an dem Großbritannien und Deutschland mit seinem türkischen Verbündeten beteiligt wären, Beobachtungen anstellen und Informationen sammeln konnte.

Hogarth kehrte 1909 nach Oxford zurück und wurde Kurator am Ashmolean Museum. Ironischerweise ist er, obwohl er einen großen Teil seines Lebens archäologischen Forschungen widmete, heute vor allem als Meisterspion und Mentor von T. E. Lawrence, dem berühmten »Lawrence von Arabien«, bekannt. Tatsächlich war dieser in Oxford sein Student, in Karkemisch sein Lehrling und im Ersten Weltkrieg sein Untergebener. Nach Ausbruch der Feindseligkeiten bot Hogarth Großbritannien 1915 seine Dienste an und wurde zum Direktor des Arab Bureau in Kairo ernannt, das eine entscheidende Rolle für den britischen Geheimdienst im Nahen Osten und in der britischen Diplomatie spielte.

Nach dem Krieg nahm er als britischer Beauftragter für den Nahen Osten an der Friedenskonferenz in Versailles teil. Nach seiner Rückkehr nach Oxford setzte er seine wissenschaftliche Laufbahn mit Auszeichnung fort und brachte seine Führungsqualitäten bis zu seinem Tod 1927 an der Universität ein.

Es stimmt, dass Hogarth persönlich nicht gerade in Liebe für das alte Ägypten entbrannt war, doch hat er während seines kurzzeitigen Wirkens seine eigene Handschrift entwickelt. Und in Anbetracht der Tatsache, dass wir von vielen seiner Leistungen bisher gar nichts wussten, ist unser Respekt vor ihm schon lange überfällig. Als Mann seiner Zeit, der Felsen sprengte und eine wilde Jagd nach unberührten Gräbern anzettelte, um die Sammlung eines Museums zu vergrößern, der schnell und ohne nach rechts und links zu sehen grub und fast schon Leichenfledderei betrieb, kann Hogarth einen festen Platz in der Geschichte der ägyptischen Archäologie beanspruchen. Wenn man das arrogante Urteil der modernen Archäologie einmal außen vor lässt, war er gar nicht so untypisch für die damaligen Fachleute. Mit Petrie als Lehrer hat er, gemessen an den Standards seiner Zeit, gute Arbeit geleistet; darauf werden wir noch einmal zurückkommen, wenn wir uns in späteren Kapiteln Giovanni Belzoni und Howard Carter zuwenden. Sind Hogarths Notizen etwas Ungewöhnliches? Ganz und gar nicht, würde ich sagen. Es gibt zweifellos viele »verschollene« oder nicht publizierte Grabungsunterlagen in Museen und Archiven, die auf eine Wiederentdeckung warten und das Potenzial haben, weitere weiße Flecken auf der riesigen Patchworkdecke der archäologischen Forschung zu füllen.

Und dann wäre da noch das Phänomen der Serendipität. In diesem Fall brachte mich ein schmutziges altes Stück Seil an faszinierende Orte, an die ich sonst nie gekommen wäre. Und Überraschungen dieser Art sind es, die die Wissenschaft immer wieder zu einem spannenden Vergnügen machen. Eine alte Grabung in Assiut war ein wunderbares Abenteuer für mich. Alles in allem haben David G. Hogarth und das British Museum mir eine sehr aufschlussreiche Reise in die Wissenschaft des frühen 20. Jahrhunderts geschenkt.

7

DER FLUCH DER KÖNIGIN

Archäologie eignet sich wunderbar dazu, etwas über vergangene Zeiten zu lernen, egal, ob man sich »draußen bei der Feldarbeit« schmutzig macht, Objekte in einer Museumssammlung genauer unter die Lupe nimmt oder das Altertum in Bibliotheken und Archiven erforscht. Es gibt viele Wege, sich dem Thema zu nähern, und irgendwie scheint es doch jeden wenigstens am Rande zu interessieren. Ich rede gern über Archäologie, und die meisten Menschen hören offenbar gern zu. Leider gibt es nicht allzu viele Jobs in diesem Metier. Ich hatte anfangs keinen, doch zwischen der Arbeit als Bergführer und anderen ähnlichen Beschäftigungen widmete ich mich weiterhin aktiv der Archäologie. Neben der Beteiligung an verschiedenen Grabungen und Forschungsprojekten in Museen zählten zum Beispiel auch die Ägyptenreisen, die Studie über Seile und die Dokumentation der Petroglyphen dazu.

Ich gab sogar ein paar Seminare und arbeitete als Tutor, während ich mich im Selbststudium durch Sir Alan Gardiners mächtige *Egyptian Grammar* quälte, netterweise unterstützt durch eine in Seattle lebende Ägyptologin, Emily Teeter, die an ihrer Doktorarbeit für die University of Chicago arbeitete. Emily war absolut begeistert von ihrem Fach und erklärte sich bereit, mir durch die ziemlich einschüchternden Kapitel von Gardiners Meisterwerk zu helfen, die ich schon einmal auf eigene Faust ohne Kontrolle von außen in Angriff genommen hatte. Das Buch wurde seinem Ruf schnell gerecht, und während ich mich hindurchkämpfte, lernte ich, obskuren Details Aufmerksamkeit zu schenken und auf das Kleingedruckte zu achten. Emily kannte die *Grammar* in- und auswendig, und während ich mich durch die immer schwierigeren Übungen quälte, verriet das gelegentliche Aufblitzen in ihren Augen, dass auch sie wie viele vor ihr von Zeit zu Zeit durch die Feinheiten im Hieroglyphentext ausgetrickst worden war.

Ich genoss das alles, aber es reichte nicht. Wenn ich ernsthaft mit der Archäologie weitermachen wollte, musste ich an die Uni zurückgehen und eine Doktorarbeit schreiben, die Eintrittskarte in die Welt der Wissenschaft. Der Gedanke stieß mich ab, ich hatte keine Lust, noch eine Big-University-Erfahrung zu machen, aber wenn ich lehren und eigene Grabungen durchführen wollte, reichte ein Master-Abschluss nicht aus. Ich suchte lange und intensiv und fand schließlich eine Uni mit einem Studienprogramm, das besser zu mir zu passen schien und meinen besonderen Interessen entgegenkam.

Die »Union«, wie sie intern genannt wurde, bot einen radikal anderen Ansatz für einen Dissertationsstudiengang. Sie hatte ihre Wurzeln in einem Bildungsexperiment der 1960er-Jahre innerhalb eines größeren Verbunds von staatlichen Universitäten und hatte sich irgendwann selbstständig gemacht. Sie betrachtete sich selbst als »progressiv« und verfolgte das Ziel, die vielen Unzulänglichkeiten herkömmlicher Promotionsstudiengänge zu verbessern und sie neu zu strukturieren. Fest entschlossen, an ihrem Ansatz festzuhalten, weigerte sich die Union, ihre Agenda zu beschneiden, selbst auf die Gefahr hin, an den Rand gedrängt zu werden. Schließlich modifizierte sie ihre Arbeitsweise gerade so weit, dass sie die formale Anerkennung erlangte, die jedes College und jede Universität braucht.

Die Union bot ein flexibles Modell, das die meisten Komponenten des herkömmlichen Studiums mit verschiedenen innovativen Veränderungen beibehielt. Die Schule stellte zudem eigene zusätzliche Anforderungen, darunter ein Praktikum und Nachweise persönlicher und beruflicher Entwicklung. Der Ansatz war betont interdisziplinär und forderte klugerweise, dass sich zwei auswärtige Wissenschaftler, die nicht mit der Union in Verbindung standen, zur Betreuung der Doktorarbeit bereit erklärten. Als Archäologe, der den Quereinstieg in die Ägyptologie versuchte, fand ich zwei solche Betreuer: Dr. Mark Papworth, einen Archäologen, der am

DER FLUCH DER KÖNIGIN

Evergreen State College lehrte, einer radikalen Universität, die der Union nicht ganz unähnlich war, und Dr. David Lorton, einen brillanten, aber etwas zurückgezogen lebenden Ägyptologen. Sie beide wie auch der Rest meines Komitees waren überaus hilfsbereit und machten mir immer wieder Mut. Ich würde die Union sicher nicht jedem empfehlen, aber für mich war sie genau das Richtige, und sie forderte herausragende Leistungen.

Irgendwann hatte ich alle Voraussetzungen erfüllt, und mit der Doktorurkunde in der Hand war es schließlich an der Zeit, mein eigenes Projekt anzugehen, dessen Thema ich schon im ersten Kapitel dieses Buches skizziert habe: Die Erforschung undekorierter Gräber im ägyptischen Tal der Könige. Die Pacific Lutheran University diente mir als offizielle Institution, in deren Namen ich einen formalen Antrag zur Vorlage bei der ägyptischen Altertümerbehörde schrieb. Beim Papierkram stand mir in Kairo das American Research Center in Egypt zur Seite, eine Organisation, die die Wissenschaft dort fördert und organisiert.

Für meine erste Grabungskampagne im Tal stellte ich ein kleines und sehr buntes Team zusammen. Neben mir bestand es aus Mark Papworth, meinem Dissertationsbetreuer, und Paul Buck, meinem Kumpel von der ersten Feldforschung im Fajjum. Auch er hatte gerade seinen Doktor gemacht. Dazu kam noch Dr. Garth Alford, ein Professor der PLU, der sich mit dem Nahen Osten in der Antike beschäftigte und unglaublich viel über alte Sprachen und Kunst wusste. Es war ein kleines und kompetentes Team mit einer breiten Palette an Interessen und Fähigkeiten, aber es sollte noch schrumpfen.

Als wir schließlich zur Expedition aufbrachen, waren wir nur noch zu zweit: Papworth und ich. Paul hatte einen sehr gut bezahlten Sommerjob angeboten bekommen: Er sollte die ölverschmierten Strände der Küste von Alaska nach dem Unfall der *Exxon Valdez* begutachten. Und Garth schaffte es einfach zeitlich nicht. Also blieben nur noch Papworth und ich, und das funktionierte tatsächlich ganz gut.

Papworth war lange so etwas wie ein Außenseiter gewesen. Im Graduiertenkolleg an der University of Michigan krempelten er und sein Kommilitone Lewis Binford die Archäologie durch eine theoretische Revolution völlig um, die als »New Archaeology« bekannt wurde. Sie wies auf die lange bekannten Unzulänglichkeiten der amerikanischen Archäologie hin und stellte ihr einen anthropologischen Ansatz entgegen, dessen Schwerpunkt in der Erklärung der Vergangenheit statt in ihrer reinen Beschreibung liegt. Seitdem ist das Fach nicht mehr dasselbe. Es war allerdings Binford, der viele Bücher und Aufsätze schrieb und noch heute als einer der bekanntesten Theoretiker unter den Archäologen gilt. In einem Buch mit dem Titel *An Archaeological Perspective* würdigt Binford Papworth als Mitstreiter, doch nur wenige erinnern sich an seine Rolle bei dieser Revolution, wie sie im Buch beschrieben wird.

Papworth hatte irgendwann den Eindruck, dass die New Archaeology zu weit getrieben worden war und viele Ideen durch die Überbetonung der Kulturanthropologie falsch anwendete. Der Unterschied zu den mehr oder weniger sterilen früheren Ansätzen war sicher erfrischend, doch die New Archaeology schwang wie ein Pendel aus und kam langsam wieder zur Mitte zurück, als die Archäologen begannen, sie zu kritisieren und neu zu bewerten. Binford wurde zum Star in der Welt der Archäologie und machte Karriere mit der Entwicklung der New Archaeology, während Papworth in der Versenkung verschwand.

Er bekam eine Stelle am Oberlin College in Ohio und zählte später zu den frühen Lehrern des Evergreen State College im Staat Washington, einem freidenkerischen Experiment innerhalb der höheren Bildung, wo er wunderbar hinpasste und über zwei Jahrzehnte bis zu seiner Pensionierung unterrichtete. Neben seiner Lehre war Papworth intensiv in die Welt der forensischen Anthropologie involviert. Mit seinem Hintergrundwissen zur Anatomie arbeitete er immer wieder als Gerichtsmediziner an entsetzlichen Kriminalfällen, einschließlich der berüchtigten Green-River-Serienmorde in den 1980er- und 1990er-Jahren. Mark betrachtete Tatorte als archäologische Fundstätten aus relativ junger Zeit und brachte den Ermittlern gelegentlich die damit verbundenen Standards bei, um so viele Anhaltspunkte wie möglich zu gewinnen. Er fühlte sich hoch belohnt, wenn seine Bemühungen zu sozialer Gerechtigkeit führten, doch gleichzeitig setzten ihm die verstörenden Details dieser Nebenbeschäftigung sehr zu, und manchmal hatte er schwer daran zu tragen.

Bevor wir uns kennenlernten, hatte man mir Papworth als einen schillernden, super-smarten, witzigen und exzentrischen Menschen beschrieben – und all das stimmte tatsächlich. Bei unserem ersten Treffen wirkte er auf mich wie ein Genie an der Grenze zum Wahnsinn, er sprudelte über vor Tipps und Begeisterung und zitierte aus dem Kopf frühe Archäologen und Theoretiker. Mit einem Hang zur Theatralik und gutmütigen Übertreibung konnte Papworth ebenso brillant wie unterhaltsam sein. Über seine Vergangenheit sprach er nicht so gern, aber hin und wieder behauptete er zum Beispiel, er habe als junger Matrose auf einem Lastkahn auf den Großen Seen gearbeitet oder als »Laufbursche in Maiseys House of Delights«, einem Etablissement, über dessen Dienste man nur Vermutungen anstellen konnte. Ich fand es immer toll, dass er ganz spontan in alle möglichen improvisierten Rollen schlüpfen konnte. Einmal schlug ich ihm vor, seinen Hut doch auf beiden Seiten hochzuklappen wie ein Cowboy. Er versuchte es und verwandelte sich sofort in die Karikatur eines Nordamerika-Archäologen: »Jau, den Sommer über bin ich oben im Mesa Verd'!«, erklärte er in seinem besten Rübenlasterfahrer-Akzent und meinte damit die berühmten Anasazi-Ruinen im Südwesten der USA. »Ich arbeite als Grabungsleiter – mein fuffzehntes Jahr da oben!« Und dann erklärte er plötzlich mit ernstem Gesicht seine Abscheu angesichts der Monotonie bei der Freilegung einer weiteren Hopi-Siedlung oder der prähistorischen Herdstelle Nr. 123564. »Der ideale Archäologe«, so erklärte er unwirsch, »trägt Overalls Größe 54 und einen Hut Größe 3!«

Papworth hatte meist in Nordamerika gearbeitet, aber Ägypten war ihm nicht fremd. Anfang der 1960er-Jahre hatte er an der großen internationalen Rettungsaktion für die Denkmäler Nubiens im äußersten Süden Ägyptens teilgenommen. Dort sollte vieles in den Fluten des Stausees versinken, der sich durch den neu gebauten Assuan-Damm bildete. Die Ägypter standen vor der schwierigen Entscheidung, den Bedürfnissen der Zukunft durch Stromerzeugung und Flutkontrolle gerecht zu werden oder die gewaltigen Schätze der Vergangenheit zu bewahren, die dabei verloren zu gehen drohten. Die Anhänger der Moderne setzten sich durch, aber die Ägypter versuchten – unterstützt von der UNESCO – durch das Versetzen ganzer Tempel und der archäologischen Dokumentation zahlreicher Friedhöfe und Siedlungen so viel wie möglich zu erhalten.

Als ich Papworth gegenüber erwähnte, dass ich gern im Tal der Könige arbeiten wollte, war er sofort Feuer und Flamme und bot sein Fachwissen für das Projekt an. Dankbar für seine ein Vierteljahrhundert längere archäologische Erfahrung und seine Freundschaft hieß ich Mark an Bord willkommen. Neben anderen positiven Zügen hatte er einen ganz besonderen Draht zu den ägyptischen Arbeitern, die er sehr mochte. Sie wiederum verehrten ihn geradezu und nannten ihn wegen seines grauen Haarschopfes »Abu Rumaadi«, »Vater der Graus«. Als er an unserer dritten Kampagne nicht mehr teilnehmen konnte, hatten unsere Arbeiter Tränen in den Augen.

Archäologische Arbeit kann ziemlich teuer sein. In Ägypten erwartet man von ausländischen Archäologen, dass sie ihre gesamten Kosten von Anfang bis Ende selbst tragen. Man muss also Flugtickets kaufen, Ausrüstung besorgen, Arbeiter anheuern, Fahrzeuge mieten – von Unterkunft und Verpflegung ganz zu schweigen. Ich hatte das große Glück, von einem wunderbaren Ehepaar in Los Angeles unterstützt zu werden, das verschiedene Universitäten mit Studiengängen in Geschichte und vorderorientalischer Archäologie großzügig mit Spenden bedachte. Ein paar Jahre zuvor hatte ich ihnen ein Exemplar meiner Master-Studie zur altägyptischen Seilerei geschickt und ihnen dafür gedankt, dass sie Dr. W.s erste Arbeit in Ägypten finanziert hatten, was zumindest indirekt auch mir zugutegekommen war. Sie luden mich ein und zeigten sich interessiert an meiner Forschung und meinem Werdegang, und dann finanzierten sie sehr großzügig viele meiner Projekte, darunter auch meine erste Grabungskampagne im Tal der Könige, wofür ich ihnen immer dankbar sein werde.

Als die Finanzierung stand, ging es an die Vorbereitungen. Ich beriet mich mit Kent Weeks, einem amerikanischen Ägyptologen, der in Kairo lebt und dort das überaus wichtige und ehrgeizige Projekt leitet, sämtliche Gräber der thebanischen Nekropole zu vermessen und zu kartieren. Natürlich lag ein Schwerpunkt der Arbeiten auf dem Tal der Könige. Kent und sein Team vom Theban Mapping Project hatten alle zugänglichen Gräber dort schon erfolgreich dokumentiert. Als frischgebackener Grabungsleiter brauchte ich jeden Ratschlag, den ich bekommen konnte, und Kent schenkte mir viele nützliche Tipps aus seinem reichen Erfahrungsschatz.

Am 18. Juni 1989 war es dann so weit: Ich reiste endlich nach Ägypten, um mein erstes großes Projekt an einer der spektakulärsten archäologischen Stätten der Welt zu leiten. Sherry und Papworths Frau Linda verabschiedeten uns am Flughafen in Seattle, von wo aus wir nach London starteten, und ich rief mir die Worte von Howard Carter ins Gedächtnis: »Das Tal der Königsgräber – schon der Name ist voller Romantik, und ich glaube, unter all den Wundern Ägyptens gibt es keins, das die Phantasie mehr anregt.« Was für ein großartiges Abenteuer!

In Kairo gingen wir zunächst zum American Research Center und meldeten uns dann bei der Altertümerbehörde, um unsere Papiere in Empfang zu nehmen. Alle ausländischen Expeditionen müssen einen Vertrag unterzeichnen, in dem die erlaubten Ziele und Arbeiten ihres Projekts festgehalten und »die Regeln noch einmal eindeutig klargelegt« sind. Die Büros der Altertümerbehörde befanden sich in einem Hochhaus in einem Stadtviertel namens Abbasia. Schon allein das Gedränge auf den unglaublich vollen Gängen war ein Erlebnis, doch schließlich entkamen wir dem Getümmel und fuhren mit dem Zug nach Luxor weiter, wo weitere Behördengänge auf uns warteten.

Der amerikanische Ägyptologe Otto Schaden hatte uns ein kleines Hotel, das Windsor, am Ostufer des Nils, nur ein paar Häuserzeilen vom Fluss entfernt empfohlen. Die Zimmer waren schlicht, der Preis okay. Morgens gab es ein einfaches Frühstück, und die Küche bot Mittag- und Abendessen auf Bestellung an. Hier stieß auch der ägyptische Archäologe Hisham Hegazy zu uns. Seine Begeisterung war ansteckend – wir freuten uns, dass er eine bis zwei Wochen mit uns arbeiten konnte. Wir gingen einkaufen, besorgten uns ein paar Werkzeuge, darunter einen Besen, und schafften es – wie schon beschrieben – an unserem allerersten Tag im Tal der Könige, das verschollene Grab 60 wieder aufzuspüren.

So spannend die Öffnung eines antiken Grabes auch sein mag – sie ist erst der Anfang der eigentlichen Arbeit. Die erste Aufregung weicht der Mühsal routinemäßiger archäologischer Dokumentation. Man musste das von Plünderern angerichtete Chaos dieser Bestattung sorgfältig sichten und versuchen, aus den Einzelteilen Schlüsse zu ziehen. Das geht nicht so schnell. Der Archäologe hat nur eine einzige Chance, es richtig zu machen. Sobald die Objekte aus ihrer ursprünglichen Position entfernt worden sind, ist ihr Kontext für immer dahin. Im Fall von Grab 60 waren wir mit der seltsamen Situation konfrontiert, dass es keine Garantie dafür gab, dass sich auch nur irgendein Fundstück noch in seinem ursprünglichen antiken Kontext befand. Immer neue Fragen tauchten auf. Der Haufen kleiner eingewickelter Bündel beispielsweise – war er von Howard Carter 1903 aus allen Ecken des Grabes zusammengetragen worden? Oder lagen diese Dinge noch an ihrem ursprünglichen Platz, seit mehr als dreitausend Jahren ungestört?

Bevor wir Grab 60 richtig dokumentieren konnten, mussten wir die großen Felsbrocken wegräumen, die die letzten Stufen verdeckten und den unteren Teil des Korridors blockierten. Einige dieser Felsen wogen mehrere Hundert Pfund, und wir rätselten, wie wir sie aus dem engen Gang herausholen sollten, ohne die Stufen des Grabes zu beschädigen. Unseren verschiedenen »raffinierten« Plänen mangelte es an Durchführbarkeit. Sie wurden gerade beerdigt, als *reis* Ibrahim, der Dorftechniker, mit einem Holzbalken, einem Flaschenzug, Seilen und einem jungen Assistenten auftauchte. Ibrahim schaute sich die Sache gar nicht genauer an. Er stieg in die Grube und legte geschickt Seile um die Felsbrocken, während der Balken oben schräg an eine Felswand gelehnt wurde. Innerhalb von Minuten schwebten die schweren Brocken sanft den Schacht hinauf und schwangen dann zur Seite, um abgeladen zu werden. Papworth und ich waren enorm beeindruckt. Diese Lektion stärkte unseren Glauben daran, was das Geheimnis war, das altägyptische Baumeister befähigt hatte, anscheinend unmögliche Leistungen zu vollbringen: Sie waren schlichtweg Meister der einfachen Technik gewesen. Menschen wie *reis* Ibrahim hatten die Fähigkeit geerbt, mit wenig viel zu erreichen.

Wir brauchten eine Schutztür für das Grab. Ibrahim nahm schnell ein paar Maße und versicherte mir, dass bald ein maßgefertigtes klappbares Stahltor ankommen und eingebaut würde. Gesagt, getan: Das Tor kam und wurde bündig in den Boden des leicht abfallenden Eingangs zu Grab 19 montiert. Wenn man in unser Grab wollte, musste man die Tür hochziehen wie eine alte Falltür, und ein Schloss sorgte dafür, dass kein Unbefugter hineinkam.

Nachdem das Grab gesichert war, konnten wir mit der Dokumentation anfangen. Beginnend am Eingang teilten wir den Korridor der Länge nach in Ein-Meter-Abschnitte und fingen an, alles zu fotografieren und zu sammeln, was wir im Schutt auf dem Boden finden konnten. Dann dokumentierten wir den kleinen Raum an der Seite mit dem Rinderschenkel und dem Haufen Leinenbinden. Die Grabkammer mit der zu jeder Zeit sichtbaren Mumie war faszinierend. Die Mumie wurde als letztes »Objekt« entfernt, nachdem der Rest des Grabes schließlich leer geräumt war. Sie wurde in einen neuen, schlichten Holzsarg gelegt.

Papwort litt, für einen Entdecker eher ungewöhnlich, unter schwerer Klaustrophobie. Einmal besichtigten wir die riesige Chephren-Pyramide auf dem Giza-Plateau, deren Eingang der italienische Abenteurer Giovanni Belzoni 1818 entdeckt hatte. Nach Anerkennung heischend hatte Belzoni eine riesige Inschrift auf eine Wand in der Grabkammer in der Pyramide gemalt. Ich fand, das sei etwas Historisches, das anzuschauen sich lohnte, und schlug Papworth vor, sich das doch einmal anzusehen. Zögernd willigte er ein, den langen, niedrigen Gang hinabzuklettern, der tief in das Innere des Monuments führte. Mark schaffte vielleicht zwanzig Meter, bevor ich seine schnellen Schritte zurück ins Freie hörte. Ich ging weiter bis in die Grabkammer. Als ich wieder an die frische Luft kam, war er nirgends zu finden. Ein Wächter hatte ihn zuletzt in östlicher Richtung in die Wüste laufen sehen. Ich fand ihn schließlich auf der anderen Seite des Plateaus, ruhig und scheinbar nicht ahnend, dass ich nach ihm suchte.

Dagegen schien es ihm nicht viel auszumachen, unterirdisch in den Gräbern des Tals zu arbeiten. Vielleicht wirkten sie aus irgendeinem Grund nicht so beengt, oder vielleicht neutralisierte seine Begeisterung die Phobie. In Grab 60 verbrachte er jeden Tag viele Stunden, oft auf Händen und Knien, und dokumentierte und barg geduldig die dort überall verstreuten Artefakte. Dabei sang er oder redete mit sich selbst. Besonderen Spaß machte es ihm, Szenen aus der *Schatzinsel* zu improvisieren. Er übertrug die Geschichte auf zwei Archäologen, die ein ägyptisches Grab freilegten, und sprach mich mit der rauen Stimme von Long John Silver als »Young Jim« an. Man musste nur hin und wieder »Aye, aye, Käpt'n!« brüllen, damit die Geschichte weiterging. Einmal schrie ich irgendeinen Piratenausdruck ins Grab, als ich etwas vom Eingang holte, und als ich eine Stunde später wiederkam, war der dadurch inspirierte Monolog immer noch im Gang.

Es dauerte nach der Öffnung nicht allzu lange, bis die ersten Gerüchte aufkamen. Die Wiederentdeckung des Grabes war eine Überraschung gewesen, und selbst die ältesten Fachleute vor Ort hatten offenbar keine Ahnung gehabt, dass es sich dort befand. Für Außenstehende sah es so aus, als sei ein junger, unbekannter Archäologe ins Tal spaziert und einfach so über das Grab gestolpert. Natürlich kursierten auch Geschichten über Unmengen von Gold und einen Schatz, ähnlich wie bei Tutanchamun. Tatsächlich waren die Goldfolienreste, die die Grabräuber übersehen hatten, das einzige Gold, das wir fanden. Wenn es je einen Schatz gegeben hatte, so war er schon lange entwendet. Die merkwürdigste Geschichte, die im Umlauf war, lautete, dass zwei Falken über dem Grab ihre Kreise gezogen hatten, als unser Inspektor Mohammed el-Bialy und ich es zum ersten Mal betraten – angeblich ein uraltes Omen.

Der Sonnengott Horus wurde oft in Gestalt eines Falken dargestellt, und der herrschende Pharao galt als seine lebende Verkörperung. Ich hatte natürlich nicht gesehen, was geschah, weil ich ja damals im Grab war, aber die Arbeiter berichteten mir ziemlich ernst davon. Der Eindruck, etwas sei nicht in Ordnung, wurde dadurch verstärkt, dass ich nur ein paar Tage später plötzlich unter schweren Schmerzen zusammenbrach, mich auf dem Boden wand und mir beide Hände an den Kopf hielt. Kent Weeks lieh mir netterweise seinen Fahrer, um mich aus dem Tal nach Luxor zu bringen, wo ich ärztlich behandelt wurde. Man sprach von einem Fluch, besonders als ich in den nächsten paar Tagen nicht zurückkehrte. Ryan hat ein neues Grab geöffnet, so hieß es, und jetzt bekommt er die Quittung dafür. In Wahrheit hatte ich eine schwere Ohrenentzündung, die ich mir wahrscheinlich bei einer Abschiedsparty für Hisham in einem Hotel in Luxor zugezogen hatte. Weil ich vor Müdigkeit beinahe eingeschlafen wäre, war ich spontan in den Pool des Hotels gesprungen, um wieder wach zu werden. Das hatte zwar die gewünschte Wirkung, aber ein paar Tage später musste ich schwer dafür büßen. Ich kehrte zur Grabung zurück, und die Geschichten über einen Fluch verstummten für eine Weile.

Es gibt sehr wenige Beispiele für das, was man vielleicht einen echten altägyptischen Grabfluch nennen könnte. Inschriften aus Gräbern des Alten Reichs bedrohen Grabschänder damit, »wie eine Gans erwürgt« oder von Krokodilen und Schlangen angegriffen zu werden, aber das war es dann auch schon fast. Das Tal der Könige ist natürlich sehr bekannt wegen eines angeblichen Fluchs, der mit dem Grab des Tutanchamun zu tun hat. Angefacht wurden solche Gerüchte durch den frühen Tod von Lord Carnarvon, der Howard Carters Suche nach dem Grab finanzierte. Carnarvon war einer der Ersten, die das Grab betraten, und er starb nur ein paar Monate später in Kairo, nach einer langen Kette von Ereignissen, die mit einem Moskitostich begannen und mit Blutvergiftung und Lungenentzündung endeten. Es waren viele Geschichten im Umlauf, auch die von einer Tafel mit einer Inschrift, die das Leben eines jeden bedrohte, der die Ruhe des Pharao störte. Mehrere Menschen, die das Grab besuchten, starben zufällig tatsächlich kurz danach, weshalb sich die Legende bis heute hält.

Tatsächlich gab es keine solche Tafel. Das Grab von König Tutanchamun war eine Weltsensation, und Tausende Besucher kamen ins Tal der Könige, um es zu sehen. Früher oder später starben natürlich einige von ihnen, und dann wurde die Geschichte vom Fluch wieder hervorgeholt. Außerdem war sie ein guter Stoff für gelangweilte Journalisten auf der Suche nach einer ungewöhnlichen Story.

Der wichtigste Beweis dafür, dass es keinen Fluch gab, ist Howard Carter selbst. Er entdeckte nicht nur 1922 das Grab, sondern arbeitete noch jahrelang darin, entfernte sogar die goldene Maske, Unmengen Schmuck und Amulette von der Mumie. Carter überlebte diese Ereignisse um viele Jahre – er starb 1939 an der Hodgkin'schen Krankheit. Auch die meisten anderen, die mit dem Grab zu tun hatten, wurden nicht sofort dahingerafft. Einige überlebten Carter um mehrere Jahrzehnte. Die Geschichten aber kursieren noch immer, und manche glauben auch daran. Mich wundert daran nur, dass ein todbringender Fluch ein Eigenleben entwickeln konnte.

Wenn heute wirklich noch ein Fluch über dem Tal der Könige liegt, so ist es die unglaubliche Sommerhitze. Wir begannen unsere Arbeitstage um 4.30 Uhr morgens und liefen die Uferpromenade von Luxor entlang zur Fähre, die uns über den Fluss setzte. Es war meist noch recht angenehm, wenn wir mit der Arbeit begannen, doch im Laufe des Morgens verschwand der Schatten allmählich aus unserem Teil des Tals, und es wurde praktisch jede Stunde 5 Grad wärmer. Um 9 Uhr war es 35 Grad heiß, um 10 Uhr 40 Grad und um die Mittagszeit über 50 Grad. Papworth achtete regelmäßig auf die Temperatur. Einmal bemerkte er amüsiert, dass das große Thermometer, das im Tal aufgestellt war, über die Skala, die bei 50 Grad aufhörte, hinausgeschossen war! Die Kalksteinwände des Tals wirkten wie reflektierende Spiegel und brieten alles, was sich darin befand, egal ob Lebewesen oder tote Materie.

Die Sonne saugt das Wasser einfach aus einem heraus. Man kann wochenlang ohne Nahrung überleben, aber nur ein paar Tage ohne Wasser. Kommt die intensive Saharasonne hinzu, schrumpft die Überlebenszeit beträchtlich. Saftige Weintrauben werden zu Rosinen; Ähnliches passiert auch mit dem menschlichen Körper. Die Haut welkt und bekommt Falten, man wird zur menschlichen Trockenpflaume und irgendwann zur Mumie. Die frühesten mumifizierten Leichen aus Ägypten weisen tatsächlich überhaupt keine besondere Behandlung auf. Sie waren einfach in den heißen, austrocknenden Sand gelegt worden. Man findet Haut, die am Knochen haftet, und ab und zu einen intakten Kopf, bei dem das Haar noch an der ausgetrockneten Kopfhaut hängt.

Die Einheimischen würden sich niemals unnötig der Hitze aussetzen. Seit Jahrtausenden leben sie unter dieser höllischen Sonne und ziehen sich entsprechend an (und keineswegs aus), um eine Austrocknung zu vermeiden. Sie suchen Schutz in ihren kühlen Häusern aus Lehmziegeln oder wenigstens im Schatten eines Baumes oder einer Plane. In den einsichtigen Worten von Noël Coward: »Nur tolle Hunde und Engländer gehen in der Mittagssonne spazieren.«

Dehydration ist etwas Grauenvolles. Allein in der Wüste, Kilometer vom nächsten Vorposten der Zivilisation entfernt, habe ich die Auswirkungen am eigenen Leib zu spüren bekommen. Zuerst schwitzt der Körper, um sich zu kühlen, und wenn das nicht funktioniert, wird die Haut trocken. Das Herz schlägt beängstigend schnell, und Übelkeit dreht einem den Magen um. Die körperliche Leistungsfähigkeit sinkt dramatisch, die Wahrnehmung verschwimmt. Natürlich kommen auch ein ausgedörrter Mund und eine furchtbar schmerzende Kehle dazu. Ohne Ruhe, Schatten und vor allem ohne Wasser kann alles innerhalb von Stunden vorbei sein. Die Hitze kann einen immer überraschen, und Papworth und ich versuchten, wachsam zu sein. Wir beklagten uns allerdings kaum darüber, weil wir einfach nur glücklich waren, im Tal der Könige arbeiten zu dürfen.

Zum Thema Flüche nur noch eines: Vielleicht wurde ich tatsächlich von einer Art Fluch getroffen, der von einer realen Mumie ausging – nämlich von der Frau in KV 60! Es war allerdings kein Fluch, der zuschlägt und tötet – es war ein Fluch, der zuschlägt und einem die Karriere zerstört. Hier ist die Geschichte, machen Sie daraus, was Sie wollen.

Papworth und ich beendeten unsere Arbeit im Tal Anfang August, erschöpft, aber begeistert. Auf meinem Weg nach Hause reichte ich bei der Altertümerbehörde in Kairo den geforderten Kurzbericht ein, einschließlich eines Albums mit Fotos der Objekte, die wir gefunden hatten. Das Projekt erregte kein großes Aufsehen, und meine erste größere wissenschaftliche Publikation dazu erschien 1990. Auf einer Ägyptologenkonferenz erzählte mir ein versierter Autor und Redakteur namens Dennis Forbes, dass er eine neue Zeitschrift über alles, was mit dem alten Ägypten zu tun hat, herausgeben wolle. Sie sollte *KMT* heißen (der alte Name Ägyptens, den man als »Kemet« aussprechen kann). Ein Jahr zuvor hatte Forbes einen unterhaltsamen Vortrag zu Leben und Wirken des britischen Ägyptologen Wallis Budge von mir gehört, und jetzt fragte er, ob ich vielleicht interessiert wäre, daraus einen Artikel für sein neues Projekt zu machen. »Ich habe etwas viel Besseres als das!«, antwortete ich und erzählte ein paar Einzelheiten von unserer ersten Grabungskampagne.

Mein Artikel – mit dem Titel »Wer wurde in KV 60 bestattet?« – erschien in der allerersten Ausgabe von *KMT.* Er beschreibt unsere Arbeit ziemlich ausführlich und fasst meine Positionen zusammen. Ich erwähnte eine sehr provokante Idee, die ursprünglich von Elizabeth Thomas stammte und in ihrem Buch *The Royal Necropoleis of Thebes* zu lesen ist: Falls KV 60 je wiedergefunden werden sollte, würde man darin vielleicht die lange verschollene Mumie Hatschepsuts finden.

Hatschepsut! Sie war einer der interessantesten und ungewöhnlichsten Menschen der gesamten Geschichte des Altertums. Als ihr Ehemann, der Pharao Thutmosis II., starb, war der Thronerbe, ihr Stiefsohn Thutmosis III., viel zu jung, um die Pflichten des Herrschers über Ägypten auszuüben. Hatschepsut sprang ein und ließ sich schließlich zum Pharao erklären – eine traditionell ausschließlich männliche Rolle. Ihre Regierung war ziemlich erfolgreich, und Hatschepsut ist bekannt durch beeindruckende Bauprojekte und Expeditionen in exotische Länder. Nach ihrem Tod – allerdings merkwürdigerweise nicht sofort – startete Thutmosis III. eine Kampagne, um die Erinnerung an sie auszulöschen: Er ließ ihren Namen von ihren Monumenten entfernen und zerstörte viele ihrer Statuen. Über seine Motive kann man streiten. Vielleicht war es etwas Persönliches, oder vielleicht wollte er den Präzedenzfall eines weiblichen Herrschers auslöschen. Er baute sogar ein neues Grab im Tal für seinen Großvater Thutmosis I. und bettete ihn aus KV 20 dorthin um. In den Worten von Elizabeth Thomas: »Es ist nur mit äußerster Kühnheit möglich, eine solche Frage zu stellen: War Thutmosis III. so unverschämt, Hatschepsut in diesem einfachen Grab unterhalb ihres eigentlichen Königsgrabes beizusetzen?«

Meine Schlussfolgerung zu dieser Frage lautete damals folgendermaßen:

Zunächst einmal vertrete ich natürlich nicht die Ansicht, dass die Mumie in KV 60 tatsächlich die von Hatschepsut sein muss. Eine solche

Behauptung wäre verfrüht und damit töricht. Die Hatschepsut-Hypo-
these ist nur eine von mehreren Denkanstößen, die von einer vorsichtig
formulierten Frage von Elizabeth Thomas ausgeht, die sich ausgiebig
mit dem Tal der Könige beschäftigt hat. Vielleicht ist es die Mumie einer
weiteren Amme aus der 18. Dynastie oder einer anderen Frau aus dem
damaligen Königshaus. Es ist durchaus möglich, dass wir das nie sicher
wissen werden. Und wenn das unser Schicksal sein sollte oder vielmehr
das der Dame aus KV 60, dann haben wir als Wissenschaftler keine
andere Wahl, als es so hinzunehmen.

Das war immer unsere Schlussfolgerung gewesen. Es gab in dem Grab
nichts, was die Identifizierung der Mumie mit irgendeinem bestimmten
Menschen ermöglicht hätte. Vielleicht würden sich ja irgendwann noch
weitere Hinweise ergeben, wenn wir unsere Arbeit in den nächsten Kampagnen fortsetzten. Und damit war es gut – dachte ich jedenfalls.

Noch im selben Jahr spürte mich ein Journalist von einer der besseren
britischen Zeitungen auf. Es war erstaunlich, wie er mich finden und anru-
fen konnte, als ich es gerade am wenigsten erwartete. Er wollte eine Story
über unsere Arbeit und die Mumie schreiben. Ich gab schließlich meine
Einwilligung, unter der Bedingung, dass er erwähnte, dass wir mit freundlicher Genehmigung der ägyptischen Altertümerbehörde arbeiteten und
dass wir keine sicheren Belege für die Identität der Mumie hatten. Wir
machten ein Interview, und ich lieferte ihm ein Bild der Dame aus KV 60.

Die Geschichte erschien kurz darauf – unter der Schlagzeile »Verloren
geglaubte altägyptische Königin in einfachem Grab entdeckt«. Der Artikel
war mit dem Foto, das ich geschickt hatte, bebildert und enthielt außerdem ein Foto von Howard Carter mit Hinweis auf seine Beziehung zur
Geschichte des Grabes. *Ich war entsetzt.* Der Bericht stellte meine Arbeit
völlig falsch dar, und vor allem hatte mich der Journalist in eine dumme
Situation gebracht: Die ägyptischen Behörden würden nun über eine so
große »Entdeckung« aus den Seiten einer ausländischen Zeitung erfahren.
Es war klar, was jetzt passieren würde.

Die Geschichte wurde von anderen Zeitungen aufgenommen und
schließlich auch in einem großen Artikel einer ägyptischen Zeitung diskutiert, in dem mehrere Archäologieprofessoren meine wissenschaftliche
Legitimation anzweifelten. Obwohl ich damals gerade in Luxor arbeitete,

hatte es niemand für nötig befunden, mit mir Kontakt aufzunehmen und zu fragen, was ich wirklich zu diesem Thema dachte.

In der Zeitung waren auch beide Bilder aus dem ursprünglichen britischen Artikel abgedruckt, doch unter dem Foto von Howard Carter stand in Arabisch: »Donald Ryan: ›Ich bin mir sicher.‹« Rückblickend hätte ich mich vielleicht durch die versehentliche Gleichsetzung geschmeichelt fühlen sollen, aber hier ging es um ernstere Dinge. Der Artikel konnte böse Folgen haben. Also fuhr ich nach Kairo, um Schadensbegrenzung zu betreiben, und gleich hinaus nach Abbasia, um persönlich mit den Verantwortlichen in der Behörde zu sprechen. Ein hoher Beamter befragte mich zu »dieser ganzen Hatschepsut-Sache« und wollte wissen, wo denn mein offizieller Bericht über die letzte Grabungskampagne geblieben sei. Man hätte ihn gut brauchen können, als die Presseanfragen kamen, um die Dinge gerade zu rücken, erklärte er. Der Bericht war unglücklicherweise in einem der Büros verloren gegangen und daher nicht verfügbar gewesen.

Als nächstes flog ich nach London, um den Verfasser des ursprünglichen Artikels zur Rede zu stellen. Mit einer unglaublichen Frechheit antwortete er, dass man die Schlagzeile »verloren geglaubte altägyptische Königin entdeckt« auch ganz anders verstehen könne, als ich das getan hatte. Es wurde bald klar, dass es reine Zeitverschwendung war, auf einen wie auch immer gearteten Widerruf oder eine Entschuldigung zu warten.

Monatelang machte ich mir Sorgen darüber, womöglich nie wieder in Ägypten arbeiten zu dürfen, doch glücklicherweise ging alles gut aus, und ich kehrte noch mehr als einmal in das Tal der Könige zurück. Was die mysteriöse Frau anging, die jetzt in einem Kiefernholzsarg in Grab 60 ruhte, so war ihr »Fluch« nur von kurzer Dauer, und es sollte noch über ein Jahrzehnt vergehen, bis ihre Geschichte überzeugend geklärt wurde.

8

IN DEN FUSSSTAPFEN DES HÜNEN

Es ist zwar kaum zu glauben, aber einer der großen Pioniere der Ägyptologie, wenn nicht der Archäologie überhaupt, war ein Jahrmarktsartist, der vor allem als Kraftmensch auftrat. Nach Ägypten, wo er nach vier Jahren voll unglaublicher Abenteuer viele Spuren hinterließ, hatte es ihn nur zufällig verschlagen. Er hieß Giovanni Battista Belzoni, und unsere Wege sollten sich im Tal der Könige kreuzen, wo man seine Gegenwart noch immer spürt. Er war der erste Europäer, der dort grub, und er entdeckte mehrere Gräber, darunter auch KV 21, ein großes, undekoriertes Grab, das die Mumien zweier Frauen enthielt.

Belzonis Lebensgeschichte ist wahrlich kurios. Er wurde 1778 im italienischen Padua als Sohn eines Barbiers geboren und wuchs zu einem ungewöhnlich großen Mann – manche sprechen von 2,13 Meter, aber es waren wohl eher um die zwei Meter Körpergröße – mit beträchtlicher Masse und gewaltiger Körperkraft heran. Ein Zusammentreffen mit einem solchen Hünen war zweifellos etwas Besonderes, egal ob in den Straßen von Venedig, London oder Kairo.

Über Belzonis Jugendjahre und seine Ausbildung wissen wir nur wenig. Fest steht, dass er um 1803 zusammen mit seinem Bruder Francesco Italien, das durch die Napoleonischen Kriege schwer in Mitleidenschaft gezogen war, verließ, um sein Glück anderswo zu suchen. Das vom europäischen Festland isolierte England schien eine sichere Zuflucht zu bieten, und Belzoni bekam schnell eine Anstellung bei einem Theater in London, wo er Riesen und Ungeheuer spielte und nebenbei seinen Auftritt als Kraftmensch vervollkommnete, mit dem er dann viele Jahre von einem Jahrmarkt zum nächsten tingelte. Als exotischer »Samson aus Patagonien« brachte Belzoni, mit Federn, einer Tunika und Strumpfhosen bekleidet, die Zuschauer zum Staunen. Am Höhepunkt seines Auftritts setzte er sich ein Metallgestell auf die kräftigen Schultern, auf dem elf Freiwillige aus dem Publikum Platz nahmen. Das Gewicht schien ihn so wenig zu kümmern, dass er damit auf der Bühne herumspazieren und obendrein in den Händen ganz locker Fähnchen schwenken konnte. Seine Frau Sarah und sein Assistent James standen ihm zur Seite und sorgten vielleicht auch dafür, dass nur eher kleine und leichte Aspiranten es auf die Bühne schafften, um hinaufgehoben zu werden.

Neben seinen unglaublichen Kraftakten machte Belzoni sich auch einen Namen als vielseitiger Entertainer. Er spielte die Glasharmonika, führte spannende Zaubertricks vor und inszenierte farbenfrohe Wasserspiele. Es war bestimmt ein beeindruckendes Bild, wenn dieser freundliche Riese die kleinen Gläser mit Löffeln anschlug, während zur Melodie Wasserfontänen aufstiegen.

Im Grunde war es auch Belzonis Interesse an der Hydraulik, das ihn nach Ägypten führte. Auf seinen Zirkusreisen lernte er, weit entfernt von seiner Wahlheimat England, einen Abgesandten Mohammed Alis, des Paschas von Ägypten, kennen, der nach technischen Neuerungen suchen sollte, um sein Land zu modernisieren. Belzoni hatte ein Wasserrad neuen Typs entworfen und war überzeugt, dass es die Bewässerung revolutionieren werde. Er ergriff die Gelegenheit und machte sich 1815, mit Sarah und James im Schlepptau, auf den Weg nach Ägypten.

Dort angekommen tauchten die drei in eine völlig fremde Welt ein, und obwohl Belzonis Erfindung offenbar funktionierte, wurde sie letztlich abgelehnt, sodass der Kraftmensch aus Padua ohne Geld und Arbeit fernab der Heimat strandete. Doch dann lernte Belzoni in Kairo Johann Ludwig Burckhardt, einen der größten Erforscher des Nahen Ostens, kennen. Der aus der Schweiz stammende Burckhardt hatte sich als Reisender in der islamischen Welt einen Namen gemacht und war in Gegenden herumgekommen, die damals nur sehr wenige Europäer zu betreten wagten.

Weil er Arabisch sprach und in den Landessitten bewandert war, konnte er inkognito in arabischen Gewändern sogar die heilige Stadt

Mekka besuchen und beobachten, was bisher nur wenige Nichtmuslime gesehen hatten. Heute kennt man ihn vor allem als den Entdecker der antiken Stadt Petra im heutigen Jordanien, die der Dichter John Burgon als die »rosenrote Stadt, halb so alt wie die Zeit« unsterblich machte.

Burckhardt hatte gerade das südliche Ägypten besucht und war sogar noch weiter in den Süden bis nach Nubien hinein gereist. Belzoni staunte über Geschichten von riesigen, im Sand versunkenen Tempeln, Kolossalstatuen alter Könige und einem scheinbar endlosen Strom von bisher unbeachteten Altertümern, die auf ihre Erforschung, wenn nicht sogar auf ihren Abtransport warteten. Ein Freund von Burckhardt, der britische Konsul in Ägypten, Henry Salt, der auserlesene Antiken für sein Heimatland sammeln wollte, beauftragte Belzoni, den Nil nach Süden hinaufzufahren bis ins Gebiet des antiken Theben, des heutigen Luxor, wo er mitten in den Ruinen eines Tempels einen riesigen Kopf und Torso aus Stein finden würde, Reste der Sitzstatue eines einst berühmten Pharao. Die wunderbare Ausführung und das gütige Gesicht des Dargestellten würden die wachsende Sammlung des British Museum in London aufs Schönste ergänzen.

Mit der Erlaubnis des Paschas, die Statue zu bergen, stürzte sich Belzoni voller Tatendrang in dieses Abenteuer, das sich als ziemlich frustrierend herausstellen und ihn mit vielen ungeahnten kulturellen und arbeitstechnischen Eigenheiten der Ägypter des 19. Jahrhunderts bekannt machen sollte. Belzoni fand den Kopf, wie Burckhardt geschildert hatte, in einem Bauwerk, das wir heute als den Totentempel Ramses' II. kennen. Er lag mit dem Gesicht nach oben und »lächelte mich an bei dem Gedanken, nach England gebracht zu werden«, wie Belzoni es ausdrückte. Unter großen Schwierigkeiten und nach wochenlangen Kämpfen gegen das Misstrauen und die Widerstände der einheimischen Behörden und Arbeiter gelang es Belzoni tatsächlich, die tonnenschwere Statue aus dem Tempelbezirk zu holen und sie zentimeterweise auf Rollen zum Nilufer zu transportieren, wo sie für die Reise gen Norden auf ein Schiff verladen wurde. Einige Monate später kam die Kolossalbüste in England an und steht seit dieser Zeit als eines der herausragenden Prunkstücke ägyptischer Steinskulpturen im British Museum.

Nach diesem ersten Erfolg im Jahr 1816 gelang Belzoni in den nächsten drei Jahren eine beachtliche Karriere als Forscher wie auch als Antikensammler in Ägypten. Er reiste weit in den Süden nach Nubien hinein, um die grandiosen Tempel zu erkunden, die Ramses II. bei Abu Simbel in die Felswand hatte bauen lassen, entdeckte den Eingang der Chephren-Pyramide in Giza und unternahm längere Erkundungsreisen an der Küste des Roten Meeres entlang sowie in das Fajjum-Becken und die Libysche Wüste. Unterwegs sammelte er zahlreiche antike Objekte, darunter einen riesigen Obelisken, der wie alles andere schließlich nach Großbritannien verschifft wurde. Für mich am wichtigsten war jedoch, dass Belzoni als Erster im Tal der Könige gegraben hatte.

Seine frühen Versuche führten zur Entdeckung des Königsgrabes von Eje, dem Nachfolger Tutanchamuns. Als er später zurückkehrte, fand er fünf weitere Gräber, darunter das von Ramses I., das des Prinzen Montuherchopeschef (dessen Eingang sich oberhalb von KV 60 befand) und die riesige und reich geschmückte Grabstätte von Sethos I., dem Vater Ramses' II. In seiner Grabkammer stand ein atemberaubender, fast durchscheinender, mit Bildern und Texten verzierter Sarkophag aus Alabaster. Belzoni sowie sein italienischer Zeichner dokumentierten das Grab und seine Dekoration in zahlreichen Aquarellen.

Belzoni war nicht der einzige Europäer, der Antiken für die Museen in der Heimat suchte. Der Konkurrenzkampf war oft gnadenlos, und er hatte ein paar Rivalen, die seine Leistungen für sich beanspruchten, ihn beiseitedrängten und von seinem Einfallsreichtum profitierten. Irgendwann hatte Belzoni genug von den immer drastischeren Drohungen und Spielchen seiner Konkurrenten; 1819 reiste er von Ägypten nach Italien und kehrte 1820 nach England zurück. Dort verfasste er einen Reisebericht unter dem schwerfälligen, doch auch aussagekräftigen Titel *Narrative of the Operations and Recent Discoveries Within the Pyramids, Temples, Tombs and Excavations in Egypt and Nubia: And of a Journey to the Coast of the Red Sea, in Search of the Ancient Berenice; and Another to the Oasis of Jupiter Ammon.* Das Buch war ein Bestseller, es erlebte drei Auflagen und wurde ins Französische, Deutsche* und Italienische übersetzt. Dazu gehörte ein Tafel-

---

* Der deutsche Verlag entschied sich damals für einen schlichteren Titel: *Belzonis Reisen in Aegypten und Nubien nebst einer Reise nach dem Ufer des rothen Meers und nach der Oase des Jupiter Ammon,* Jena 1821. Neu herausgegeben wurde das Werk 1982 (³1990) – allerdings stark gekürzt – unter dem Titel *Entdeckungsreisen in Ägypten 1815–1819 in den Pyramiden, Tempeln und Gräbern am Nil* von Ingrid Nowel.

band mit großformatigen, handkolorierten Abbildungen, die sehr schön illustrierten, was Belzoni so anschaulich beschrieb.

Sein Geschäftssinn als Schausteller hatte ihn nicht verlassen: 1821 eröffnete er eine vielbesuchte Ausstellung ägyptischer Altertümer in London und profitierte dabei von seinem Status als echte Berühmtheit. Es war ihm ziemlich unangenehm, dass man ihn gelegentlich noch als den sagenhaften »Samson aus Patagonien« erkannte, der er noch vor nicht allzu langen Jahren gewesen war, denn er hatte sich ein neues Leben geschaffen – jetzt war er Belzoni, der Forschungsreisende und Altertumskenner.

Nach nur wenigen Jahren in der Stadt spürte Belzoni den überwältigenden Drang, wieder zu Entdeckungen und Abenteuern aufzubrechen. Zweifellos inspiriert durch seinen alten Freund Johann Ludwig Burckhardt machte er sich auf, eines der großen Ziele der Forschungsreisenden im frühen 19. Jahrhundert zu suchen: die sagenumwobene afrikanische Stadt Timbuktu. 1823 startete er zunächst einen erfolglosen Versuch auf dem Landweg. Beim zweiten Anlauf fuhr er mit dem Schiff über das Meer bis zur Mündung eines Nebenflusses des Niger an der Westküste Afrikas. Belzoni drang zu Fuß ins Landesinnere vor, erkrankte aber bald. Innerhalb von zwei Wochen starb er an der Ruhr, ein Schicksal vieler Forschungsreisender in diesem Winkel der Welt.

Belzonis Witwe Sarah gab in ihrer tiefen Trauer eine prächtige Gedenklithografie an ihren Gatten in Auftrag – ein vornehmes Porträt Giovannis in europäischer Kleidung, umgeben von seinen größten ägyptischen Entdeckungen, darunter die Büste Ramses' II., den Obelisken, den Sarkophag Sethos' I. und die Chephren-Pyramide. Es ist eine berührende Huldigung, die mit dafür sorgte, dass Belzoni nicht so schnell in Vergessenheit geriet. Seine legendären Heldentaten wurden immer wieder in den verschiedensten Büchern beschrieben. So ist ihm ein Kapitel in *The Book of Gallant Vagabonds* gewidmet, und er spielt die Hauptrolle in einem englischen Kinderbuch mit dem Titel *The Fruits of Enterprise*. Darin erzählt eine Mutter ihren Kindern die Lebensgeschichte Belzonis, und die zeigen sich von der Hartnäckigkeit und Charakterstärke des Entdeckers pflichtschuldigst beeindruckt. Selbst Richard Burton, einer der größten Entdecker des 19. Jahrhunderts, besuchte Belzonis schlichtes Grab in Benin, als er 1868 seine eigene Expedition ins Landesinnere führte.

Meine erste Begegnung mit Belzoni fand wahrscheinlich auf den Seiten der Zeitschrift *National Geographic* statt, wo seine Rolle bei der Erforschung der Tempel von Abu Simbel in einem Artikel über die Rettung der nubischen Denkmäler vor den steigenden Fluten des Assuan-Stausees Anfang der 1960er-Jahre vorgestellt wurde. Wirklich geweckt wurde mein Interesse allerdings durch ein auf den ersten Blick ganz unverdächtiges Buch mit dem Titel *Die Schätze des Nil. Räuber, Feldherrn, Archäologen* aus der Feder des Archäologen Brian Fagan. Der Autor, der die Sammelwut vieler früher Besucher Ägyptens vor Augen führen will, widmet Belzoni ein ganzes Kapitel unter der Überschrift »Der größte aller Plünderer«. Das Buch bietet keine objektive Einschätzung, sondern fällt anhand einer Zusammenfassung Belzonis eigener Veröffentlichungen bequem vom Schreibtisch aus ein ziemlich blasiertes und hartes Urteil über den Mann und seine Taten.

Fagans Buch rief bei mir allerding nicht wie beabsichtigt Entrüstung hervor, sondern eher das Gegenteil. Ich fand Belzoni unglaublich faszinierend. Mein Vater liebte den Zirkus und die Artisten und hatte diese Liebe an mich weitergegeben. Daher sah ich zumindest im Belzoni der frühen Jahre einen Geistesverwandten. Als ich weiterlas, wurde klar, dass er weithin als »Schänder des Nils« galt – allerdings mit einigen bemerkenswerten Ausnahmen. Stanley Mayes zeichnet in seiner maßgeblichen Biografie *The Great Belzoni* ein ausführliches und verständnisvolles Porträt eines unglaublich klugen, kühnen, einfallsreichen und sehr empfindsamen Mannes mit einem angeborenen Sinn für Selbstdarstellung und echtem Entdeckergeist. Das war der Belzoni, den ich zu finden hoffte, und meine zusätzlichen Forschungen zum Thema bestätigten meine Vermutung. Belzoni war nicht nur *nicht* der brutale Schänder der ägyptischen Vergangenheit – vielmehr kann man sogar beweisen, dass er in manchen Dingen seiner Zeit weit voraus war.

Wenn man liest, was Belzoni in seinem einzigen Buch geschrieben hat, staunt man über die vielen Einzelheiten, die er liefert, einschließlich der mühsam zu lesenden Passagen, in der er die Maße dieser oder jener Kammer auflistet. Und dazu kommen noch die Tafeln, die zu seinem Werk *Narrative* gehören und unter denen sich auch, besonders wichtig für meine Forschungen, eine topografische Karte des Tals der Könige findet. Sie zeigt das Tal aus der Vogelperspektive und vermerkt auch die unterirdischen Anlagen – eine brillante Leistung für die damalige Zeit. Ebenso zeigt seine Querschnittszeichnung vom monumentalen Grab Sethos' I., sogar inklusive Maßstab, eindeutig, dass Belzoni eine zu seiner Zeit wohl einmalige Qualität der archäologischen Dokumentation erreicht hatte. Und all das ist veröffentlicht, jeder, den es interessiert, kann es sich anschauen.

Belzoni zeigte im Übrigen nicht nur ein ungewöhnliches Interesse an archäologischer Dokumentation, er besaß auch ein ausgereiftes, für seine Zeit ebenso bemerkenswertes Interesse an einem breiten Spektrum von Altertümern. Während die meisten Zeitgenossen sich auf die Sammlung von Statuen und dekorierten Objekten wie etwa Särgen konzentrierten, waren Belzoni auch alltägliche Relikte der ägyptischen Vergangenheit wichtig. Ein Katalog der Gegenstände aus seiner Ausstellung beweist, dass er Dinge wie das Stück altes Seil aus dem Grab Sethos' I. ebenso aufbewahrt hatte wie ein einfaches Paar Sandalen. Was ihnen an Pracht fehlte, das machten sie wieder wett, indem sie den Menschen seiner Zeit den Alltag der alten Ägypter näherbrachten.

Aber leider ist das Bild eines riesigen Kraftmenschen vom Jahrmarkt, der nach Ägypten kommt und ebenso riesige Schätze der Vergangenheit aus dem Land verschleppt, einfach ein zu gutes Symbol für die exzessive Plünderung der pharaonischen Kultur im 19. Jahrhundert. Belzoni wurde zum Inbegriff des skrupellosen Schatzsuchers.

Waren Belzonis Methoden so gut wie unsere? Nein, aber das können wir auch nicht verlangen. Bewies er größeren archäologischen Scharfsinn als seine Zeitgenossen? Ganz bestimmt. Sollen wir über die verschüttete Milch des frühen 19. Jahrhunderts jammern, weil wir es heute doch so viel besser machen würden? Natürlich kann man es bedauern, aber man kann es nicht mehr ändern, und wir heutigen Archäologen können nur hoffen, dass zukünftige Wissenschaftler, denen wiederum weitaus präzisere Werkzeuge und Methoden zur Verfügung stehen werden, als wir heute auch nur ahnen können, unsere eigene Arbeit gnädiger beurteilen werden.

Wenn ich auch nur noch den geringsten Zweifel hegte, was Belzonis Fähigkeiten anging, so wurden sie schnell ausgeräumt, als ich im Archiv des Bristol Museum in England einige seiner Materialien untersuchte. Hier befinden sich ein paar Originalgemälde von Szenen aus dem Grab

Sethos' I., die Belzoni in seinen Ausstellungen gezeigt hatte. Außerdem gab es ein Aquarell, das noch nie zuvor veröffentlicht oder kommentiert worden war: Auf diesem Blatt sieht man Belzonis eigene fantastische Zeichnung des großen Tempels von Abu Simbel, ein Querschnitt durch den Berg, in den der Tempel hineingebaut ist, mit all seinen Kammern, komplett mit Maßstab. Das war der klare Beweis für mich, dass Belzonis Können unterschätzt wurde.

Einmal war ich auf Einladung einer Gruppe von Amateur- und Fachhistorikern, der Amici di Belzoni (Freunde Belzonis), zu einem Vortrag in Padua. Noch weit über zweihundert Jahre nach seiner Geburt im Jahr 1778 gilt Belzoni als großer Sohn der Stadt, und die Amici wollten gern etwas über ihren berühmten Mitbürger und auch über meine Arbeit im Tal der Könige hören. Mit Unterstützung eines Dolmetschers hielt ich einen Vortrag, der begeistert aufgenommen wurde, und die Gastfreundschaft, die ich bei meinem Besuch erleben durfte, war wirklich beeindruckend. Man brachte mich zum Geburtshaus des großen Mannes und zeigte mir Memorabilien aus seinem Leben und von seinen Reisen. Am Ende des Vortrags kam aus dem Publikum die überraschende Frage: »Lieben die Amerikaner Belzoni also ebenso wie wir?« Die Frage war ernst gemeint und erwartete zweifellos eine positive Antwort – wer konnte Paduas großen Sohn schließlich nicht lieben? Ich brachte es nicht übers Herz, zu sagen, dass die meisten Amerikaner wahrscheinlich noch nie von ihm gehört hatten und dass diejenigen, die ihn kannten, ihn wohl eher für einen gewissenlosen Plünderer hielten. Also murmelte ich ein paar Worte, die auf so etwas wie ein »Nicht alle verstehen ihn« hinausliefen.

Meine Meinung über Belzoni ist nicht allgemein anerkannt. Bei mehr als einer Gelegenheit habe ich unglaublich wütende Reaktionen erlebt, wenn auch nur sein Name fiel. Aber in den letzten Jahren ist festzustellen, dass das Urteil langsam milder ausfällt. Belzoni war eindeutig ein Kind seiner Zeit, doch wenn man ihn an seinen Zeitgenossen misst, überragt er sie um Längen. Er bewies ein erstaunliches Maß an archäologischem Verständnis in einer Epoche, als dafür noch keinerlei Standards festgelegt waren.

Mein Interesse an einem eigenen Projekt im Tal der Könige war auch von einer Entdeckung inspiriert, die Belzoni dort gemacht hatte, einem

Grab, das heute als KV 21 bezeichnet wird. Das Grab war eins von denen, deren Eingang man nicht mehr sehen konnte, als ich 1983 meinen improvisierten Survey durchführte. In Belzonis *Narrative* fand ich eine faszinierende und interessante Beschreibung des Grabes:

> *Am selben Tag [9. Oktober 1817] stießen wir auf Spuren einer anderen Grabanlage. Wir hatten mit den Grabungen drei Tage vorher begonnen, an einer Stelle, die kaum einhundert Yards von der vordem erwähnten Grabstätte entfernt lag und in dieselbe Richtung wies. ... Sie war sehr groß, und es war nicht ein einziges Wandgemälde vorhanden: Schon die alten Ägypter hatten sie durchstöbert, denn am Ende der ersten Passage stießen wir auf eine Ziegelsteinwand, die den weiteren Zutritt versperren sollte, aber aufgebrochen worden war. Hinter dieser Mauer steigt man eine Treppe hinunter, tastet sich durch einen weiteren Schacht voran und findet am Ende desselben den Eingang zu einem recht großen Raum. Er ist vollkommen kahl, in der Mitte steht eine einzige Säule. In einer Ecke fanden wir zwei Mumien, sie waren nackt, ohne Umhüllungen oder Särge. Es waren Frauen, sie hatten langes Haar, das noch gut erhalten war. Wenn man ein wenig daran zog, löste es sich jedoch sehr leicht vom Kopf. An einer Wandseite führte eine niedrige Tür in einen weiteren, recht engen Raum. Dort stießen wir auf die Überreste verschiedener irdener Gefäße und auf Fragmente von Alabaster-Vasen. Leider waren sie so bröckelig, dass wir die Stücke nicht zusammenzusetzen vermochten. Auf dem oberen Treppenabsatz fanden wir einen nahezu unversehrten Tonkrug. Das mit Hieroglyphen verzierte Gefäß war groß genug, um zwei Eimer Wasser aufzunehmen. Diese Grabstätte misst vom Eingang bis zum Ende des Raumes einhundert Fuß, ihre Höhe beträgt zwanzig Fuß, und sie ist dreiundzwanzig Fuß breit. Die Maße der kleinen Kammer betragen zehn Fuß im Quadrat.*

Auch die Tafeln im Buch zeigen einen genauen Querschnitt des Grabes mit dem dazugehörigen Maßstab.

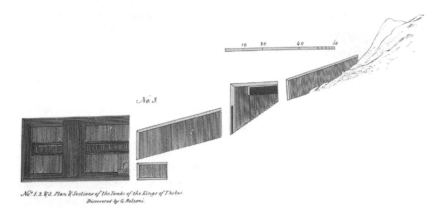

12 *Belzonis Plan von KV 21 (von ihm noch als No. 3 bezeichnet), publiziert 1820, ist sehr genau und zeugt von den Kenntnissen und Fertigkeiten eines frühen Archäologen.*

Zwei weitere frühe Besucher von KV 21 hatten ebenfalls interessante Geschichten über Mumien und Gefäße zu erzählen. James Burton zeichnete 1825 einen Plan des Grabes mit folgenden Kommentaren: »Ein sauberes neues Grab, in das kein Wasser eingedrungen ist. Zwei Mumien, beinahe vollständig erhalten – weiblich – mit etwas Haar auf den Köpfen – Hand und Fuß verdreht – Mumien in kleiner Kammer – Eingeweidegefäße mit Erde zugepfropft – groß – gewöhnliche rote Tongefäße, alle zerbrochen.«

Auch Edward Lane besuchte das Grab um 1826 und schrieb:

Es kann leicht der Aufmerksamkeit entgehen, da es von Schutthaufen umgeben ist, die höher aufragen als der Türsturz. Es entspricht von der Anlage her den meisten anderen; aber völlig ohne Reliefs, da es unvollendet ist. Wir stiegen zunächst einen schräg abfallenden Korridor hinab, dann Treppen und danach noch einen weiteren abfallenden Korridor, an dessen Ende sich eine quadratische Kammer mit einem quadratischen Pfeiler befindet. Auf dem Boden lagen zwei fast entblößte weibliche Mumien. Östlich von dieser Kammer auf derselben Seite wie der Eingang befindet sich eine weitere Kammer, kleiner und mit vielen zerbrochenen Gefäßen ...

Natürlich stammten all diese Beschreibungen aus der Zeit, bevor John Gardner Wilkinson die Gräber des Tals markierte und so die Anfänge des heute gültigen Nummerierungssystems schuf. Belzoni nannte seine neue Entdeckung nur Grab 3, Lane und Burton verwendeten jeweils eigene Ordnungssysteme: Sie schreiben von Grab 5 beziehungsweise von Grab T.

Auch Elizabeth Thomas' Anmerkungen zu diesem Grab in ihrem Werk *The Royal Necropoleis of Thebes* weckten mein Interesse, und 1983 legte ich in einer blauen Mappe eine Akte mit der Aufschrift »Projekt Grab 21« an. Ich nutzte jede Recherchemöglichkeit, auch die archivierten Notizen jener Forscher, die das Grab nach Belzoni besucht hatten, und die Anmerkungen des Theban Mapping Project. Ich schrieb Briefe an Museen und Wissenschaftler und sammelte die Antworten, freute mich über jede neue Information, egal, wie banal oder nebensächlich sie auch schien. Ich malte mir aus, dass KV 21 das Herzstück dessen sein würde, was einmal den Namen Pacific Lutheran University Valley of the Kings Project tragen könnte, und ohne die unerwartete Wiederentdeckung von KV 60 wäre es wohl auch tatsächlich so gekommen.

Im Jahr 1989, als uns Grab 60 ziemlich auf Trab hielt, beschloss ich, trotz allem wenigstens nach dem Eingang von KV 21 zu suchen. Im richtigen Licht konnte man eine kleine flache Vertiefung von nicht einmal einem Meter Durchmesser gerade noch erahnen. Passend zu diesem Sommer der Überraschungen brauchte ich mithilfe des gezielten Einsatzes meiner Kelle nur etwa zehn Minuten, um den lange verschütteten Eingang von KV 21 zu finden. Mit der Vertiefung als kleinem Anhaltspunkt näherte ich mich dem Rand des Hanges, wo ein auffallendes Stück freier Felsboden mich verlockte, hier mit der Suche zu beginnen. Innerhalb weniger Minuten hatte ich eine anscheinend künstliche, rechtwinklige Ecke freigelegt, und kurz darauf folgte die letzte, endgültige Bestätigung unserer Hoffnungen: die Zahl 21, in roter Farbe aufgemalt von niemand anderem als Wilkinson höchstpersönlich bei seinem Survey im Jahr 1827. Das Grab musste also irgendwo dort liegen, irgendwo unter meinen Füßen.

Während die Feinarbeit der Dokumentation und Freiräumung von KV 60 weiterging, ließ ich einen zweiten Arbeitertrupp die Tonnen von Schwemmsand wegräumen, die den Eingang von Grab 21 komplett überdeckten. Nach ägyptischer Tradition (und auch aus praktischen Gründen) durfte ich mich nicht an der körperlichen Arbeit beteiligen, sondern musste mich damit zufriedengeben, das Ganze von einem Holzstuhl aus, ein paar Meter vom Geschehen entfernt, zu verfolgen. Mein Ghettoblaster spielte abwechselnd ägyptische Popmusik und Edvard Grieg, dessen Klavierkonzert in a-Moll sich besonderer Beliebtheit erfreute, wenn die Sonne über dem Tal aufstieg – die ersten Takte unterstrichen die Schönheit der in der Sonne leuchtenden Felsen. Howard Carters Hügel aus Grabungsschutt, unser »Strand«, erwies sich ebenfalls als wunderbarer Aussichtspunkt, vor allem, wenn man aus der Enge von KV 60 wieder ins Freie trat.

Der Trupp aus wenigstens zehn Arbeitern brauchte etwa einen Monat, um den Eingang zum Grab freizulegen. Normalerweise schwangen einer oder zwei von ihnen grobe einheimische Hacken mit breiten Klingen, um damit den Sand in die Körbe zu ziehen, die sie sich zwischen die Füße geklemmt hatten. Die vollen Körbe wanderten zu einer von Arbeitern gebildeten Kette, wurden von Mann zu Mann weiter nach oben gereicht und schließlich durch ein Sieb geschüttet. Die leeren Körbe landeten dann wieder in der Grube, sodass man ständig dumpfe Aufprallgeräusche hörte. Die unten Grabenden, die immer mal wieder von den fliegenden Körben getroffen wurden, schien das nicht weiter zu stören.

Ein paar Mal gab es einen Fehlalarm. Einmal war ich überzeugt, dass wir kurz vor dem Eingang wären, da die vertikale Felsfläche, der wir folgten, sich nach innen einzog. Aber wir waren noch nicht einmal in die Nähe des Eingangs gelangt. Es war eine natürlich gewachsene Formation im Fels, der allerdings endlich in eine künstlich geglättete Oberfläche überging, die sich weiter nach unten fortsetzte. Gleichzeitig fanden wir Stufen – Stufen, die offenbar auch Belzoni nicht bemerkt hatte. Am Ende hatten wir achtzehn Stück freigelegt; vierzehn davon waren in den Fels geschnitten, weitere vier im Schutt darüber angelegt. Als wir tiefer gruben, mussten wir auf beiden Seiten Stützmauern errichten, um einen Einsturz der Seitenwände zu verhindern. Außerdem wurde uns langsam klar, dass wir offenbar eine alte Grube aushoben, die irgendwann einmal zum Eingang des Grabes gegraben worden war und deren Umrisse anscheinend auch auf einem alten Foto sichtbar waren. Die Grube hatte sich im Lauf der Zeit mit vom Wind herbeigewehten Zeitungen und anderem Schutt aufgefüllt. Dadurch konnten wir die letzte Freilegung des Grabes auf die Zeit um 1895 datieren.

Es dauerte, wie gesagt, einen Monat, um den Eingang durch die andauernden Bemühungen unserer Korbbrigade freizulegen. Die Tür des Grabes war überraschenderweise mit Steinen vermauert, zweifellos das Werk eines Protodenkmalschützers aus der Zeit nach Belzoni. Hier waren unsere Grabungsarbeiten erst einmal beendet. Mark Papworth und ich berieten uns. Wir waren mit KV 60 sowohl arbeitstechnisch als auch gedanklich gut beschäftigt – sollten wir KV 21 öffnen oder mit der Erforschung seines Innenlebens lieber bis zum nächsten Jahr warten? Die Diskussion war nur sehr kurz. Papworth wollte unbedingt hinein, und nach nur schwachem Widerstand meinerseits wurde beschlossen, dass wir einen kurzen Blick ins Innere wagen sollten, um für die Planung der nächsten Grabungskampagne wenigstens eine Vorstellung davon zu haben, was uns erwartete. Wir entfernten gerade so viele Steine aus der Mauer, dass ein einzelner Archäologe, nämlich ich, hindurchpasste.

13 Einheimische Arbeiter legen die alten Stufen frei, die zum Eingang zu KV 21 hinabführen. Auf der Innenseite der Mauer ist noch deutlich die „21" zu erkennen – die Benennung geht auf John Gardiner Wilkinsons Nummerierungssystem aus dem Jahr 1827 zurück.

KV 21 zu betreten war tatsächlich ein eindrucksvolles Erlebnis. Wegen dieses Grabes hatte ich ja ursprünglich im Tal der Könige arbeiten wollen; es hatte mich bis in den Schlaf verfolgt. Ich erinnere mich an einen Traum, in dem ich schließlich das Grab betrat, nur um ein Depot von Kent Weeks' Vermessungsgeräten zu finden, die er dort ordentlich abgestellt hatte. »Zeit, sich hineinzustürzen«, meinte Papworth. »Dann also los!« Mit großen Erwartungen und Belzonis Beschreibung im Hinterkopf steckte ich meine Arme durch die kleine Lücke zwischen den Steinen und kroch hindurch. Papworth hielt den Moment im Film fest – man sieht nur die Hacken meiner Stiefel, während ich in das einschüchternde Dunkel des Grabes rutsche.

Ich erinnere mich an ein sehr eigenartiges Gefühl. Obwohl meine Taschenlampe hell brannte, wirkte die Umgebung trüb und beunruhigend düster, als ich weiterkroch. Nervös rief ich Mark etwas zu, aber dann wurde mir klar, warum es so dunkel war: In meiner Aufregung hatte ich vergessen, die Sonnenbrille abzunehmen. Als ich das endlich nachgeholt hatte, wirkte alles schon einladender und interessanter. Auf den ersten paar Metern musste ich über einen Haufen angeschwemmten Sand robben, dann konnte ich auf allen Vieren kriechen, gebückt gehen und mich schließlich aufrichten. Ich wusste durch Belzonis Beschreibung, was vor mir lag. Genau wie er es geschildert hatte, zeigten die Grabwände keinerlei Dekoration. Natürlich hoffte ich, bis in die Grabkammer vordringen zu können und die Mumien, die er beschrieben hatte, unberührt an Ort und Stelle vorzufinden. Leider kam es anders. Bevor ich auch nur das Ende des ersten Korridors erreicht hatte, bemerkte ich etwas, das wie eine Kokosnuss aus dem staubigen Schutt ragte. Es handelte sich um den Hinterkopf einer Mumie, der noch an einem Teil des Torsos hing. Es war ein Hinweis auf das, was mich weiter hinten erwartete.

Dem ersten, leicht abfallenden Korridor schloss sich eine Treppe an, steil und voller Trümmer. Vorsichtig stieg ich auf der rechten Seite weiter hinunter und hielt mich dabei an den Wänden fest. Mein Lichtkreis war klein und meist durch aufgewirbelten feinen Staub getrübt. Auf den Stufen lag ein weiteres Relikt der Grabschändung: ein mumifiziertes menschliches Bein mit einem Teil des Beckens. Die Treppe führte zu einem zweiten Korridor, dessen Boden mit Felsbrocken übersät war – ein deutliches Zeichen dafür, dass Belzonis makelloses Grab seit 1817 von schweren Überflutungen heimgesucht worden war. Am Ende des Ganges lagen einige zerbrochene Lehmziegel, die verrieten, dass die Kammer dahinter irgendwann in der Vergangenheit versiegelt gewesen war, was auch die Gipsspuren rund um die Tür bestätigten.

Mein erster Blick in die Grabkammer zeigte mir, was Belzoni und die Besucher des frühen 19. Jahrhunderts beschrieben hatten: einen viereckigen Raum, der von einem einzelnen Pfeiler beherrscht wurde. An zwei Wänden waren lange Nischen eingelassen, die Regalen ähnelten, ein seltenes Architekturelement bei den Gräbern im Tal der Könige. Während die weißen, mit natürlichen Feuersteinknollen durchsetzten Kalksteinwände nackt und noch nicht für eine Dekoration vorbereitet waren, verrieten einige Streifen an der Decke, dass man hier versucht hatte, Risse zu reparieren; im Gips waren sogar noch die Handabdrücke der altägyptischen Arbeiter zu erkennen. Der Boden hingegen war übersät mit den zerstreuten, zerbrochenen und verrotteten Resten der Grabausstattung. Der feine Sand darauf und der in mehreren Zentimetern Höhe rund um die Kammer laufende »Schmutzrand« von einer Überflutung zeigten, was hier nach Belzonis Zeiten passiert war: Irgendwann war Regen oder Flutwasser in das Grab eingedrungen. Es hatte diesen Raum in einen langsam verdunstenden Teich verwandelt und alles beschädigt, was bis dahin erhalten geblieben war. Und was die beiden Frauen anging, die Belzoni erwähnt hatte, so fand ich immer wieder einzelne Körperteile. Besonders beunruhigend war ein Haufen mit Händen und Füßen, die offenbar irgendjemand aus unbekannten Gründen zusammengetragen hatte.

Ich musste vorsichtig auftreten, während ich diesen deprimierenden Raum untersuchte und dann weiterging, um eine große quadratische Öffnung in einer Wand von Nahem zu begutachten: die erwartete Nebenkammer. Erleichtert stellte ich fest, dass die hohe Schwelle am Eingang diesen Raum vor Wasserschäden geschützt hatte. Doch leider waren andere zerstörerische Kräfte am Werk gewesen. Der Boden dieses kleinen Raums war bedeckt mit den gut erhaltenen Resten von etwa zwei Dutzend großen, schönen, antiken weißen Vorratsgefäßen. Alle waren zerbrochen, ihr Inhalt lag auf dem Boden verstreut. Ein großer, schwerer Felsbrocken inmitten der Scherben deutete an, was passiert war. Man hatte ihn absichtlich in diesen Stapel von Gefäßen geworfen, vielleicht in einem spontanen

Akt sinnloser Zerstörungswut, nur um den Klang zerbrechender Keramik aus der 18. Dynastie zu hören. Ein paar Graffiti an der Decke der Kammer verwiesen womöglich auf den Übeltäter: Zweimal stand dort in Schwarz hingekritzelt »ME!« und das Datum »1826«. Ob diese Buchstaben die Initialen eines gewissen M.E. oder einfach eine kindische Selbstbezichtigung waren, bleibt ein Geheimnis. Jedenfalls wissen wir aus den Notizen von Burton und Lane, dass das Grab zu ihrer Zeit noch zugänglich war und eine unbekannte Zahl von Besuchern damals den Abstieg wagte. Jeder von ihnen konnte sich ungehemmt bedienen und mutwillig alles zerstören, was er sah. Die zerrissenen Mumien, die zerschmetterten Gefäße und die Graffiti zeugten von einer geradezu erschütternden Pietätlosigkeit. Dazu kamen – als Erfüllungsgehilfen der Zerstörung – noch die Fledermäuse, die ihren Dung hier als eine Art letzte, natürliche Schändung hinterlassen hatten.

Ich kletterte aus dem Grab hinaus und beschrieb Papworth, der oben schon ungeduldig auf mich wartete, meine Beobachtungen. Wir besuchten das Grabinnere am nächsten Tag noch einmal gemeinsam. Papworth entsetzte der Anblick der natürlichen und menschlichen Zerstörung des Grabes ebenso sehr wie mich, und wir waren uns einig, dass es eine enorme Arbeit sein würde, KV 21 zu leeren und zu dokumentieren. Wir wussten jetzt einigermaßen, was uns erwartete, also bauten wir eine Metalltür ein, vermauerten sie zusätzlich mit Steinen und wandten unsere Aufmerksamkeit wieder KV 60 zu.

Die Begeisterung jenes ersten Jahres im Tal der Könige dauerte lange an, und ich konnte es stets kaum erwarten, wiederzukommen. Die brutale Hitze und die verschiedenen anderen Widrigkeiten waren nach wenigen Wochen vergessen. Papworth wollte ebenfalls weitermachen, und ich holte für unsere zweite Feldkampagne noch weitere Mitarbeiter ins Team, darunter zwei Studenten und einen Kunstprofessor von der Pacific Lutheran University. Die Studenten sollten sich beim Zusammensetzen zerbrochener Gefäße und Sargteile als große Hilfe erweisen, und der Künstler, Lawrence Gold, schuf hervorragende Zeichnungen der wenigen dekorierten Gegenstände, die wir fanden. Unsere kleine Truppe kam im Mai 1990 nach Luxor, und ich richtete unser Büro inklusive Werkstatt wieder in KV 19 ein, dem nahe gelegenen, wunderbar bemalten Grab des Montuherchopeschef.

14 Während der Arbeiten im Tal der Könige war im reich dekorierten Grab KV 19 das Büro eingerichtet.

Die Arbeit in KV 60 war größtenteils erledigt, und so konnten wir uns in diesem Jahr vor allem KV 21 zuwenden. Wir mussten noch weitergraben, um die Stufen ganz freizulegen, und unsere Arbeiter, gleichmäßig über das steile Gefälle verteilt, reichten wieder ihre Körbe weiter, oft im Rhythmus von einem ihrer traditionellen Arbeitsgesänge. Bald wurde klar, dass die äußeren Stufen des Grabes geschützt werden mussten, da sie sicherlich nicht den Belastungen standhalten würden, sobald wir anfingen, das Innere auszugraben.

Papworth, der die praktischen Talente besaß, die mir abgingen, entwarf eine Holztreppe, die genau über das Original passen sollte. Die einheimischen Zimmerleute, die in einer mittelalterlich anmutenden Werkstatt arbeiteten, bauten diese Treppe nach allen Regeln der Kunst – sie passte perfekt und war noch zwanzig Jahre später in Gebrauch. Papworth bestellte auch bald einen weiteren Aufsatz für die innere Treppe, die nicht nur die brüchigen Kalksteinkanten schützte, sondern auch eine wichtige Sicherheitsmaßnahme für das ständige Kommen und Gehen während der Freiräumung der Grabkammer darstellte. Ich musste lachen, als ich eines Morgens ein Schild entdeckte, das er an der ersten dieser steilen Stufen angebracht hatte: eine Geschwindigkeitsbeschränkung auf 100 km/h inklusive eines Überholverbots für die nächsten drei Kilometer.

Eine weitere Verbesserung war die Installation elektrischer Beleuchtung im gesamten Grab. Wir verlegten ein Kabel an den Grabwänden entlang, und mit der Hilfe der erfindungsreichen Techniker aus dem Tal schlossen wir in gewissen Abständen Glühbirnen an, die ein wunderbares, gut beleuchtetes Arbeitsumfeld schufen. Das Kabel lief etwa hundert Meter durch die Landschaft bis zu einem anderen Grab, das einen elektrischen Anschluss hatte.

Als die äußeren Stufen freigeräumt waren, zeigte sich endlich die ganze Breite des Eingangs, der zum größten Teil mit Steinen vermauert war. Wir ließen die unteren Lagen bis zur Höhe der Schuttfüllung im Inneren stehen. Als ich einmal auf der untersten Treppenstufe saß und die untere Blockierung untersuchte, brach die Hälfte der verbliebenen Mauer zusammen und verfehlte mich nur knapp. Seltsamerweise kamen dabei Blattgoldstückchen zum Vorschein, die wie in Grab KV 60 wohl Überreste der Arbeit antiker Grabräuber waren.

Der erste Gang war bald freigeräumt. Wir fanden nur ein paar Gegenstände im Schutt, darunter eine grob gearbeitete Diener- oder Uschebti-Statuette, wie sie für die Zeit Ramses' VI. typisch war. Da alles andere am und im Grab eine Datierung in die 18. Dynastie nahelegte, musste dieser Eindringling aus der 20. Dynastie mit dem Geröllschutt von außen hereingeschwemmt worden sein – ein im Tal nicht ganz ungewöhnliches Phänomen.

Vom archäologischen Standpunkt aus waren die zweite Treppe und der dazugehörige Korridor kein großes Problem. Wir mussten vor allem eine Menge Steine wegschaffen, entweder in Körben oder einzeln auf den kräftigen Schultern der Arbeiter. Anders war es mit der Grabkammer. Ihr Boden wurde fotografiert und gezeichnet, dann wurden die größeren Felsbrocken entfernt. Wie in Grab 60 legte Papworth mithilfe einer Rolle Schnur und Zahlen auf kleinen Zetteln ein Netz aus 1x1-Meter-Quadraten über den Raum. So vorbereitet gingen wir jedes Quadrat ganz systematisch an, oft von einer freigeräumten Stelle daneben im Sitzen oder auf den

Knien arbeitend. Mit Bürste, Kehrblech und Korb wurden alle auftauchen-
den Gegenstände aufgesammelt und dokumentiert.

Es war eine zermürbende Aufgabe. Obwohl wir eigentlich schon ein
gutes Stück unter der Erde waren, stieg die Temperatur oft auf über 30
Grad, was uns ziemlich lethargisch machte und die Arbeit verlangsamte.
Schlimmer noch war die ekelhafte Kombination aus feinem Sand und
dem beißenden Gestank des Fledermauskots auf dem Boden. Anfangs
hatten wir keine Staubmasken, und als wir sie dann endlich bekamen,
machten sie das Atmen so mühsam, dass wir oft darauf verzichteten. Ich
arbeitete lieber mit einem Baumwolltuch vor dem Mund, aber selbst das
war unter solchen Bedingungen unglaublich stickig. Während unserer
Arbeit in KV 21 wachte ich zweimal nachts in meinem Zimmer mit schwerer Atemnot auf, die mich in Panik versetzte. Mein Herz raste und mein
Leben stand auf dem Spiel. Glücklicherweise schien eine große Dosis
Asthmamittel zu helfen. Dabei habe ich meine Lektion gelernt: Alle weiteren Arbeiten an Gräbern durften danach nicht mehr ohne Staubschutz
angegangen werden.

Die Sicherheit hatte bei unseren Projekten natürlich immer Vorrang.
Bei unserer Wissenschaftlergruppe konnten wir die verschiedenen Vor-
sichtsmaßnahmen relativ leicht durchsetzen, doch bei den einheimischen
Arbeitern bedurfte es mühsamer Überzeugungsarbeit. Einige weigerten
sich, Schuhe zu tragen, selbst wenn sie ihre schweren Hacken gefährlich
nahe an ihren nackten Füßen schwangen, und hin und wieder geschah das
Unvermeidbare. Auch die Gluthitze war immer ein Problem – viele Arbeiter wollten keine Kopfbedeckung tragen. Dieser Streitpunkt immerhin
wurde zumindest teilweise mithilfe von Baseballkappen beigelegt, die wir
der freundlichen Unterstützung durch Quaker Oats und dann den Herstel-
lern von Gatorade verdankten. Ein Jahr zuvor hatte ich nämlich ein paar
Packungen Gatorade in Pulverform mit ins Tal gebracht, und als ein ägyptischer Kollege in der Hitze ohnmächtig wurde, brachten wir ihn an einen
kühlen Ort und mixten ihm ein Glas Gatorade, was ihn schnell wieder auf
die Füße brachte. Als ich nach Hause kam, schrieb ich in der Hoffnung auf
ein paar Gratisproben einen kleinen Bericht darüber an das Unternehmen.
Monatelang hörte ich nichts von ihnen, bis eines Tages ein Lastwagen in
meine Einfahrt fuhr und zehn Fünfundzwanzig-Kilo-Kisten auslud, die
große Tüten des Pulvers enthielten. Zweihundertfünfzig Kilo Gatorade –

wohl ausreichend, um ein Schwimmbad zu aromatisieren, und dazu noch ein Dutzend Kappen mit dem Produktlogo.

Natürlich konnten wir nicht alles mit nach Ägypten nehmen, aber ich verteilte die Tüten zum Transport an meine Grabungskollegen und nahm auch die Hüte mit, die zu einer Art Sammlerstück wurden. Einer meiner Arbeiter aus dem Dorf, ein älterer Herr in den Sechzigern, hatte seine Kappe offenbar verschenkt oder verkauft und wollte eine neue haben mit einer albernen Geschichte, die ein raffinierter Zehnjähriger sich besser hätte ausdenken können. Eine kleine Maus, so behauptete er, sei nachts in sein Haus gekommen und habe sie weggeschleppt. Er erzählte die Geschichte so ernsthaft, begleitet von den entsprechenden dramatischen Gesten der Überraschung und der Verzweiflung, dass ich laut lachen musste. Er bekam einen neuen Hut. Und das Unternehmen stellte uns im nächsten Jahr großzügigerweise noch mehr davon zur Verfügung.

Die Versorgung mit Gatorade war auf Jahre hinaus gesichert, und die Arbeiter mit ihrer Vorliebe für Süßigkeiten mischten es manchmal in einem Tonkrug zu einem klebrigen Sirup an, den sie überaus köstlich fanden. Manche in meinem Team konnten gar nicht hinsehen, wenn die grünglibberige Masse aus dem Krug in durchsichtige Becher geschüttet wurde, die aus den abgeschnittenen Unterteilen von Plastikflaschen bestanden. Die richtig verdünnte Version des Getränks dagegen tat uns gute Dienste, und der Zitronengeschmack erleichterte es uns, die Unmengen Flüssigkeit in uns hineinzuschütten, die wir brauchten, um eine derartige Hitze gut zu überstehen.

Trotz aller Schwierigkeiten gelang es uns, den Boden der Sargkammer von KV 21 freizuräumen. Es fanden sich enttäuschend wenige Objekte, die womöglich Licht auf die Besitzer des Grabes oder auch nur die Art ihrer Grabausstattung hätten werfen können. Wir konnten ein paar bemalte Holzreste zusammensetzen, darunter einige, die den Text einer gängigen Opferformel trugen. Natürlich fehlte gerade der Teil der Inschrift, der normalerweise den Namen des oder der Verstorbenen enthält. Wie bei KV 60 verrieten die Gegenstände im Grab kaum etwas über die Identität ihrer Besitzer.

Der kleine Nebenraum war für uns gleichzeitig ein Vergnügen und eine Plage. Es war schon ziemlich lästig, auf so engem Raum zu arbeiten, und der Anblick der zerschlagenen Töpfe rings herum war bestürzend. Der

Inhalt lag auf dem Boden verstreut; interessanterweise bestand er zu einem großen Teil aus schmutzigen Leinenlumpen und kleinen zugebundenen Beuteln mit Natron, dem weißen wasserentziehenden Salz, das beim Mumifizierungsprozess eingesetzt wurde – beides waren zweifellos Überbleibsel von der Einbalsamierung der Grabbesitzerinnen. In dem Durcheinander lagen auch mehrere Siegel mit dem Stempel der königlichen Nekropole: ein liegender Schakal über neun gefesselten Gefangenen, die die traditionellen Feinde Ägyptens darstellten. Einst waren damit einige der großen Gefäße versiegelt gewesen, deren Stil es ermöglichte, die Bestattung auf die Zeit zwischen der Regierung Hatschepsuts und Thutmosis' IV. in der 18. Dynastie zu datieren.

Mark Papworth fiel die gruselige Aufgabe zu, sich mit den verbliebenen Überresten der beiden Frauen zu beschäftigen. In einer makabren Prozession, beladen unter anderem mit einer Schachtel mit Händen und Füßen, einer langen Plastiktüte mit Bein- und Armteilen und zwei Kartons mit jeweils einem Torso, brachten die Arbeiter die verschiedenen Mumienteile aus Grab 21 zu einem großen Tisch, den wir in KV 19 aufgebaut hatten. Papworth war unbeeindruckt. In seinen Jahren als Gerichtsmediziner und Tatortermittler hatte er so etwas öfter gesehen, wenn auch gewöhnlich in einem frischeren Zustand. Er war also gut gerüstet für das unumgängliche Sortieren der Körperteile. Jedes Teil wurde ausgelegt und dann mit anderen Stücken verglichen. Das Ergebnis war unerfreulich. Eine Mumie hatte ein schrecklich entstelltes Gesicht und einen eingedrückten Brustkorb, bei der anderen fehlte der Kopf völlig. Und von dem langen Haar, das Belzoni beschrieben hatte, waren nur ein paar Locken übrig geblieben. Eine Mumie roch wie schmutzige Socken.

Spannend war vor allem, dass beide Frauen ihre linke Hand in einer Weise geballt hatten, die von vielen als Pose einer königlichen Frau angesehen wird, ganz ähnlich wie bei der Mumie in KV 60. Papworth war auch davon überzeugt, dass, wenn man Fleisch und Bandagen des linken Arms einer der Mumien mit den Resten des Knochens zusammenfügte, der Ellenbogen abgewinkelt war. Dieser Anhaltspunkt konnte vielleicht eine der zahlreichen großen Fragen der ägyptischen Archäologie beantworten: Wo befanden sich all die Bestattungen der vielen namentlich bekannten königlichen Frauen aus der 18. Dynastie und anderen Zeiten des Neuen Reiches? Waren vielleicht einige von ihnen hier direkt vor unserer Nase im

Tal der Könige beigesetzt worden? Der Name »Tal der Könige« ist tatsächlich eine spätere arabische Bezeichnung, die nicht die gesamte Geschichte des Tals erfasst. Wir wissen inzwischen, dass einige Angehörige der königlichen Familien und enge Freunde oder treue Beamte ebenfalls dort bestattet wurden.

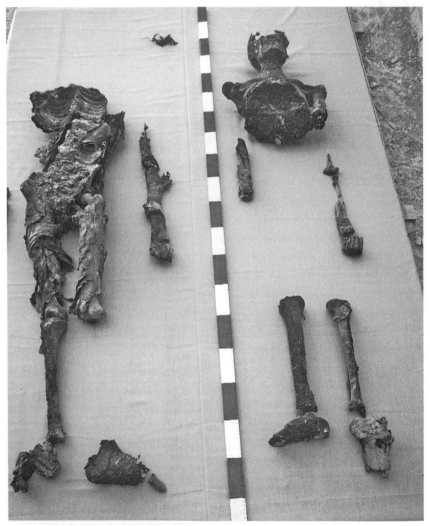

15 Die Überreste der beiden Mumien aus KV 21 sind in erbärmlichem Zustand.

IN DEN FUSSSTAPFEN DES HÜNEN 171

Auch KV 21, das in mancher Hinsicht einem kleinen Königsgrab ähnelt, konnte vielleicht in ein solches Szenario passen. Ich persönlich gehe davon aus, dass im Tal viele Menschen aus dem Hofstaat, darunter königliche Damen – Königinnen und/oder Prinzessinnen – zwischen den Pharaonen bestattet sind, mit denen sie verwandt waren.

Wie bei der Mumie in KV 60 hatte Papworth auch hier einen Holzsarg entworfen, um die Reste der Frauen aus KV 21 darin zu bergen. Die einheimischen Zimmerleute hatten gute Arbeit geleistet, und als der schwere Kasten auf den Schultern mehrerer Arbeiter durch das Tal getragen und die Stufen des Grabes hinabmanövriert wurde, mussten wir daran denken, was für eine seltene Szene sich gerade abspielte, die man hier seit Jahrtausenden nicht mehr gesehen hatte: eine Person, die tatsächlich Bestattungszubehör in ein Grab hineinbrachte statt es herauszuholen. Die namenlosen Mumien wurden ins Grab 21 zurückgelegt, eine auf den Boden des Kastens, die andere auf ein eingezogenes Brett darüber. »Stockbetten«, witzelten wir, aber es war eigentlich ziemlich traurig, als wir die armseligen Überreste der beiden ungefähr in ihre anatomisch richtige Lage brachten und dann den Deckel zuklappten und abschlossen.

Oft stellte ich mir vor, dass Belzoni mir über die Schulter schaute, während ich KV 21 untersuchte. Das Tal mit dem Königsfriedhof muss damals ziemlich einsam gewesen sein und, abgesehen von etwa einem Dutzend offener Grabeingänge, wie eine einfache Felsschlucht ausgesehen haben. Um in dieser Umgebung neue Gräber zu finden, musste man ein Gefühl für die Landschaft und erheblichen archäologischen Spürsinn besitzen. Belzoni hatte beides gehabt und war tatsächlich erfolgreich gewesen, aber nachdem er fünf weitere Gräber freigelegt hatte, war er zu der überraschenden Feststellung gekommen: »Meiner festen Meinung nach gibt es im Tal ... nicht mehr [Gräber], als wir heute infolge meiner letzten Entdeckungen kennen; denn bevor ich diesen Ort verließ, habe ich all meine bescheidenen Fähigkeiten angestrengt, um noch ein weiteres Grab zu finden, aber es gelang mir nicht.«

Die Geschichte hat gezeigt, dass Belzoni mit dieser Einschätzung weit daneben lag – fast vierzig weitere Gräber sind bisher gefunden worden. Aber seine frühen Dokumentationsbemühungen sollte man ihm unbedingt zugutehalten, und er sollte den ihm zustehenden Platz als Pionier der

Ägyptologie und Wegbereiter späterer Archäologen zugesprochen bekommen, der seine Zeitgenossen nicht nur in körperlicher Hinsicht überragte. Der Jahrmarkt hatte einen starken Mann verloren, die Archäologie einen gewonnen.

9

DAS LEBEN ALS AUSGRÄBER

Die Erkundung der Gräber 60 und 21 war spannend und jedes für sich eine echte Herausforderung, aber es gab da noch vier weitere Gräber im Gebiet unserer Konzession, die ebenfalls unsere Aufmerksamkeit einforderten. Die Anlage und der Stil von KV 28, 44 und 45 gehören zu den schlichtesten im Tal der Könige: Ein vertikaler Schacht, der zu einem einzigen, einfachen Raum führt. In Vergleich zu dem, was wir bisher gesehen hatten, schien es uns ein Kinderspiel, sie freizuräumen. Doch stellte uns jedes von ihnen vor andere, oft problematische Aufgaben, die wir unermüdlich in Angriff nahmen. KV 27 mit einem Schacht und vier Kammern voller Schutt, den der Regen angeschwemmt hatte, sollte sich schließlich als das zeitaufwändigste und schwierigste Grab überhaupt erweisen.

Der Eingang zu KV 28 war deutlich zu sehen, die große rote Zahl wies den Weg. Wie bei so vielen anderen, ähnlichen Gräbern im Tal war der Schacht mit Müll vollgestopft – einiges war vom Wind herangeweht worden, vieles andere hatten aber auch ganz offenbar die Angestellten des alten Rasthauses auf der anderen Seite des Hügels dort hineingeworfen. (Das Rasthaus ist schon lange verschwunden, und nach den gegenwärtigen Denkmalschutzbestimmungen ist diese Art von wilder Müllentsorgung absolut verboten und geschieht auch wirklich nur noch sehr selten). Bei meiner ersten Erkundung des Grabes watete ich durch eine Unmenge von Kartons, Zeitungen, Kronkorken und Eintrittskarten aus den vergangenen Jahrzehnten. Immer auf der Hut vor Skorpionen und Schlangen ließ ich mich schließlich in die Grabkammer hinab, einen fast schon geräumigen rechteckigen Saal, etwa 9 x 5,5 Meter groß, mit sauber in den Kalkstein geschnittenen Wänden. Giftige Tiere waren hier offenbar zum Glück nicht anzutreffen. Das Grab machte seltsamerweise den Eindruck, als sei es schon einmal ausgegraben worden. Die Kammer war praktisch frei von Schutt, wenn man von einer Geröllschicht absah. Glänzend schwarzer Ruß an den Wänden verriet, dass jemand im Inneren Feuer angezündet hatte, vielleicht um Müll zu verbrennen oder sogar, um sich in einer kalten Winternacht warm zu halten.

Was die Artefakte betraf, so war hier wirklich nicht viel zu finden – ein paar Stücke Holz, darunter eines mit nicht mehr lesbaren eingeritzten Hieroglyphen. Was es gab, waren Knochen, die Überreste von drei Individuen, sowie ein ziemliches Durcheinander an Mumienbandagen. Seltsamerweise bargen wir einen Grabkegel aus dem Schutt. Diese kegelförmigen Tonobjekte findet man normalerweise im Umkreis von Beamtengräbern auf dem riesigen Friedhof des Neuen Reiches jenseits des Felsrückens. Ihre flachen Böden sind mit Hieroglypheninschriften gestempelt, die die Namen und Titel des Verstorbenen angeben, und ihre Spitze war ursprünglich mit Mörtel über der Eingangsfassade des Grabes eingelassen. Diese Fassaden bestanden meist aus ungebrannten Lehmziegeln und sind deshalb im Laufe der Zeit in sich zusammengefallen, sodass später Tausende dieser Kegel herumlagen. Ihre Inschriften liefern uns wertvolle Informationen zu den Bestatteten, und interessanterweise gibt es viele Kegel zu noch unbekannten Gräbern. Sie sind zudem sehr gut zu transportieren, und deshalb konnte man sie Touristen zum Kauf anbieten, wo immer man sie zwischen den thebanischen Monumenten einschließlich dem Tal der Könige antraf (was heute natürlich streng verboten ist). Grab 28 hatte also in der Neuzeit eine neue Funktion als kleines Depot von Andenkenhändlern des 20., wenn nicht sogar bereits des 19. Jahrhunderts übernommen. Das Nachbargrab 27 diente ähnlichen Zwecken. Einmal ging ich am Eingang vorbei und dachte zunächst, Mark Papworth sei mal wieder in eine lebhafte Diskussion mit sich selbst vertieft; dann aber merkte ich, dass er sich freundlich mit zwei einheimischen Straßenhändlern unterhielt, die zwischen ihren gnadenlosen Feilschereien um die üblichen Postkarten, kleinen Steinreliefs und ähnlichen Krimskrams Schutz vor der Hitze gesucht hatten und in der niedrigen Höhle zwischen Schuttschicht und Decke eingeschlafen waren.

Als wir in KV 28 die Ablagerungen vom Boden des Schachtes wegräumten, entdeckten wir ein Bruchstück einer kleinen Kanope aus Kalkstein (ein Gefäß, in dem die inneren Organe des Leichnams aufbewahrt wurden, die ihr bei der Mumifizierung entnommen worden waren) und die Scherben von ein paar Töpfen. Der Schacht selbst hatte eine faszinierende Besonderheit: In zwei der Wände waren Kerben eingemeißelt, die den antiken Arbeitern als Fuß- und Handhalte gedient hatten. Ich beschloss, sie selbst einmal zu testen. Die Griffe waren minimal, gerade noch ausreichend, und der Aufstieg gelang, wenn man die Beine weit von einer Wand zur anderen spreizte. Meine Erfahrung im Klettern gab mir die nötige Sicherheit, aber ein Ausrutscher hätte sicher dazu geführt, dass man sich zumindest ein Bein brach. Flinke und geübte Arbeiter konnten damals in solchen Schächten zweifellos leicht und sicher hinauf- und hinabklettern.

Einmal abgesehen von seiner Geschichte in der Antike stellte sich auch die Frage nach der archäologischen Geschichte des Grabes. Wer hatte dieses einfache Grab entdeckt und offenbar ja auch »ausgegraben«? Zwei scharfsinnige italienische Wissenschaftler, Patrizia Piacentini und Christian Orsenigo, haben hier offenbar die Antwort gefunden. Vor ein paar Jahren kamen sie zu dem Ergebnis, dass KV 28 und KV 27 im Jahr 1857 von dem berühmten französischen Ägyptologen Auguste Mariette entdeckt und untersucht worden waren. Mariette, der sowohl die Altertümerbehörde als auch das Nationalmuseum in Ägypten gegründet hatte, grub offenbar kurz im Tal, hinterließ aber keine Berichte darüber – jedenfalls sind keine erhalten geblieben.

Trotz der nur spärlichen Funde besitzt KV 28 eine ganz eigene, strenge Faszination. Aufgrund seiner Lage und des Architekturstils kann man es in die 18. Dynastie datieren, was auch die Keramik bestätigt. Interessanterweise wurde auch ein einzelnes Fragment eines Sarges aus Kartonage aus dem Grabinneren geborgen. Kartonage besteht aus mehreren Lagen zusammengeklebter Leinenbinden oder nicht mehr benötigter Papyri, die mit einer Stuckschicht überzogen wurden. Der Stuck wurde anschließend prächtig dekoriert. Unser Fragment, das das Bild einer hübschen Lotusblüte trug, sieht nicht nur schön aus, sondern ist auch ein wichtiger historischer Hinweis. Kartonagesärge sind nämlich typisch für die Zeit nach dem Neuen Reich, vor allem für die 22. Dynastie, und so verweist es darauf, dass das Grab wiederverwendet wurde, lange nachdem das Tal als Königsfriedhof aufgegeben worden war.

Danach widmeten wir uns den Gräbern 44 und 45, die 1901 bzw. 1902 freigelegt worden waren, Letzteres unter der Grabungslizenz des amerikanischen millionenschweren Geschäftsmannes und Rechtsanwalts Theodore Davis. Davis durfte zwischen 1902 und 1914 im Tal der Könige graben und machte einige wirklich phantastische Entdeckungen, darunter das praktisch unberührte Grab von Juja und Tuja, den Schwiegereltern Amenophis' III., eines der großen Pharaonen der 18. Dynastie. Wenn dieses Grab heute entdeckt würde, wäre es eine Weltsensation, doch seine undekorierten Wände und die nur indirekte Verbindung zu einem Pharao machten es damals einfach nur zu einem von vielen interessanten Gräbern in Ägypten. Davis fand auch ein paar echte Königsgräber – zwar alle ausgeraubt, aber immerhin wirklich königlich. Er muss ein tolles Leben geführt haben: Die Winter verbrachte er in Ägypten auf seinem schönen Hausboot auf dem Nil, wo seine Freunde ihn besuchten, und im Sommer kehrte er dann wieder in sein spektakuläres Landhaus in Newport, Rhode Island, zurück.

Davis' bekannteste Entdeckung aber ist und bleibt ein echtes ägyptologisches Mysterium: ein undekoriertes Einkammergrab mit der Nummer 55. Im Inneren wurde eine bunt zusammengewürfelte Mischung von Grabbeigaben gefunden, die offenbar alle mit der Epoche des sogenannten Ketzerkönigs Echnaton in Verbindung standen. Man fand Stücke eines vergoldeten Schreins, der seiner Mutter gehört hatte, kunstvolle Kanopen mit dem Namen einer seiner Nebenfrauen und einen beschädigten Sarg, an dem der Name des Besitzers getilgt worden war. Über das Lebensalter und sogar das Geschlecht der dazugehörigen Mumie wurde viel diskutiert. Einige Forscher sind der Meinung, dass wir hier den Leichnam von Echnaton selbst vor uns haben. KV 55 ist noch immer umstritten und Thema mehrerer Bücher sowie zahlloser Artikel.

Davis heuerte gewöhnlich professionelle Archäologen als Grabungsleiter an. Howard Carter arbeitete einige wenige Jahre für ihn und überwachte neben anderen Projekten auch die Freilegung der Gräber KV 44, 45 und 60 in unserem Konzessionsgebiet. Wir nahmen uns zunächst KV 45 vor. Carter veröffentlichte folgende Beschreibung in den *Annales du service des Antiquités de l'Égypt*:

Es zeigte sich, dass es nur aus einem senkrechten, etwa drei Meter tiefen Schacht bestand, mit einer kleinen Kammer auf der Ostseite am Boden, die eine Bestattung der XXII. Dynastie enthielt, völlig zerstört durch Regenwasser. Beigesetzt waren ein Mann und seine Frau, beide hatten zwei Särge, zwei hölzerne Uschebti-Kisten voller grob mit Modeln geformter Uschebti-Figuren und verstreuter Reste von Blumenkränzen. Die Särge waren offenbar sehr schön gewesen, aber sie waren so verrottet, dass es unmöglich war, etwas zu bergen mit Ausnahme des Gesichts von der Mumienhülle des Mannes. Bei der sorgfältigen Durchsuchung der Überreste der männlichen Mumie wurde ein kleiner schwarzer Herzskarabäus aus Kalkstein gefunden, der die folgenden Namen und Titel trug: Merenchons, Torhüter des Hauses des Amun. An der Mumie der Frau fand man nichts. Aber dies war nicht die ursprüngliche Bestattung: Die Kammer war zu einem Drittel mit Schutt gefüllt, und als wir sie ausräumten, fanden wir Bruchstücke von Kanopen aus Kalkstein, die dem früheren Besitzer gehörten. Sie stammten wahrscheinlich aus der Mitte der XVIII. Dynastie und trugen den Namen »Userhat, Aufseher der Felder des Amun«.

Davis und seine Freunde waren bei der Öffnung anwesend, und einige seiner Begleiter hinterließen Beschreibungen der Vorgänge. Eine gewisse Miss Jeanette Buttles notierte die Bergung einer bunt bemalten hölzernen »Maske« von einem Sarg, mit eingelegten Augen und Augenbrauen. Leider, so schreibt sie, verlor die Maske bald ihre Farben und zerfiel, nicht lange nachdem man sie aus dem Grab geholt hatte. Eine der eingelegten bronzenen Augenbrauen fiel heraus und ging verloren. Ein beigefügtes Foto zeigt Theodore Davis mit Fliege und Gehstock und Miss Buttles im langen viktorianischen Kleid auf einem Stuhl neben dem Grab, das beschriebene Gesichtsteil des Sarges in der Hand. Drei andere Gentlemen stehen in eleganter Pose daneben. Hinter ihnen sieht man den Vorarbeiter, hoch aufgerichtet, mit Fez auf dem Kopf, und seine Männer. Der Notizbucheintrag und das Bild fangen die gängige Haltung dieser Zeit ein, in der ein Hobbyarchäologe die Erlaubnis bekommen konnte, nach Lust und

Laune an einem Ort wie dem Tal der Könige zu graben, einen »Ausgräber« für die Arbeit anzustellen und mit seinen Freunden gespannt auf das zu warten, was wohl ans Licht kommen würde.

16 *Der Boden in der Grabkammer von KV 45 war bedeckt von einem Durcheinander aus Steinen, Knochen und hölzernen Sarkophagteilen.*

Mit diesen Informationen betraten wir KV 45, um zu sehen, was nach Carters Ausgrabung noch übrig geblieben sein mochte. Was wir dort fanden, überraschte und erschreckte uns. Der Boden des Grabes war mit einer dicken Schicht getrocknetem Schlamm überzogen. Ein großer Schutthaufen lag noch immer vor den Wänden. Aus diesem chaotischen Durcheinander ragten menschliche Knochen und viele Holzteile heraus, einige bemalt. Archäologische Sorgfalt war nirgends zu spüren. Allem Anschein nach hatte die Grabungstechnik darin bestanden, die früheren Ablagerungen auf einer Hälfte abzugraben und den Dreck aufzutürmen, um dann mit der anderen Hälfte genauso zu verfahren. Die Holzstücke gehörten zweifellos zu den Särgen, die man keiner Beachtung wert gefunden hatte, weil sie wirklich miserabel erhalten waren. In dem Knochenhaufen mischten sich Überreste des Paars aus der 22. Dynastie sowie der Menschen, die ursprünglich in der 18. Dynastie hier bestattet worden waren.

Der ganze Anblick war entsetzlich, und wir murmelten mehr als nur ein paar abfällige Kommentare über Carters Vorgehen. Zugegeben, er hatte zu Beginn des 20. Jahrhunderts gearbeitet, und zwar als Angestellter eines sehr ungeduldigen Auftraggebers, aber selbst Belzoni hatte ganz offenbar mehr Sorgfalt walten lassen. Glücklicherweise konnte Carter, als er zwanzig Jahre später Tutanchamuns Grab fand, dort wesentlich gründlichere Grabungstechniken anwenden.

Wir räumten KV 45 frei und siebten jede Korbladung, die über die steile Leiter im Schacht hinausbefördert wurde. Fast jede enthielt irgendeinen Überrest der Bestattungen, darunter zahllose Holzstücke, die durch die Überschwemmungen zu krümelnder Holzkohle verrottet waren. Ein paar Stücke trugen Spuren farbiger Dekoration, einige zeigten Wortfragmente aufgemalter Jenseitstexte. Während das Gesichtsteil vom Sarg des Mannes zerfallen war, wie Miss Buttles es beschrieben hatte, hatten wir das Glück, das Gesicht vom Sarg der Frau zu finden, das zwar ebenfalls leicht verrottet war, aber mit etwas Fantasie noch immer Reste seiner früheren Schönheit zeigte. Und was die bronzene Augenbraue anging, die herausgefallen und verloren gegangen war – wir fanden das passende Gegenstück.

Neben den verrotteten Sargfragmenten entdeckten wir mehr als achtzig kleine, grob gearbeitete Uschebtis aus Ton, die mit einem Model geformt und wohl eher in der Sonne getrocknet als in einem Ofen gebrannt worden waren. Carter hatte sie in seinem Bericht erwähnt und offenbar so unansehnlich gefunden, dass er sie einfach auf dem Schutthaufen liegen ließ. Ich dagegen hatte so etwas noch nie gesehen – die meisten Uschebti-Figuren sind aus Fayence (eine hauptsächlich aus Quarzsand hergestellte formbare Masse, glasiert und gebrannt), Stein oder Holz. Viele waren zerbrochen, und manche schienen mit gelber Farbe überzogen gewesen zu sein. Als Diener der Toten wirkten sie ziemlich schwächlich und ihren Aufgaben kaum gewachsen.

17 Dieses leider durch Wasser beschädigte Fragment eines Holzsarges aus der 22. Dynastie zeigt das Gesicht einer Frau. Gefunden wurde es in KV 45.

Wir fanden die Reste von fünf Individuen in KV 45. Zwei von ihnen, ein Mann und eine Frau, waren anders mumifiziert als die drei anderen, also konnte man wohl davon ausgehen, dass sie in den Särgen der 22. Dynastie gelegen hatten, während die anderen zu der ursprünglichen Bestattung gehörten. Theodore Davis behielt die Fragmente der drei Kanopen des Userhat, also des ursprünglichen Grabbesitzers. Sie gelangten schließlich in das Semitic Museum der Harvard University. Solche Eingeweidegefäße kommen eigentlich immer in Viereregruppen vor, und wir fragten uns, was wohl mit der vierten Kanope geschehen war. Dieses Rätsel sollten wir schließlich mehr als ein Jahrzehnt später lösen – und dabei mehr neue Fragen aufwerfen als alte beantworten.

Nur ein paar Meter entfernt liegt KV 44, architektonisch dem Nachbargrab durchaus ähnlich und wahrscheinlich etwa in derselben Zeit angelegt. Wie KV 45 enthielt das Grab offenbar Bestattungen aus der 18. Dynastie und wurde so stark überschwemmt, dass diese frühen Beisetzungen zerstört wurden. Dann wurde es in der 22. Dynastie wiederverwendet, wobei man die späteren Särge ganz ungeniert direkt auf den Schutt der früheren Grablege stellte. Während in KV 45 leider auch die späteren Beisetzungen durch das Wasser zerstört worden waren, fand Carter in Grab 44 einige verblüffend gut erhaltene Objekte. Er selbst schildert seinen Fund so:

Da diese Grabgrube schon dem Reis von Theben-West bekannt war, beschloss ich, sie zu öffnen, was nur zwei Tage Arbeit erforderte. Nachdem der Schutt bis zu einer Tiefe von fünf Metern und fünfzig Zentimetern entfernt war, erreichten wir die Tür der Kammer, und ich betrat das Grab am 26. Januar 1901. Ich fand drei hölzerne Särge, die nebeneinander auf einer Seite der Kammer standen und mit Blumenkränzen bedeckt waren. Diese Särge waren zwar unberührt, aber nicht die ursprüngliche Beisetzung, denn in diesem Grab lag Schutt, der etwa ein Fünftel des Raums einnahm und in dem sich die Reste früherer Mumien ohne Särge oder Grabausstattung befanden. Die Versiegelung der Tür war zwar vollständig, aber sehr flüchtig gemacht; und an der Decke befanden sich zahlreiche Bienennester. Jeder dieser Särge enthielt eine vollständige Mumie und war beschriftet mit dem Namen des Verstorbenen wie folgt, beginnend mit dem Sarg, der am nächsten zur Mauer steht:

Nr. 1. Schwerer Holzsarg, schwarz bemalt, mit grober gelber Ornamentierung und Inschrift mit roter Füllung, darin eine gut eingewickelte Mumie, die nichts bei sich hatte …

Nr. 2. Holzsarg, schwarz bemalt, mit grober gelber Inschrift und Ornamentierung, das Ganze mit einem weißlichen Wachs überzogen, die Augen mit Glas und Bronze eingelegt, darin eine bemalte Kartonage, überdeckt mit einem Tuch, beides mit Bitumen überzogen. Die Mumie ähnelte der von Nr. 1. …

Nr. 3. Grober Holzsarg, darin eine schön bemalte Kartonage mit fleischfarbenem Grund, auf den in Farbe die Ornamentierung und Inschrift aufgetragen waren … Die Mumie war in schöne Bandagen gehüllt, hatte aber nichts an sich außer einem Band aus rotem Leder, dessen Enden mit einer Inschrift bestempelt und gelb gefärbt waren. Sie trugen die Kartuschen von Osorkon I. …

Die intakten Särge wurden aus dem Grab entfernt. »Nr. 3« ist heute im Ägyptischen Museum in Kairo zu sehen. Seine Besitzerin heißt Tjentkererscherit; ihre Gesichtsmaske zeigt ein liebliches, berührendes Porträt einer jungen Ägypterin. Der Verbleib der anderen beiden Särge ist unbekannt.

Die Särge der 22. Dynastie waren zwar nicht mehr vorhanden, doch der Schutt mit den Resten der ursprünglichen Bestattung war uns geblieben. Der Haufen stellte uns zunächst vor ein Rätsel: Es sah aus, als ob er mit Reihen von Lehmziegeln bedeckt sei. Aber dann stellte sich heraus, dass es sich nur um eine Schicht Lehm handelte, der in symmetrischen Abständen Risse bekommen hatte; der dicke, feine Schlamm, der sich bei den Überflutungen abgelagert hatte, ließ beim Trocknen dieses irreführende Muster entstehen. Wir siebten wiederum jedes Gramm Schutt aus dem Grab durch, und dabei war das praktisch völlige Fehlen von Artefakten besonders auffallend. Anders als sein Nachbar KV 45 lieferte dieses einfache Grab nur sechs Gegenstände für unser Fundverzeichnis.

Objekte waren also Mangelware, aber das wurde durch eine Fülle an menschlichen Überresten mehr als ausgeglichen. Was früher einmal mehrere einbandagierte Mumien gewesen waren, hatten Wasser und Schlamm zu einer großen Masse einzelner Knochen reduziert. Der Anthropologe unseres Projekts, mein früherer Professor Daris Swindler, stellte in einer ersten Übersicht fest, dass es sich hier um mehrere Individuen handelte, darunter auch Jugendliche und einige Kinder. Jahre später, als Jerome Cybulski sich die Knochen noch einmal genauer ansah, kam er zu einem erstaunlichen Ergebnis: KV 44 enthielt die Überreste von dreizehn Individuen – acht Säuglingen, einem sechs oder sieben Jahre alten Mädchen und vier jungen Frauen um die zwanzig. Was war geschehen? War dies ein Familienbegräbnis, bei dem man die einzelnen Mitglieder jeweils nach ihrem Tod beigesetzt hatte? Oder hatte hier irgendeine Katastrophe, vielleicht eine Seuche gewütet, die tragischerweise alle gleichzeitig dahingerafft hatte? Jedenfalls wartet hier noch eine Geschichte auf uns, die näher erforscht werden muss.

Die Situation in KV 27 schließlich ließ die Arbeit in den anderen Gräbern fast wie einen Spaziergang erscheinen. Der Grabschacht war größtenteils mit Erde und Müll und die vier Räume fast bis zur Decke mit den Ablagerungen zahlloser Überschwemmungen gefüllt. Es war eine abschreckende Aufgabe, und wir hatten sie uns absichtlich bis zuletzt aufgehoben – wir zögerten das Unvermeidliche einfach noch ein bisschen hinaus. Zudem bewachte eine Zeit lang eine bösartige Hündin den Eingang, die ihren Wurf Welpen in einer der hinteren Kammern vor Eindringlingen schützen wollte. Deshalb mussten wir jedes Mal einen weiten Umweg um den Grabeingang machen, wenn wir vermeiden wollten, dass sie wie ein zähnefletschendes Ungeheuer auftauchte und uns bedrohte. Wir beobachteten, dass die Hündin das Grab wenigstens zweimal am Tag verließ, um Essensreste von den Touristen beim alten Rasthaus zu erbetteln, und irgendwann beschlossen wir, dass es so nicht mehr weiterging. Als sich Mama also zum Mittagessen aufmachte, betraten wir das Grab und sammelten die Welpen ein. Ein paar unserer jüngeren Arbeiter erklärten sich bereit, sie mit in ihr Dorf zu nehmen und sie, was in Ägypten eigentlich nicht üblich ist, als zahme Haustiere aufzuziehen. Mama kehrte natürlich zurück und war ein paar Tage lang – verständlicherweise – unglaublich aggressiv. Aber ganz zweifellos war schon der nächste Wurf unterwegs, und sie verzog sich schließlich. Vielleicht hatte sie eine neue Zuflucht in einer anderen verlassenen Höhle gefunden.

Wir machten Sondagen in allen vier Räumen von KV 27, um die Tiefe der Ablagerungen zu bestimmen und das weitere Vorgehen zu planen. So konnten wir auch eine Karte des Grabinneren zeichnen. Eine der Testgruben, in einem Raum, den wir mit C bezeichneten, erbrachte eine Auswahl an Keramik, die zumindest eine vorläufige Datierung lieferte – wie erwartet stammte das Grab aus der Mitte der 18. Dynastie, was in etwa mit unseren anderen Gräbern zusammenpasste. Aber in Anbetracht seiner chaotischen Verfüllung sollte es fast vier Kampagnen dauern, bis wir KV 27 freigeräumt hatten.

1993 beschlossen wir, dem Thema Konservierung im Tal ein paar Wochen zu widmen. Die Möglichkeiten zur Erhaltung der Gräber wurden damals überall ausgiebig diskutiert, und auch wir wollten unseren Beitrag leisten. Leiter der Bestandaufnahme war John Rutherford, ein Statiker, der schon Ende der 1970er-Jahre im Tal gearbeitet hatte und die Gegend sehr gut kannte. Man muss, wenn es um die Beschädigung von Gräbern geht, verschiedene Komponenten beachten, aber die durch Überschwemmungen hervorgerufenen Schäden waren sicher die bedrohlichsten überhaupt. Das Tal ist im Grunde ein großes natürliches Entwässerungssystem, und bei den seltenen Wolkenbrüchen über den thebanischen Bergen können sich wild tobende Sturzbäche in die unterirdischen Gräber ergießen. Mithilfe von Vermessungsinstrumenten überwachte Rutherford unsere Kartierung des Talrandes und notierte hydrologische Muster, um unsere Auswertungen zu untermauern.

Wir entwickelten ein Formular, mit dessen Hilfe wir die Bedrohung jedes Grabes durch verschiedene potenziell zerstörerische Naturgewalten, darunter auch Überschwemmungen, bewerten konnten. Dazu besuchten wir fast jedes zugängliche Grab im Tal, große wie kleine, und einige, darunter auch KV 60, wirkten relativ geschützt. Im Vergleich zu anderen – darunter auch KV 7, das Grab des großen Pharaos Ramses II. – erschien die Verwüstung in Grab 27 fast unerheblich. Ramses' Grab ist riesengroß, und wer es erkunden wollte, musste sich durch bis zur Decke verstopfte Korridore und Kammern vorarbeiten. Die einst wunderbar bemalten Wände sind durch den feinkörnigen Schlamm der Überschwemmungen abgerieben worden. Im Schutt konnten wir bemalte Verputzteile erkennen, und schon der Gedanke daran, ein Grab von solcher Größe und in diesem Erhaltungszustand freiräumen und dokumentieren zu müssen, flößte uns Respekt ein. Die Grabkammer selbst, ein großer Saal mit Gewölbedecke und brüchigen Pfeilern, bot einen traurigen und tief bewegenden Anblick. Zwei der atemberaubendsten erhaltenen Gräber in Ägypten gehörten Ramses' Vater Sethos I. und Ramses' Gemahlin Nefertari. In seinem ursprünglichen Zustand überragte KV 7 beide wahrscheinlich noch an Schönheit, doch die Natur war stärker als der berühmte Pharao und verwüstete sein Grab völlig. (Glücklicherweise hat inzwischen ein französisches Team die immense Last geschultert und sich des Grabes angenommen, es dokumentiert und konserviert, was noch zu retten war.)

Sorgen machten auch die hier und da in den Gräbern auftretenden Risse. In den dekorierten Gräbern können solche Risse die schönen Wandmalereien schädigen und im Extremfall dazu führen, dass Pfeiler und Decken einstürzen. Auch Wasser kann dabei eine wichtige Rolle spielen, da die Kalksteinfelsen des Tals und die darunterliegenden Tonschieferschichten sich bei Regen oder Überschwemmungen vollsaugen und quellen. Der Prozess des Durchfeuchtens und Quellens und des anschließenden Trocknens und Reißens kann ein Grab irgendwann zerstören. Wir installierten zur langfristigen Beobachtung »Rissmonitore« in drei unserer Gräber. Das sind Vorrichtungen, die direkt über einem Riss angebracht werden. Sie bestehen aus einer Grundplatte mit einem haarfeinen Messgitter und einer überlappenden Deckplatte mit andersfarbigem Kontrollgitter, das jede Veränderung des Risses anzeigt.

Im Jahr 1994, gerade ein Jahr nach unserer Erhaltungsstudie, passierte genau das, was man schon lange befürchtet hatte: Eine Flutwelle wälzte sich durch das Tal. Natürlich kam es zu Schäden (wenn auch nicht in den Gräbern, die wir untersuchten), und man begriff das Ereignis als Lehre und Warnruf. Danach sind viele Grabeingänge gesichert worden, und ein beeindruckender Konservierungsplan für das Tal der Könige wird Stück für Stück umgesetzt. Vieles dabei ist der Zusammenarbeit des Theban Mapping Project und der ägyptischen Altertümerbehörde zu verdanken. Die Mitglieder des Mapping Projects arbeiteten jahrelang an der Vermessung des Tals, sammelten alle bekannten Daten zu den Gräbern, überwachten ihren Erhaltungszustand und erleichterten so die Entwicklung einer sorgfältigen langfristigen Strategie. Damit haben die noch immer sehr gefährdeten Gräber des Tals eine größere Überlebenschance als je zuvor.

Damit niemand auf die Idee kommt, das Leben eines Ausgräbers im Tal der Könige bestehe nur aus Arbeit und Hitze: Es gibt reichlich zu tun in der Freizeit, die man ja schließlich auch noch hat. Ich selbst erkunde gern die unzähligen antiken Monumente in der Region um Luxor, und besonders gern wandere ich in den Wüstenbergen. Mein Lieblingsausflug führt zum pyramidenähnlichen Gipfel »el-Qurn«, der sich hoch über dem Tal der Könige erhebt. Die Aussicht von da oben ist atemberaubend: der krasse Gegensatz zwischen Ackerland und Wüste, der Nil, der die Stadt Luxor von den Dörfern und Äckern im Westen trennt. Die öden Wüstentäler im Westen, ein koptisches Kloster im Süden und das Tal der Könige im Norden. Viele der großen Bauwerke auf dem Westufer sind zu sehen, und jenseits des Stroms erblickt man die gewaltigen Tempel von Karnak.

Es gibt verschiedene Wanderwege in den thebanischen Bergen, von denen einige ziemlich beliebt sind. Dort sind ganze Scharen von Touristen auf Eseln unterwegs. Irgendwann einmal hatte ich es mir in den Kopf gesetzt, auch einen Esel zu besitzen und aufzuziehen. Ich fand ein nettes kleines Kerlchen, das für fünfundzwanzig Dollar zu haben war, und brachte es auf dem Hof von zwei jungen Brüdern unter, die bei uns arbeiteten. Ich nannte den Esel Monkeyshines, und er war, wie die meisten jungen Tiere, wirklich niedlich. Allerdings war er viel zu klein, um auf ihm zu reiten, und so hatte er ein leichtes Leben – anders als viele seiner schwer arbeitenden Artgenossen, die Reiter tragen oder Wagen ziehen müssen. Nun hatte ich mir aber eine Jungfernreise hinüber zum Tal der Könige in den Kopf gesetzt, doch die Entfernung vom Dorf zum Ausgangspunkt des Weges war ein bisschen weit für den vierbeinigen Anfänger. Mein Fahrer Shattah weigerte sich, als ich vorschlug, dass wir Monkeyshines ein paar Kilometer in seinem neuen Lieferwagen mitnehmen könnten. »Er wird das Auto völlig einsauen!«, jammerte er, aber irgendwann hatte ich ihn überredet. Es dauerte nur wenige Minuten, bis Shattahs schlimmste Befürchtungen wahr wurden.

Monkeyshines war ein guter Kumpel und schien das Wandern in den Bergen zu genießen. Als wir wieder unten im Tal ankamen, hatte Shattah das Auto abseits der Straße geparkt, weil er Angst hatte, potenzielle Passagiere könnten sehen, wie wir den Esel wieder in den Lieferwagen luden.

Am Ende der Grabungskampagne sagte ich meinem kleinen Kumpel Adieu, nur bis zum nächsten Jahr, wie ich dachte. Doch als ich wiederkam, war er weg. »Wir haben ihn gegessen!«, behaupteten seine jungen Tierpfleger grinsend. Das allerdings nahm ich ihnen nicht ab – niemand in Ägypten isst Eselfleisch. Ich glaube, sie haben ihn verkauft oder eingetauscht, für etwas, das sie unbedingt brauchten.

Wem Wanderwege, Esel, Gräber und Tempel immer noch nicht reichen, dem bleibt die Stadt Luxor, eine ganz eigene Welt mit ihren Geschäftsstraßen und vielen guten Hotels. Von der Stadt am Ostufer aus kann man über den Fluss hinweg gen Westen ein völlig anderes Land voller Dörfer, Felder und antiker Friedhöfe sehen. Unmengen von Kreuzfahrtschiffen machen an der Uferpromenade, der »Corniche«, fest, manchmal vier Stück nebeneinander, und die Touristenbusse spucken ihre Ladung aus oder sammeln sie wieder ein.

Luxor ist eine Stadt mit zwei Gesichtern: die Touristenstadt Luxor und die typisch ägyptische Stadt Luxor. In der ersten Funktion kann sie ebenso nervenaufreibend sein wie das Giza-Plateau, mit aggressiven Taxi- und Autofahrern, Souvenirverkäufern, Gastwirten, Schuhputzern, Erdnussverkäufern und Schiffsverleihern, die alle die Aufmerksamkeit auf sich lenken wollen. Manche folgen jedem, der wie ein Ausländer aussieht, gnadenlos und bedrängen ihn minutenlang – die Technik scheint zu funktionieren, sonst wäre sie wohl schon längst ausgestorben. So lästig man sie auch finden mag, die meisten versuchen nur, ihren Lebensunterhalt zu verdienen, und da sie genau wissen, dass der Durchschnittstourist maximal ein paar Tage in der Stadt verbringt, müssen sie ihre Chance schnell ergreifen. Außerdem sind manche Souvenirs wirklich hübsch, es gibt zahllose Orte, wo man wunderbares Essen bekommt, und gut geputzte Schuhe nach einem langen Tag in den staubigen Tempeln können eine therapeutische Wirkung haben. Im Grunde sind viele dieser Nervensägen ganz nett, wenn man sie mal näher kennenlernt.

Was die Touristen angeht, so findet man unter ihnen alles von respektvoll bis strohdumm. Manche versuchen wirklich, sich mit der lokalen Kultur bekannt zu machen und so viel wie möglich bei ihrem Aufenthalt in Ägypten zu erfahren. Andere betrachten das Ganze offenbar als eine Art Pharaonen-Freizeitpark, wo man sich die Sehenswürdigkeiten mal kurz anschaut und sie dann für die nächste Attraktion auf der langen Liste wieder beiseiteschiebt. Manche verlassen ihr Hotel nur selten und verbringen ihre Zeit mit Sonnenbaden am Pool. Das kann man überall, in Luxor jedoch kann man direkt vor der Tür einzigartige und faszinierende Dinge sehen, die es an keinem anderen Ort der Welt gibt.

Mein Grabungsteam und ich mieteten ab und zu etwa eine Stunde vor Sonnenuntergang eine Feluke – ein traditionelles Segelboot aus Holz. Bei günstigem Wind wird ein großes dreieckiges Segel gehisst, oft von einem Jungen, der den Mast hinaufklettert, während der Kapitän das Ruder übernimmt. Bei der Überfahrt zum Westufer kann man dann ruhig am grünen Ufer entlanggleiten und die reichen Vogelbestände bewundern, die sich auf die Nacht vorbereiten. Die Sonnenuntergänge sind spektakulär. Der Anblick entschädigt selbst für den schwierigsten Arbeitstag. Nicht immer sind die Bedingungen optimal, und manchmal flaut der Wind ab und die Feluken treiben mit der Strömung nach Norden. Dann werden sie von einem Motorboot eingesammelt, das eine ganze Kette von gestrandeten Booten ins Schlepptau nimmt.

In Luxor gibt es einen Felukenkapitän, der den Spitznamen »Shakespeare« trägt. Die englische Literatur ist sein Steckenpferd, und er kann den Meister selbst ebenso zitieren wie viele andere bekannte Autoren. Zudem ist er ein Meister der Akzente, vom Cockney bis zum Cowboy-Slang, und wenn man in der richtigen Stimmung ist, kann eine Reise auf dem Nil mit ihm ebenso unterhaltsam wie schön sein. Manchmal landet man sogar auf Banana Island.

Im Laufe der Jahre hat man mir oft Bootsfahrten zur sagenhaften Bananeninsel angeboten, die angeblich im Fluss direkt südlich von Luxor liegen sollte. »Was gibt es da zu sehen?«, fragte ich, und jedes Mal wich man meiner Frage aus, mit einem Lächeln, einem Zwinkern und einem Nicken. Obwohl ich nie jemanden kennengelernt hatte, der dort gewesen ist, wurde immer wieder angedeutet, dass es ein wilder Ort sei, wo die normalen gesellschaftlichen Regeln nicht gelten. »Also«, fragte ich oft, »was gibt es denn nun wirklich auf Banana Island zu sehen?« »Bananen, mein Freund, Bananen!« Lächeln, Blinzeln, Nicken.

Eines Tages beschlossen wir, uns das selbst anzuschauen, und mieteten ein Motorboot, das uns ans Ufer der Insel trug. Dort begrüßte uns der »Bürgermeister der Bananeninsel« mit einem breiten, zahnlosen Grinsen und einer ausgestreckten Hand, in die wir unser »Eintrittsgeld« legten. Wir wurden in einen kleinen, oben offenen Verschlag geführt und sollten dort warten. Bald tauchte ein schlecht gelaunter Jugendlicher unter den Bäumen auf und warf uns mürrisch eine frisch abgeschnittene Bananenstaude vor die Füße. Dann stapfte er wieder davon. Zwei Hunde tauchten aus dem

Nichts auf, machten sich über die Bananen her, rissen sie ab, schälten und fraßen sie, während wir zuschauten. Wir schlossen uns ihnen an – die Bananen waren köstlich. Danach machten wir einen Spaziergang rund um die Insel und erfuhren endlich die Wahrheit: Banana Island ist genau das, was man uns gesagt hatte – eine einzige große Bananenplantage. Aber wir werden unser Geheimnis wohl für uns behalten und es die anderen selbst herausfinden lassen. »Oh ja, wir waren auf Banana Island!« Lächeln, Blinzeln, Nicken. Jaja, die Sonne geht unter und wieder auf – ein neuer Tag in Luxor bricht an.

Wenn man aus Ägypten nach Hause zurückkommt, fällt man oft in ein tiefes Loch, und manchmal hat man das Gefühl, dass die Arbeit gar kein Ende nimmt. Man muss Berichte schreiben, unterrichten, sich um Familienangelegenheiten kümmern und ein paar Sachen am Haus reparieren. Die Daten der Kampagne müssen analysiert und veröffentlicht werden, da die Forschung auf solchen Gebieten wie der Ägyptologie relativ nutzlos ist, wenn die Informationen nicht weitergegeben werden. Traditionell publiziert man die Ergebnisse seiner Forschungsaktivitäten in den einschlägigen Zeitschriften. Bevor eine offizielle Publikation vorliegt, werden neue Erkenntnisse oft auf Tagungen präsentiert, wo die verschiedenen Akteure, Konkurrenten, Neulinge und Schreibtischarchäologen zusammenkommen, um die allerletzten Neuigkeiten zu hören. In Nordamerika ist das Jahrestreffen des American Research Center in Egypt die wichtigste Tagung. Sie zieht mehrere Hundert Vortragende und Zuschauer an, die drei Tage lang reden und zuhören.

Die Vorträge oder »Papers« bilden im Grunde das Herz solcher Treffen. Im Zwanzig-Minuten-Takt wird ein ständiger Strom solcher Papers vorgetragen, organisiert nach Themen und in mehreren gleichzeitig stattfindenden Sektionen in nebeneinanderliegenden Hörsälen. Das Ganze gleicht dem geschäftigen Treiben in einem Bienenstock. Das Publikum ist immer auf dem Sprung, um die jeweils ausgewählten Vorträge zu hören, die man vorher sorgfältig im Programmheftchen markiert hat wie einen Wettschein beim Pferderennen. Man muss sich entscheiden: Soll ich mich über die letzten Entdeckungen in El-Hibe informieren oder doch lieber über neue Gesichtspunkte zum Gott Osiris?

Mark Papworth regte sich gelegentlich darüber auf, wie sich die Wissenschaft auf solchen Konferenzen oft präsentierte. »Das Zelebrieren von kleinsten Details!«, erklärte er höhnisch. »Die Verherrlichung des Trivialen!« Es ist oft faszinierend, die Größen des eigenen Fachs zu treffen, von denen einige brillante Vorträge halten, während andere Wissenschaftler einfach nicht in der Lage sind, ihre Sache angemessen darzustellen. Manche der besseren Präsentationen sind lebhaft und unterhaltsam, egal wie tiefschürfend das Thema gerade ist. Ich versuche stets, den Spaß und die Begeisterung zu vermitteln, die ich bei meiner Arbeit empfinde, in der Hoffnung, dass die Menschen mit dem Gefühl hinausgehen, dass die zwanzig Minuten, die sie mit mir verbracht haben, es wert waren, dass sie etwas gelernt und sich vielleicht sogar amüsiert haben. Die meisten Tagungsbeiträge fallen in die Kategorie »kompetent«. Die Referenten legen ihr Thema gut dar, selbst wenn es absolut am Rande liegt. Ich habe allerdings auch schon einige echte Katastrophen erlebt – zum Beispiel einen Studenten im höheren Semester, der unbedingt einen beeindruckenden ersten Vortrag halten wollte, dann aber vom Moderator gestoppt wurde, weil seine Dias völlig durcheinandergeraten waren.

In einer Konferenz, die ich als Moderator leitete, tauchte einmal eine Referentin auf, die die Bilder zu einem völlig anderen Vortrag dabeihatte. Das merkte sie allerdings erst, als sie schon fünf Minuten geredet hatte. Und dann gibt es Typen, die einfach nicht aufhören, wenn ihre Zeit um ist. Sie treten mit einem stundenlangen Vortrag an, den sie in fünfzehn oder zwanzig Minuten zu pressen versuchen, indem sie so schnell und unverständlich wie möglich reden. So etwas erlebt man immer wieder. Mein erster Vortrag bei einer Konferenz behandelte das Thema »Seile« – was sonst. In meiner Sektion war auch ein Kollege, der über antike Körbe aus römischer Zeit arbeitete.

Doch die Vorträge sind nur ein Teil der Konferenz. In Anbetracht der oft beträchtlichen Kosten für Reise und Teilnahme bieten die sozialen und beruflichen Kontakte, die man bei solchen Gelegenheiten knüpfen kann, vielleicht den größten Gegenwert. Man fragt um Rat, tauscht Insiderwissen aus, schmiedet Pläne. Studenten bekommen die Gelegenheit, Professoren kennenzulernen, einen guten (oder schlechten) Eindruck zu machen, eigene Forschungen auf den Weg zu bringen und manchmal sogar zu Grabungen eingeladen zu werden. Besonders schön sind die Treffen mit alten

Freunden, die man vielleicht nur einmal im Jahr bei solchen Anlässen sieht. Und nicht vergessen sollte man schließlich die offiziellen Empfänge und die spontanen Partys in den Hotelzimmern.

Ich habe an internationalen Ägyptologiekongressen teilgenommen, bei denen die gastgebenden Städte üppige Abendempfänge bezahlten. In München gab es frisch gezapftes Bier und große leckere Brezen in Form eines Anch, des ägyptischen Zeichens für Leben. In Kairo versuchen sich viele der ausländischen archäologischen Institutionen gegenseitig zu übertreffen, wenn es darum geht, die beeindruckendste Party zu schmeißen, und die Ägypter selbst haben ihrerseits schon einige tolle Feste organisiert. 1990 lud mein Freund Nick Reeves, damals Kurator am British Museum, zu einer Veranstaltung ein, die zum Wendepunkt in der Geschichte der Erforschung des Tals der Könige werden sollte. Das Ereignis unter dem Titel »After Tutankhamun« fand in Highclere Castle statt, dem Stammsitz der Familie von Lord Carnarvon, der Howard Carters Grabung finanzierte, als er das Grab des jungen Königs entdeckte. Das Schloss mit seinen hoch aufragenden Mauern und geräumigen viktorianischen Salons, die groß genug waren, um die beträchtliche Zahl angemeldeter Teilnehmer zu fassen, erschien als der angemessene Ort. Als einer der Redner empfand ich es als ein echtes Privileg, meine Arbeit in diesem Umfeld einigen wirklich großen Gelehrten und einem ernsthaft interessierten, aufmerksamen Publikum vorstellen zu dürfen.

Was mich bei der Archäologie und Ägyptologie immer beeindruckt hat, sind die vielen Menschen außerhalb der eigentlichen Fachkreise, die sich intensiv damit beschäftigen. Manche davon sind schon fast davon besessen. Ich habe nicht wenige kennengelernt, die eine tiefe Liebe zum alten Ägypten verspüren und sehr viel Zeit auf ihr Hobby verwenden. Manche sind ebenso gut informiert, manchmal sogar besser, als jene, die ihren Lebensunterhalt damit verdienen. Andere haben ein sehr beeindruckendes Buchwissen, verbunden mit einer unglaublichen Begeisterung für alles Ägyptische. Dieses Interesse als ernsthafter Hobbyägyptologe statt als Profi zu pflegen, hat durchaus seine Vorteile. Zum einen gibt es nun wirklich nicht viele Jobs in der Archäologie und der Ägyptologie. Darum verwende ich gerne das Wort »Mangelware«, wenn ich von den Arbeitsmöglichkeiten spreche. Der Wettbewerb ist manchmal gnadenlos, und man muss Jahre studieren, um überhaupt mitmischen zu dürfen. Man beschäftigt sich mit Geschichte, Kunstgeschichte, Religion, Archäologie und Unmengen von Sprachen. Die ägyptologische Literatur ist vor allem in Französisch, Deutsch und Englisch geschrieben, und man sollte diese Sprachen zumindest lesen können, wobei es bei internationalen Treffen auch hilfreich ist, wenn man sich in ihnen verständigen kann. Außerdem ist, wenn man tatsächlich in Ägypten forscht, ein bisschen Arabisch durchaus nützlich, wenn nicht sogar nötig, um problemlos und effektiv arbeiten zu können.

Und dann sind da noch die alten Sprachen. Die klassische ägyptische Sprache der Pharaonenzeit wird nicht mehr gesprochen, muss aber gelernt werden, um den Reichtum der antiken Texte nutzen zu können, die einen der Schwerpunkte der ägyptologischen Forschung bilden. Und wie bei allen Sprachen veränderten sich auch die ägyptische Grammatik und das Vokabular mit der Zeit, sodass heute wenigstens fünf Stufen erkennbar sind, die man studieren muss. Auch die Hieroglyphenschrift muss man lernen, und zu allem Überfluss gibt es noch kursive Schriftformen.

Es ist ein bisschen viel verlangt, einfach ganz allgemein Ägyptologe zu sein. Man muss sich spezialisieren, was dann wieder die Jobmöglichkeiten einschränkt. Ich bin in erster Linie Archäologe, aber auch in Ägyptologie ausgebildet. Als Archäologe verfüge ich über viele jener allgemeineren Fertigkeiten, die man für die Arbeit in den verschiedensten Teilen der Welt benötigt, unterstützt von Spezialisten, die man bei einzelnen Fragestellungen je nach Bedarf hinzuzieht. Eine gute Allgemeinbildung ist sicher hilfreich, wie ich feststellen konnte, als ich nach dem Uni-Abschluss auf Arbeitssuche war. Ich putzte Klinken bei den kleinen Community Colleges auf der Suche nach Kursen, die ich geben könnte. Man fragte mich, ob ich auch Geschichte der westlichen Kultur unterrichten könnte. »Aber natürlich!«, antwortete ich, obwohl mein Wissen über die alten Griechen und Römer nicht allzu groß war. Über Mesopotamien und Ägypten dagegen wusste ich einiges. So eignete ich mir schnell alles Wichtige zur griechischen und römischen Geschichte und Kultur an und stellte fest, dass mir diese Spätgeborenen in der antiken Welt eigentlich ganz gut gefielen. Wenn mir jemand die Möglichkeit bot, einen Kurs zu halten, lehnte ich selten ab. Ich hielt also Seminare in Archäologie, Kulturanthropologie, physischer Anthropologie, Geschichte des Vorderen

Orients und sogar »Geografie für Reisekaufleute«. An der Pacific Lutheran University unterrichtete ich in sieben verschiedenen Studienfächern, darunter auch interdisziplinäre Kurse mit so schönen Titeln wie »Blick in die Vergangenheit« und »Kritisches Denken« für Oberschüler, die aufs College wollten.

Es ist sehr schade, dass so viele unglaublich kluge Wissenschaftler, die beeindruckende Titel in hochspezialisierten Fachbereichen vorweisen können, in ihrem Fach einfach keine Arbeit finden. Einer der scharfsinnigsten Ägyptologen, die ich je kennengelernt habe, unterrichtet heute notgedrungen Mittelstufenschüler an einer staatlichen Highschool in Fremdsprachen (und das macht er wirklich toll!). Ein anderer ist ziemlich bekannt, aber eigentlich ständig arbeitslos, wenn man von den vielen kleinen Jobs absieht, die er immer wieder annimmt, um seine archäologische Arbeit zu finanzieren. Im Graduiertenstudium lernte ich einen sehr kompetenten, aber frustrierten Altsprachler kennen, der schließlich genug von allem hatte, seine Bücher verkaufte und sich zum Maschinenschlosser umschulen ließ. Und dann sind da noch die akademischen Nomaden, die an einem Tag bei miserabler Bezahlung Kurse an bis zu drei verschiedenen Colleges geben und dafür ewig lange im Auto sitzen. Ich weiß, wovon ich rede.

Wer das Glück hat, eine Arbeit zu finden, bei der er sich mit dem beschäftigen kann, was er liebt, kann wirklich glücklich sein. Ich habe es geschafft, verschiedene Beschäftigungen, darunter Lehre, Schreiben und Beratung, so zu kombinieren, dass es zum Leben reicht, aber eigentlich haben wahrscheinlich alle Archäologen eine schlichte Wahrheit im Hinterkopf: Im Grunde sind wir überqualifizierte Löcherbuddler. Und dann kann man es auch so ausdrücken wie mein Freund Rick, der gern zynisch spottet: »Archäologie ist eine großartige Gelegenheit, zelten zu gehen und dafür auch noch bezahlt zu werden!«

Oft kommen junge Leute zu mir, die ihr Lebensziel darin sehen, Archäologe oder Ägyptologe zu werden. Bei manchen ist das nur eine Phase, bei anderen jedoch eine Leidenschaft, die ihr Leben bestimmt. Ich gebe ihnen allen den gleichen Rat: Fang an zu studieren, mit weit offenen Augen, der nötigen Ruhe und einem Blick für die Realitäten. Es liegt mir fern, Träume zerplatzen zu lassen; es kann ja durchaus sein, dass sie wahr werden. Von meinen Träumen sind viele wahr geworden.

10

ABENTEUER IM FERNSEHLAND

Von den wunderbaren Geschichten, die die Archäologie zutage gefördert hat, erfuhr ich zuerst aus Büchern, die ich regelrecht verschlang und deren faszinierende Abbildungen ich stundenlang bestaunte. Auch das Fernsehen brachte die Welt der Vergangenheit direkt zu mir ins Haus, mit alten Filmen, Dramen zu antiken Themen und Nachrichten über neue Entdeckungen. Hin und wieder gab es einen echten Leckerbissen wie die Sondersendungen von *National Geographic*. Als eine der ersten in Erinnerung geblieben ist mir der Bericht über Louis Leakey, der in der Olduvai-Schlucht in Kenia alte Steine und Knochen freilegte. Sein weißes Haar und der Schnurrbart, sein Overall und sein britischer Akzent prägten mein Bild des engagierten und dynamischen Wissenschaftlers, der auf schwierigem Terrain nach den frühesten Spuren menschlichen Lebens sucht.

Heute sind solche Sendungen weitaus beliebter als damals. Man findet eine Fülle von Angeboten von historischen Enthüllungen und Feldforschungen mit einem weiten Spektrum bloßer Sensationsmache bis hin zu sorgfältig dargestellter Wissenschaft und irgendwo dazwischen die große Masse mittelmäßiger Sendungen, die sich oft auch mit einem der anscheinend beliebtesten Themen überhaupt beschäftigen – mit Ägypten. Offenbar wird das alte Ägypten im Fernsehen immer wieder besonders gern gesehen. Die billigsten Sendungen zeigen aneinandergereihte Standbilder, die die Kamera abfährt und deren Einzelheiten sie heranzoomt, unterbrochen von Sprechern, sogenannten Fachleuten, die das Thema unentgeltlich oder gegen ein geringes Honorar kommentieren. Am anderen Ende des Spektrums stehen die sorgfältig recherchierten und mit einem Sinn für Ästhetik produzierten Beiträge. Ich hatte das Glück, in einem solchen zu meinen ersten Fernsehabenteuern antreten und so erfahren zu dürfen, welche Qualität in diesem Medium überhaupt möglich ist.

Auf der Konferenz zum Tal der Könige 1990 in Highclere Castle kam ein Produzent der BBC auf mich zu und sprach über eine Sendung, die zum siebzigsten Jahrestag der Entdeckung des Grabes von Tutanchamun 1992 geplant war. Ich sollte an der fünfteiligen Serie mitarbeiten. Die ersten beiden Folgen sollten sich mit dem Leben Howard Carters und den Ereignissen rund um die Öffnung des Grabes beschäftigen und den Fragen nachgehen: Wer war dieser vielleicht bekannteste aller Archäologen überhaupt? Er war achtundvierzig Jahre alt, als er auf Tutanchamuns Grab stieß – was hatte er all die Jahre zuvor getan, was wurde danach aus ihm? Außerdem gab es wegen der politischen Verwicklungen rund um das Grab und Carters ziemlich starrsinnigen Charakters mehr als genug dramatische Situationen, über die man berichten konnte. Die weiteren Folgen sollten sich den Nachwirkungen der Entdeckung widmen, auch ihrem Einfluss auf die westliche Kultur.

Die Vorstellung, an einer solchen Sendung mitzuarbeiten, faszinierte mich. Das war ein neuer Blickwinkel auf die Archäologie, als Mitwirkender im Fernsehen, nicht nur als Zuschauer. Und dann auch noch bei der BBC, die in meinen Augen das Qualitätsfernsehen schlechthin repräsentierte. Und zusätzlich bekam ich noch die Gelegenheit, mehr über Howard Carter zu erfahren, dessen Lebensweg sich mit meinem im Tal der Könige kreuzte. Meine Gefühle Carter gegenüber waren durchaus zwiespältig. Einerseits hatte er einen Fund gemacht, der noch heute als wohl eine der größten, wenn nicht als *die* größte archäologische Entdeckung aller Zeiten gilt. Sein Bild war mir vertraut durch die zahllosen Stunden, die ich als Kind damit verbracht hatte, seinen dreibändigen Bericht über das Auffinden des Grabes zu studieren. Der Glanz der Schätze schien einen goldenen Schimmer auf Carter zu werfen, der als echter Held aus diesem Abenteuer hervorging. Andererseits war da der Howard Carter, in dessen Nachfolge ich gegraben hatte, und dabei hatte sich ein Bild der Hast und Achtlosigkeit, vielleicht sogar der intellektuellen Flachheit eingestellt. Was ich in KV 44 und 45 gefunden hatte, schockierte mich, denn Howard Carter hatte sich auf der Suche nach vorzeigbaren Funden offenbar rücksichtslos durch den Schutt gewühlt. In Grab 60 hatte er, seinen kurzen veröffentlichen Berichten und handschriftlichen Notizen nach zu urteilen, eine ganze Kammer übersehen und ein absolutes Desinteresse an diesem unscheinbaren Grab offenbart. Er war anscheinend der Sucht verfallen, großartige dekorierte Gräber zu entdecken; der archäologische Blick für die kleineren Monumente im königlichen Tal schien ihm zu fehlen.

Harry James saß gerade an der maßgeblichen Carter-Biografie und stellte uns freundlicherweise das unveröffentlichte Manuskript zur Verfügung. Sein Buch *Howard Carter. The Path to Tutankhamun* enthielt wunderbare Einblicke in Carters faszinierende, kaum bekannte Vergangenheit und seine widersprüchliche Persönlichkeit. Carter war ein starrköpfiger Einzelgänger mit eingefahrenen Gewohnheiten und völlig überzeugt davon, immer im Recht zu sein. Er hatte viele Bekannte, aber nur wenige enge Freunde. Unter den armen Arbeitern aus den ägyptischen Dörfern fühlte er sich offenbar weitaus wohler als unter den Reichen und Adligen, auf deren Finanzierung er oft angewiesen war. Harrys Buch zeigte Carter aber auch als einen abenteuerlustigen, engagierten und hartnäckigen Forscher. Die Fernsehreihe sollte all dies aufgreifen: Carter war als siebzehnjähriger Künstler ohne abgeschlossene Ausbildung nach Ägypten gekommen und hatte den Großteil seines Lebens dort mit den Altertümern des Landes verbracht, bevor er mehrere Jahrzehnte später den ultimativen archäologischen »Jackpot« landete, nur um dann doch wieder in der Versenkung zu verschwinden.

In den Monaten bis zur Produktion der Serie fungierte ich als Berater und schlug Szenen und Drehorte vor. Darin sah ich auch die Möglichkeit, ein bisschen Abenteuer in die archäologische Sendung hineinzubringen, etwas, das meiner Ansicht nach in vielen Dokumentarfilmen fehlte. Oft hatte ich mich bei lustlosen Präsentationen eines Themas, das doch eigentlich schon an sich unglaublich faszinierend ist, zu Tode gelangweilt. In unserer Serie sollte es echte, eventuell auch gefährliche Besuche in Gräbern geben. Dies, so hoffte ich, würde ein Film werden, wie man ihn noch nie über Tutanchamun oder Ägypten überhaupt gesehen hatte.

Der Regisseur Derek Towers zeigte sich beeindruckt von meinen Vorschlägen, doch irgendwann begann er sich Sorgen zu machen. »Wir haben einen Moderator für die Serie verpflichtet, Christopher Frayling, und ich bin mir nicht sicher, ob er all dem, was Sie da vorschlagen, gewachsen ist.« Das nahm mir erstmal den Wind aus den Segeln. Ich hatte nie von Christopher Frayling gehört, und so schlug ich Towers vor, dass dieser Typ sich doch einfach ins Fitnessstudio begeben und mit dem Training beginnen sollte. Doch dann erfuhr ich, dass Frayling ein sehr angesehener Professor für Kulturgeschichte am Royal College of Art war, ein Fachmann für Film und modernes Design und ein erfahrener Moderator des Bildungsfernsehens. »Wir wollen nicht, dass Sie uns unseren Moderator umbringen«, warnte Towers.

Frayling und ich würden uns später mit diesem Problem befassen. Zunächst einmal reiste ich im April 1992 nach Ägypten, um mögliche Drehorte auszukundschaften, bevor das Filmteam der BBC anrückte, das gerade in Kairo drehte. Die Szenen im Tal der Könige waren kein großes Problem, abgesehen von einem Besuch in KV 20, dem Königsgrab der Hatschepsut. Im Tal kannte ich mich aus – größere Sorgen machte mir ein zweites Grab Hatschepsuts in einer sehr abgelegenen und etwas gefährlichen Lage im Süden der thebanischen Berge. Dieses Grab war für die junge Prinzessin oder Königsgemahlin in die Mitte einer schroffen Felswand geschnitten worden, noch bevor sie sich zur Pharaonin erklärte und damit ein Anrecht auf ein Grab im Tal der Könige hatte. Es spielte in der Geschichte Howard Carters meiner Meinung nach eine wichtige Rolle, da es so viel von seinem Charakter offenbarte.

1916 bekam Carter Wind davon, dass Räuber ein Grab gefunden hatten und gerade dabei waren, es auszuräumen. Daraufhin machte er sich nachts auf den Weg in die Berge und fand tatsächlich das Seil der Räuber, das an einer Felswand herabhing. Er schnitt es ab, befestigte stattdessen ein eigenes Seil, kletterte zum Eingang des Grabes hinunter und stellte sich mutig den Räubern entgegen. Sie standen vor der Wahl, entweder mithilfe seines Seils hinaufzuklettern und zu verschwinden oder in diesem Loch mitten in der Felswand festzusitzen. Nachdem sie verschwunden waren, verbrachte Carter die nächsten Wochen damit, das Grab vom eingeschwemmten Schutt zu befreien, und stieß schließlich auf einen unbenutzten Steinsarkophag. Natürlich fragte er sich, wie die alten Ägypter es geschafft hatten, diesen unglaublichen schweren Block in das Grab zu transportieren. Das Rätsel ist noch immer nicht gelöst. Ein paar Jahre später gelang es dem französischen Ägyptologen Émile Baraize zwar, den

Sarkophag zu bergen, aber dazu musste er den natürlichen Eingang des Grabes erweitern und eine Straße zum Fuß der Felswand bauen.

Ich hatte das Grab schon einmal gesehen, aber nur von unten, im Jahr zuvor auf einer Wanderung mit ein paar Archäologenkollegen. Bei der Vorbereitung für die BBC-Serie musste ich es noch einmal genauer unter die Lupe nehmen, denn es bedurfte einer ausgefeilten Logistik, um dort eine spannende Szene drehen zu können. Ich rekrutierte Tayyib, einen meiner jungen Arbeiter aus dem Tal der Könige. Mit einem gemieteten Auto fuhren wir durch die Wüste zum Südende der Berge, von wo aus wir zu Fuß weitergingen. Um an die Felskante oberhalb des Grabes zu kommen, mussten wir ein schmales, gewundenes Wadi hinaufwandern – von dort oben sieht man das Loch mitten in der Wand, angsteinflößend, aber auch verlockend für einen Kletterer wie mich.

Ich hatte ein normales Kletterseil und eine kleine Ausrüstung mitgebracht, da ich herausfinden wollte, ob ein solches Seil reichte, um von oben aus sowohl das Grab wie auch von dort die Talsohle zu erreichen. Tayyib und ich erreichten das Ende des Wadi und kletterten dann einen rutschigen Abhang hinauf, der uns zu einem flachen Absatz über den Felsen brachte. Eine schmale Felsspalte führte steil hinab zu einem Vorsprung, unter dem ich eine lange senkrechte Wand und darunter das Grab erkennen konnte. Wir kletterten den Spalt hinab, und da war tatsächlich ein Vorsprung, der aber gefährlich mit lockeren Steinen bedeckt und zum Steilabfall hin abschüssig war. Vorsichtig schob ich mich bis zum Rand vor und schaute hinunter. Der Eingang zum Grab lag ein gutes Stück weiter unten, aber exakt unter mir. Die große Frage lautete: Würde das Seil wenigstens so weit reichen?

Ein großer verkeilter Felsbrocken in der Spalte bot sich als Anker an. Ich warf das Seil über die Felswand. Das Ende landete genau auf einem Vorsprung am Eingang des Grabes. Jetzt konnte ich der Versuchung nicht mehr widerstehen. Eigentlich hatte ich zwar nicht die nötige Ausrüstung dabei, aber als erfahrener Kletterer kannte ich einige Tricks, und so konnte ich Sicherheitsmaßnahmen improvisieren, um an der Felswand hinunterzuklettern. Sie waren nicht besonders bequem – im Grunde eine Nylonschlinge um die Hüfte und ein paar Karabiner –, aber immerhin stand ich bald am Grabeingang. Dann aber beschloss ich, für die Untersuchung der Innenräume auf die Filmcrew zu warten.

Die zweite große Frage entsprach der ersten: Würde das Seil weit genug reichen, diesmal bis zum Boden? Wenn nicht, musste ich wieder improvisieren, um am Seil die senkrechte Felswand hinaufzuklettern, vielleicht mithilfe meiner stabilen Schnürsenkel oder der Dinge, die ich noch so im Rucksack hatte. Glücklicherweise reichte das Seil, ganz knapp allerdings, und ich kletterte zum Fuß der Felswand hinab und stieg dann wieder durch das Wadi nach oben, um das Seil und den völlig verblüfften Tayyib abzuholen, der so etwas Seltsames noch nie gesehen hatte. Die Erkundung war ein Erfolg gewesen, und ich wusste genug, um diese wirklich spannende Episode aus Carters Leben nacherzählen zu können.

Als das Filmteam in Luxor ankam, sorgte Derek Towers dafür, dass ich Christopher Frayling so schnell wie möglich kennenlernte. Er konnte nur hoffen, dass wir beide, ein anerkannter Gelehrter und ein abenteuerlustiger Feldarchäologe, irgendwie miteinander auskommen würden. Das ganze Team traf sich zu einem Abendessen im luxuriösen Winter Palace Hotel, und ich beäugte Frayling über den Tisch hinweg misstrauisch. Piekfein gekleidet, mit braunen Locken und Schnurrbart, warf er im Akzent der britischen Oberschicht einen nicht abreißenden Strom geistreicher Bemerkungen in die Runde. Ich kam zu dem Schluss, dass er es in der Wüste genau fünf Minuten aushalten würde. Als Außenseiter in dieser Gruppe gut gelaunter Engländer kam ich kaum zu Wort, und ich rechnete schon damit, dass ich meine verschiedenen Abenteuersequenzen zugunsten der üblichen gediegenen Fernsehkost streichen konnte.

Nach dem Essen bestand Derek darauf, dass Frayling und ich einen Spaziergang an der Nilpromenade machten. Ich zuckte bei dem Vorschlag zusammen, stimmte dann aber zu und stellte schnell fest, dass Christopher, wenn er die äußerliche Förmlichkeit und seine Rolle als gebildeter Akademiker ablegte, ein witziger und amüsanter Mensch war, bereit zu allem, was sich ihm bot – eine durchaus ermutigende Überraschung für mich.

Sofort begannen die Dreharbeiten im Tal der Könige. Ich war sehr beeindruckt von der Professionalität des Teams. Jede Einstellung wurde sorgfältig aufgebaut, selbst jene, von denen im Endprodukt nur ein paar Sekunden zu sehen sein würden. Qualität hatte höchste Priorität, und denjenigen, die vor der Kamera auftreten sollten, kam das Herumsitzen zwischen den Aufnahmen ewig vor. Frayling war brillant. Er warf nur einen kurzen Blick auf seine Notizen, und dann lieferte er einen zusammenhängenden Strom hervorragender Kommentare. Oft brauchte er nur einen einzigen Dreh. Schließlich öffneten wir KV 60. Ich machte eine kurze Führung durch das Grab, gefolgt von einem Abstecher in KV 43, das Grab Thutmosis' IV., mit den noch sichtbaren Belegen seiner antiken Plünderung. Beide wurden 1903 von Howard Carter entdeckt und waren wichtige Stationen in seiner Lebensgeschichte.

Das eigentliche Drama aber begann mit unserem Abstieg in die Tiefen von KV 20. Das Grab Hatschepsuts im Tal der Könige ist eines der steilsten, tiefsten, längsten, gefährlichsten und schmutzigsten Gräber in ganz Ägypten. Howard Carter hatte es seit 1903 im Auftrag von Theodore Davis ausgegraben. Es ist sehr wahrscheinlich das allererste Grab, das überhaupt im Tal angelegt wurde, begonnen für Pharao Thutmosis I. und fortgeführt von seiner Tochter Hatschepsut. In vieler Hinsicht wirkt es wie ein Test, so als ob seine Erbauer die Geologie des Tals noch nicht richtig kannten. Sein einziger, langer Korridor schlängelt sich durch eine dicke Schicht aus festem, hochwertigem Kalkstein, bevor er darunter in schiefrige Lagen führt, die überaus locker und gefährlich sind. An dem Punkt, an dem die beiden Schichten übereinanderliegen, kann man nach oben an die Decke schauen und die Unterseite des gewachsenen Kalksteins sehen.

Die Räumung von KV 20 war ein mühsamer Kraftakt für Carter und seine Arbeiter – der Korridor und die unteren Kammern waren bis oben mit verfestigtem Schlamm angefüllt. Allein schon durch die Länge und das Gefälle des Grabes war die Arbeit extrem aufreibend, und die Luft war heiß, stickig und stank nach den Exkrementen der Fledermäuse. Carter beschreibt das Ganze als »eines der unangenehmsten Projekte, die ich je in Angriff genommen habe«. Es ist wirklich ein furchtbarer Ort, und selbst jetzt, nachdem der meiste Dreck fortgeschafft ist, schwer und überaus mühselig zu erreichen. Ich hatte das Grab erstmals 1984 mit zwei Freunden besucht. Damals stand die zerbrochene Tür weit offen, und wir stiegen mit wachsender Beklemmung hinab. Nach etwa zwei Dritteln des Weges hatten meine Gefährten, überwältigt vom Staub und Fledermausgestank, genug, und ich ging allein weiter und erreichte die untere Kammer mit ihren zerbröckelnden Schieferwänden und Scharen von Fledermäusen, die sich an der Decke bewegten. Es genügte mir damals, die Räume einmal kurz mit dem durch Staub gedämpften Licht meiner Stirnlampe auszuleuchten und schnell den Rückweg anzutreten, aber da hatte ich mir schon den Zorn der Bewohner zugezogen. Verfolgt von einer beachtlichen Fledermauswolke nahm ich die Beine in die Hand, um wieder zu meinen wartenden Freunden zu kommen. Wir versuchten, dieses elende Grab so schnell wie möglich hinter uns zu lassen. Zahlreiche Fledermäuse streiften uns in dem engen Korridor, und wir konnten an nichts anderes denken als an Tollwut und andere von Fledermäusen übertragbare Krankheiten, während wir uns flach an den Boden des Ganges drückten, den Ausgang schon in Sichtweite. Im quadratischen Lichtfleck am Ende des Tunnels sahen wir Fledermäuse, die mit ihren im Sonnenlicht durchscheinenden Flügeln um den Eingang herumschwirrten wie ein Schwarm wütender Moskitos, bis sie schließlich wieder in den Tiefen ihres Verstecks verschwanden und wir aus dem Grab auftauchen konnten. Wir genossen jeden Atemzug an der frischen Luft.

Ich hoffte, so ein Ereignis für den Film noch einmal wiederholen zu können. Das würde einen echten Eindruck vermitteln von den Beschwerden, die Carter schon früh in seiner archäologischen Laufbahn auf sich genommen hatte, und von der Entschlossenheit, mit der er vorgegangen war. Frayling und ich sollten gerade so weit in das Grab hinabsteigen, dass wir zeigen konnten, wie gefährlich es war, und dann würden die Fledermäuse herauskommen und um uns herumschwirren. Der steile, rutschige Boden des Korridors erwies sich beim Filmen als gefährlich und erforderte große Vorsicht. Wenn zufällig ein Stein am Eingang losgetreten wurde, dann hörte man ihn auf dem Weg ins Grab hinunter immer wieder aufprallen. Wir wussten sehr gut, dass dieses Schicksal auch jedem Teil der Ausrüstung drohte, das jemand womöglich fallen ließ, oder vielleicht sogar einem stolpernden Mitglied des Filmteams. Zur Vorbereitung auf diese Szene hatte ich allerdings einen stabilen Holzbalken so zuschneiden lassen, dass er genau in die antiken Aussparungen in den Wänden passte. Ähnliche Balken hatte man zu Hilfe genommen, um die schweren Steinsarkophage in die Grabkammer hinabzulassen – jetzt sollten sie als Haltegriff für die Kameraleute dienen.

Frayling und ich legten Staubmasken an, verschwanden im Grab und wurden schnell an seine Gefahren erinnert. Mein Ausrutscher war nicht inszeniert, doch wir setzten, leicht entnervt, unseren Abstieg fort. Natürlich brauchten wir ein paar Fledermäuse, damit es dramatisch genug aussah, eigentlich so viele, dass wir glaubwürdig aus dem Grab flüchten konnten. Ich schickte einen Kameramann und einen ägyptischen Assistenten bis zur Sargkammer, um dort einige aufzuscheuchen. Erschreckt durch den Lichtstrahl der Taschenlampen flogen die Fledermäuse vor ihren Treibern her, und bald hörten wir eine Stimme von unten, die uns vor ihnen warnte. Plötzlich tauchten Dutzende auf, mehr als wir erwartet hatten, und Frayling und ich drückten uns an die Wand, während sie im Vorbeiflattern unsere Köpfe streiften. Schließlich schafften wir es bis nach draußen, und die Kameras konnten ein schauriges Fledermausballett im diesigen Licht des Eingangs festhalten.

Der Ton für die Sequenz, die wir in KV 20 filmten, war schwer einzufangen. Die Staubmasken verzerrten unsere Stimmen, und einige Kommentare während der Fledermausszene waren für Kinder wohl eher ungeeignet. Der Text musste also anderswo nachgesprochen werden, eine Praxis, die beim Film nicht unüblich ist. Das geeignete akustische Umfeld fanden wir an einem überraschenden Ort: in einem Badezimmer unseres Hotels in Luxor. Ich setzte mich in die leere Badewanne, Frayling nahm auf dem Deckel der Toilette Platz, und ein Tontechniker hielt seinen Mikrophongalgen durch die offene Tür. Mit Staubmasken vor dem Mund spielten wir unser kleines Abenteuer nach – »Da kommen die Fledermäuse!«, »Nichts wie raus hier!« usw. – und hatten einen Heidenspaß dabei.

Der Höhepunkt des ganzen Unternehmens waren zumindest für mich die Aufnahmen am abgelegenen Felsengrab Hatschepsuts außerhalb des Tals. Das Ganze war wirklich nicht ganz ungefährlich. Aus verschiedenen Gründen fuhren wir am ersten Drehtag erst spät los, doch irgendwann kamen wir schließlich am Rande der Wüste an, wo schon einige Träger auf uns warteten, die ich engagiert hatte, um uns mit der Ausrüstung zu helfen. Außerdem brauchten wir ein paar Esel, die wir auf die Ladeflächen der Pickups luden. Esel waren im alten Ägypten und auch zu Howard Carters Zeit ein gängiges Transportmittel. Selbst heute noch sind diese kräftigen Tiere in fast allen ägyptischen Dörfern zu finden. Sie tragen schwere Lasten und bewegen sich sicher auch auf einem Terrain, auf dem kein Fahrzeug durchkommt (nebenbei bemerkt und als Einblick in Carters Gesellschaftsleben: Ich habe einmal in einem persönlichen Fotoalbum eines berühmten Ägyptologen des frühen 20. Jahrhunderts ein Foto gesehen, das eine vor einem Reiter auseinanderstiebende Herde Esel zeigt. Die

Bildunterschrift lautete: »Carter und seine Zeitgenossen«). Man sah Carter bei den Ausgrabungen oft in gepflegtem englischen Anzug, deshalb fanden wir es nur passend, draußen in der Wüste schicke Jacken zu tragen. Nach ein paar weiteren Verzögerungen setzte sich unser Tross schließlich in Richtung der thebanischen Berge in Gang.

Unsere motorisierte Wüstenkarawane wurde von Nahem und Weitem gefilmt, bis wir schließlich ans Ende der Wüstenpiste kamen. Während die Lasten auf die Träger verteilt wurden, suchten Frayling und ich uns unsere Reittiere aus. »Ich mag den mit den Rüschenhöschen!«, witzelte Frayling. Als ob sein schmächtiger Esel zeigen wollte, wer hier der Boss war, warf er ihn gleich wieder ab. Meiner bestand darauf, sich schnell im Kreis zu drehen, aber das konnte mich nicht abschrecken. Ich hatte ja schon ein paar Mal zuvor auf einem Esel gesessen und wusste, dass auch dieser irgendwann genug von den Spielchen bekommen und aufhören würde, wenn ich nur oben blieb.

Als die Kameras liefen, genossen Frayling und ich unseren Ritt auf Carters Spuren. Wir waren für den Ton verkabelt und begannen eine improvisierte Unterhaltung darüber, wessen Esel wohl hübscher und zuverlässiger sei. Natürlich kamen unsere Kommentare nicht über den Schneidetisch hinaus. Die Sonne brannte schon heiß vom Himmel, und wir waren noch nicht einmal in der Nähe des gefürchteten Felsens. Am Ende des Wadis wurde ein Träger in der Hitze ohnmächtig. Sofort sorgten wir dafür, dass er in ein Dorf gebracht und behandelt wurde. Dann setzten wir unseren Weg fort.

Wir hatten Frayling nur andeutungsweise erzählt, was ihn erwartete, weil wir hofften, dass die Kamera seine authentischen Reaktionen einfangen könnte. Kurz vor dem Ende des Wadis stiegen wir von unseren noblen Reittieren ab, und Frayling fragte, wie weit es denn noch sei. Den Rest des Weges müssten wir zu Fuß zurücklegen, meinte ich, und dafür würden wir so etwa zwanzig bis dreißig Minuten brauchen. »In deinem Tempo!«, meinte er lachend. »Nein, in *deinem*!«, antwortete ich. Wir begannen den Hang hinaufzusteigen, Christopher nur knapp hinter mir, keuchend in der Gluthitze. Bald erreichten wir einen Aussichtspunkt, von dem aus wir einen guten Blick auf den dunklen Eingang des Felsgrabes hoch über dem Boden hatten. Ich grinste nur, als Frayling mit völlig ungerührter Mine bemerkte: »Wie hübsch!«, und sich dadurch als echter Brite erwies.

Wir stiegen weiter zum Gipfel auf, die Kameraleute im Schlepptau. An der Felsspalte zog ich meine Jacke aus, und wir setzten beide Schutzhelme auf. Ich dirigierte Christopher den Spalt hinunter, was den wohlüberlegten Einsatz von Fingern und Zehenspitzen sowie äußerste Umsicht erforderte. Mit der Erfahrung eines professionellen Bergführers war ich durchaus darin geübt, unerfahrene Neulinge durch tückisches Terrain zu lotsen, und Christopher erreichte bald den abschüssigen Sims, wo er einen sicheren Sitzplatz fand, während ich die Haken und Seile festmachte.

Diesen Moment hatte ich schon Monate vorher vorbereitet, als ich eine lange Wunschliste an die BBC geschickt hatte, auf der auch Bergsteiger-ausrüstung stand, einschließlich der nötigen Helme, Klettergeschirre und Abstiegshilfen für das Kamerateam. Bei meiner Aufklärungstour hatte ich die Reichweite möglicher Fixpunkte erkundet und ein im Grunde »bombensicheres« System entworfen. Schließlich war ich nicht nur für meine eigene Sicherheit verantwortlich, sondern für die des gesamten Teams. Da ich mehrere Male über den Rand der Felswand würde aufsteigen müssen, befestigte ich auch eine Aufstiegshilfe an meinem Gurt, die mir nach jeder Einstellung eine lange Wanderung in der Gluthitze aus dem Wadi herauf ersparte.

Schon am Nachmittag zuvor hatten wir uns am Hotelpool versammelt. Wir mussten noch einiges für den nächsten Tag planen, der doch ziemlich viel Logistik und großen persönlichen Einsatz von den meisten Teilnehmern forderte. Ein Thema war, ob Frayling mit mir die Felswand hinabsteigen solle oder nicht. Christopher war durchaus dazu bereit und blieb dabei, dass er es mit ein bisschen Übung schon schaffen könnte, und ich unterstützte ihn darin. Derek Towers dagegen argumentierte, dass es zu leicht aussähe, wenn ein Professor ohne jede Erfahrung sich an der Felswand abseilte. Der Wagemut Carters und die körperlichen Anforderungen dieses Unternehmens würden so heruntergespielt. Ich schlug vor, mit Frayling zu üben, vom Hoteldach aus oder vielleicht an einer der steilen Felsnasen auf der anderen Seite des Flusses, aber Derek war der Chef, und er hatte die besseren Argumente. Wahrscheinlich hätten solche Aufnahmen wirklich wie ein Spaziergang gewirkt. Wir hatten nicht genug Zeit, alle Optionen auszudiskutieren, und damit war die Frage vom Tisch.

Wie konnte Frayling in der Szene am Felsgrab dankend ablehnen? Schließlich wurde der Vorschlag angenommen, dass er durch die Spalte auf den Vorsprung klettern sollte; dort aber würde er so tun, als wolle er nicht mehr weiter, und den Rest lieber dem Fachmann überlassen. So wurde es dann schließlich auch gemacht.

Im Nachhinein ist es allerdings unfair, dass einige Fernsehkritiker meinten, Frayling sei offenbar zu feige gewesen, die Felswand hinabzusteigen. Ich kann bezeugen, dass er durchaus dazu bereit war, obwohl ich glaube, dass die meisten Zuschauer sich eher in seinem vorgetäuschten Rückzieher wiederfanden als in einem solchen Stunt.

Einen Film zu drehen kann ein mühsames Geschäft sein. Jede Kameraeinstellung braucht eine eigene Vorbereitung, und unser Regisseur war ebenso perfektionistisch wie unsere Kameraleute. Kameraeinstellungen von oben, von gegenüber, von der Seite und von unten, die aufwendig über mehrere Tage hinweg gefilmt worden waren, wurden schließlich beim Schneiden zu einer zusammenhängenden Szene kombiniert, die manchmal nur ein paar Minuten dauerte. Licht, Ton, Kamerastabilität und Sicherheit des Teams waren von größter Bedeutung für unser Projekt, und Towers wachte sorgfältig über alles. Schließlich kletterte ich die ganze Strecke zum Grab hinab, während ich vom Hang gegenüber gefilmt wurde.

Als Frayling und ich endlich wieder oben an der Felskante auftauchten, war der Moment gekommen, dem die Filmcrew schon lange mit gemischten Gefühlen entgegengesehen hatte. Auch sie mussten in das Felsgrab hinab, obwohl keiner nennenswerte Erfahrung im Klettern hatte. Und hier war nun wirklich kein geeigneter Platz, um es zu lernen! Ich zeigte ihnen, wie man sich abseilt, und sicherte jeden mit einem zusätzlichen Seil. Derek Towers machte den Anfang, und alle blieben überraschend ruhig. Ich erklärte ihnen noch einmal, dass sie gut gesichert waren, selbst wenn sie in Panik geraten sollten, und später meinten einige sogar, sie hätten diese Erfahrung regelrecht genossen. Die Esel mit der Ausrüstung wurden an den Fuß der Felswand geführt, und ich zog das ganze Material mit dem Flaschenzug ins Grab hinauf. Bald wurde klar, dass wir nur noch wenige Stunden Tageslicht haben würden und es Zeit war, zurückzukehren und am nächsten Tag wiederzukommen, denn die Dunkelheit bricht in den thebanischen Bergen erstaunlich schnell herein. So seilten wir uns ab, während einige Mitglieder des Teams zusammenpackten und unsere Truppe das Wadi hinunter zu den wartenden Fahrzeugen führten. Wir hatten einen ungewöhnlich langen, heißen und ermüdenden Tag hinter uns.

Der Nachmittag wäre Frayling schon beinahe zum Verhängnis geworden. Als er die Felsspalte hinaufgeklettert war und wieder zu unserem Ausgangspunkt hinunterwanderte, verirrte er sich auf einem der manchmal ins Nichts führenden Trampelpfade, die man hier und dort in der Wüste findet. Irgendwann landete er am Rand eines hohen Steilabfalls, wo er sich kaum noch halten konnte. Trotz unserer dringenden Rufe an die Träger kam ihm niemand zu Hilfe. Schnell legte ich mir den Klettergurt an, um mich abzuseilen und ihn da herunterzuholen – und Christopher konnte sich gerade noch auf sicheres Gelände retten. Jetzt brach der Abend herein, und ich wollte unbedingt die Kletterausrüstung holen, während die anderen sich schon auf den Rückweg machten. Ich war schließlich für ihre Sicherheit verantwortlich, das war eine persönliche und auch berufliche Pflicht, und mir war nicht wohl bei dem Gedanken, die Seile über Nacht draußen zu lassen, wo sie von Nagetieren oder Naturkräften beschädigt werden konnten.

Mit einem Kameramann im Schlepptau rannte ich buchstäblich den Hang hinauf und lief an der Kante entlang, während es von Sekunde zu Sekunde dunkler wurde. In der Felsspalte hangelte ich mich schnell nach unten. Ich steckte gerade in einem besonders engen Abschnitt, als ich einen furchtbaren Schlag auf den Kopf bekam. Ich sah grelle Lichtblitze, verlor die Orientierung und hätte beinahe losgelassen. Der Kameramann hatte aus Versehen einen Felsbrocken losgetreten, als er direkt am Rand des Felsens entlanglief. Der Stein von der Größe einer Grapefruit war schon mindestens drei Meter gefallen, bevor er mich traf. In der Eile hatte ich meinen Helm vergessen.

Ich klemmte mich in den Spalt und versuchte wie betäubt erst einmal den Mut zu fassen, die Verletzung näher zu untersuchen. Meine Finger spürten eine tiefe offene Wunde und waren voller Blut, als ich sie zurückzog. Der Kameramann war furchtbar besorgt und entschuldigte sich immer wieder. Wenn ich losgelassen hätte, hätte ich durch die Spalte auf den abschüssigen Sims fallen können und dort weiter über die Kante und wäre beim Sturz in die Tiefe vielleicht noch auf den Vorsprung vor Hatschepsuts Grab geprallt. Es war ein Unfall, versicherte ich ihm, und wir hatten jetzt Wichtigeres zu tun.

Ich bat ihn, meine Augen anzuschauen, und er meldete, dass eine Pupille geweitet war, was auf eine Gehirnerschütterung, einen Schädelbruch oder Ähnliches hinwies. Ich wollte noch immer unsere Mission abschließen und bestand darauf, die Ausrüstung zu bergen, dann aber so schnell wie möglich aus diesem Felsspalt herauszukommen. Falls ich ohnmächtig werden sollte, und die Gefahr bestand ja durchaus, dann lieber auf einem Trampelpfad als nachts eingeklemmt in einer Spalte in einem abgelegenen Wüstenberg.

Mit abmontierten Sicherungshaken und aufgerollten Seilen rutschten wir auf die Hangkante zurück und stiegen im letzten Rest der Dämmerung vorsichtig ins Wadi ab. Ich fühlte mich nicht besonders, konnte aber immer noch laufen, und so kamen wir in der Dunkelheit gut voran, bis wir endlich unsere besorgten Kollegen erreichten, die selbst vor einem Problem standen. Unsere Träger hatten beschlossen, dass sie mindestens das Doppelte des vereinbarten Lohns bekommen müssten. Das war hier immerhin die BBC, und die hatte sicher volle Taschen! »Könntest Du uns helfen, das zu klären, Don?«, bat Towers, der ja nicht wusste, was passiert war. Ich antwortete nur, indem ich die Taschenlampe auf meine Wunde richtete, und damit war ich aller Pflichten ledig.

Im Hotel auf dem anderen Flussufer säuberte ich die Wunde, und ein paar Kollegen legten netterweise einen dicken Eisbeutel darauf, um die Schwellung einzudämmen. Ich musste mich entscheiden: Sollte ich in ein Krankenhaus gehen – was womöglich das Ende dieses wunderbaren Fernseh-Abenteuers bedeuten würde? Oder sollte ich versuchen, mich selbst zu behandeln, und das Beste hoffen? Mit gemischten Gefühlen entschied ich mich für Letzteres und schlief irgendwann ein. Plötzlich jedoch schreckte ich aus dem Schlaf. Ich wusste nicht, wo ich war, und mir war übel. In einem Anfall von Panik rannte ich auf unsicheren Beinen in die dunkle Nacht hinaus, um in den finsteren Straßen von Luxor nach dem einzigen Arzt zu suchen, den ich in der Stadt kannte. Verrückterweise fand ich sogar seine Praxis, aber sie war natürlich geschlossen, und ich klopfte vergeblich. An den folgenden Tag, an dem wir aus irgendeinem Grund drehfrei hatten, kann ich mich nur noch ganz verschwommen erinnern. Irgendwann muss ich wohl eine Fähre über den Nil genommen haben und zum Westgebirge gegangen sein. Als ich aus meinem benebelten Zustand erwachte, stand ich jedenfalls auf einem schmalen Pfad in einem kleinen Wadi parallel zur Straße, die zum Tal der Könige führte. Ich hatte keine Ahnung, wie ich dort hingekommen war! Ich ging den Pfad wieder hinunter, auf das grüne Fruchtland zu, und kehrte nach Luxor zurück. Am Abend ging es mir schon wieder sehr viel besser, und ich fühlte mich durchaus in der Lage, am nächsten Tag weiterzuarbeiten.

Als wir wieder auf dem Felsen standen, verhielten sich die Kameraleute schon wie erfahrene Bergsteiger und seilten sich sicher in das Grab ab. Die Ausrüstung wurde noch einmal hinaufgezogen. Als wir jetzt endlich im Grabinneren filmten, konnte ich die interessante Anlage erkunden. Ein absteigender Korridor führte in den Fels hinein bis zu einem scharfen Knick nach rechts und dann in den Raum, in dem Carter den Sarkophag gefunden hatte. Die Wände zeigen, dass dieses Grab bis fast zur Decke mit vom Wasser hereingeschwemmten Ablagerungen gefüllt gewesen war. Aus diesem Raum führt ein enger Tunnel in eine winzige Kammer hinab, in der zu meiner Überraschung Wasser stand – wie hoch, war nicht zu erkennen. Ich zögerte, weiterzukriechen und hindurchzuwaten, da die zahlreich anwesenden Fledermäuse vermuten ließen, dass das Wasser ziemlich dreckig war. Diese kleine Kammer in dem isoliert liegenden Grab lieferte also einen schlagenden Beweis dafür, dass es in den thebanischen Bergen tatsächlich ab und zu heftige Wolkenbrüche gibt und dass sich das Regenwasser in den antiken Bauten sammeln kann. Die Spalte, in der wir uns abgeseilt hatten, bildet eine natürliche Ablaufrinne für das Wasser. Hier konnten wir deutlich sehen, wie bedroht die ähnlich gelegenen Gräber im Tal der Könige und in der ganzen Region sind. Wir besuchten das Grab im April noch einmal, und noch immer war trotz der großen Hitze eine beträchtliche Wassermenge vom Winter übrig.

Die übrigen Szenen im Grab drehten wir problemlos ab und waren froh, als wir damit fertig waren. Ich musste mich nur noch zu Christopher Frayling abseilen, der am Fuß des Felsens auf mich wartete und mir ein paar Fragen zu Carter stellte, während ich noch am Seil baumelte. Als ich endlich wirklich festen Boden unter den Füßen hatte, nahm ich den Helm ab und machte mich vom Seil los. »Danke, Kumpel!«, sagte ich zu Frayling, als er mir meinen Hut reichte, mit dem ich mein beinahe tödliches Souvenir verbarg, das ich noch heute in Form einer tiefen Narbe mit mir herumtrage.

Verschiedene kleine Szenen, die wir in den thebanischen Bergen drehten, haben es leider nicht in den Film geschafft: Vor der spektakulären Felsenkulisse verspürte ich plötzlich das Bedürfnis des echten Alpinisten, mich auf einen Felsvorsprung zu stellen und nach bester Bergsteigertradition zu jodeln. Als das Echo dieser hier fremdartigen Laute durch die steilen Schluchten hallte, betrachtete Frayling bedächtig noch einmal die knochentrockene Landschaft ringsum. »Also, die Schweiz ist das eigentlich nicht!«, meinte er. In einer anderen Szene sollte ich zum Rand des Felsens rennen, um Frayling möglichst schnell zu melden, dass wir wirklich richtig genau über Hatschepsuts Grab standen. »Er rennt!«, schrie ein überraschter Christopher. »Es ist zu heiß, um zu gehen!«, erklärte ich im Tonfall von Clint Eastwood. Schnippel, schnippel!

Es gab noch einige andere denkwürdige Zwischenfälle bei diesem Projekt – etwa eine inszenierte Party im Freien, die sich fast zu einem Aufstand entwickelt hätte. Die Szene sollte zeigen, wie gut sich Howard Carter mit den Einheimischen verstanden hatte, und wir luden einige Arbeiter aus dem Dorf ein, die uns geholfen hatten. Die dunkle Nacht wurde nur durch das flackernde Licht von Kerosinlampen erleuchtet. Ich hatte einen Sänger und ein paar Trommler organisiert, und Frayling und ich genossen das Tanzen und das ganze Drumherum. Als jedoch die gebratene Ziege gebracht wurde, schlug die Stimmung um. In der Aufregung darüber, dass es jetzt endlich etwas zu essen gab, drängten sich viele hungrige Gäste mit ausgestreckten Händen um den Tisch, auf dem die Ziege lag. Vor laufender Kamera drohte der Koch den Dränglern mit einem großen Messer – er wollte sie nur kurz verscheuchen, bis alles fertig vorbereitet war. Doch dann tauchte aus der Dunkelheit ein Peitsche schwingender älterer Mann in schwarzem Gewand auf, der auf die gierigen Gäste einschlug. Das führte zu einem ziemlichen Aufruhr, und ich bin mir nicht sicher, ob der Koch ihm für sein Eingreifen wirklich dankbar war. Fest steht jedenfalls, dass der Peitschenschwinger später zu mir kam und einen Lohn für seine Dienste von mir forderte. Ich wies dieses Ansinnen zurück, und die Party ging weiter bis zum nächsten seltsamen Zwischenfall.

Nur wenig später sah ich gerade noch aus dem Augenwinkel, wie ein Kind mit einer vollen Plastiktasse auf eine der Feuerschalen zustolperte. Einen Moment später schoss eine riesige Stichflamme empor, die mir fast das Hemd vom Rücken sengte, während der kleine Junge kichernd davonrannte. Solche Zwischenfälle waren sicher nicht für die Fernsehsendung, wie wir sie uns vorstellten, geeignet. Aber das Schlimmste sollte noch kommen. Jemand begann Steine nach uns zu werfen. Vielleicht war er beleidigt, weil er nicht eingeladen worden war (oder es war ein kleiner Racheakt des Peitschenmannes, der leer ausgegangen war?). Bei der Dunkelheit ringsum konnten wir unmöglich sehen, woher die Steine kamen, und jetzt reichte es wirklich. »Schluss!«, rief Derek Towers, und wir beendeten die Party abrupt. Zwei Einheimische, die ich nicht kannte, kamen lächelnd auf mich zu und stellten sich als Wachen vor. Sie behaupteten, sie hätten den ganzen Abend für uns gearbeitet. Ich zeigte ihnen den blauen Fleck am Arm, wo ein Stein mich getroffen hatte. »Gute Arbeit«, kommentierte ich sarkastisch und ließ sie stehen.

Aber natürlich gab es auch viele wunderbare Augenblicke auf diesem ersten Ausflug ins Fernsehland, darunter schöne Abende in Luxor mit neuen Freunden und nachmittägliche Interviews in der thebanischen Nekropole. Frayling und ich können noch immer über den »Fluch« lachen, der uns traf, als ich zunächst von einem Felsen blutig geschlagen wurde und er kurz darauf in Kairo in einem Lift abstürzte, als dessen Stahlseile rissen. Abgesehen von den Narben und den Erinnerungen ist wohl der aufrichtige Respekt für Howard Carter das Bemerkenswerteste, was ich aus dem ganzen Projekt mitnahm. Als ich die Chance hatte, buchstäblich in seine Fußstapfen zu treten, wurde mir klar, dass der Mann mit der Fliege zäh, kühn, ja geradezu getrieben und ein echter Forscher war. Die Serie *The Face of Tutankhamun* – die in Deutschland unter dem Titel *Das Geheimnis Tutanchamuns* lief – porträtiert Howard Carter so, wie ihn nicht allzu viele Menschen kennen. Sein schroffer Charakter sorgte zwar dafür, dass er zu Lebzeiten nur wenige echte Freunde fand, aber er führte sicher ein faszinierendes Leben, und die meisten Ägyptologen beneiden ihn zweifellos um seine Leistungen. Seit dieser Zeit habe ich das Gefühl, dass ich den Mann verstanden habe und seine Persönlichkeit und seine Lebensumstände nachempfinden kann.

The Face of Tutankhamun wurde wie geplant im November 1992 erstmals im englischen Fernsehen ausgestrahlt, siebzig Jahre nach der Entdeckung des Grabes. Ich war zu diesem Anlass in London, und das British Museum feierte das Jubiläum mit einer wunderbaren Ausstellung unter dem Titel »Howard Carter: Before Tutankhamun«. Ich nahm mit Derek

Towers, Christopher Frayling und ein paar anderen Kollegen vom Film am Empfang zur Ausstellungseröffnung teil und traf dort eine interessante Ansammlung bekannter Ägyptologen, darunter auch Harry James, Carters Biografen. Auf dieser Reise plante ich auch einen Abstecher hinaus zum Putney Vale Cemetery, um Carters Grab zu besuchen. Ich hatte eine Rezension von James' Buch für die Zeitschrift *Archaeology* geschrieben. Neben meinem Artikel fand ich einen kleinen Infokasten mit einem Text des Archäologen Paul Bahn, der auf den bedauerlichen Zustand des Grabes hinwies. Bahn und ich trafen uns (eine Begegnung, die aus anderen Gründen sehr interessant wurde) und besuchten den Friedhof, der tatsächlich einen jämmerlichen Anblick bot. Wie die ersten Szenen von *The Face of Tutankhamun* zeigten, waren nur wenige Menschen zu Carters Begräbnis gekommen, und jetzt war das Grab des wohl bekanntesten Archäologen aller Zeiten vergessen und völlig vernachlässigt, die knappen Worte auf dem Grabstein waren kaum noch zu lesen und verschwanden immer mehr.

Paul und ich beschlossen, einen Fonds zu gründen, um die Grabstätte wieder herrichten und wenigstens den Grabstein durch einen angemesseneren ersetzen zu lassen. Zu Hause richtete ich ein Konto ein, auf das ich ein bisschen eigenes Kapital einzahlte, doch bald erfuhr ich, dass das British Museum angekündigt hatte, Carters Grab wieder zu einer würdigen Gedenkstätte zu machen. Damit wollte ich nun wirklich nicht konkurrieren, und so überwies ich das Geld als ein Geschenk meines kleinen Sohnes ans British Museum. Ein oder zwei Jahre später hörte ich voller Freude, dass ein schöner neuer Grabstein aufgestellt und dass der Name des kleinen Samuel bei der Einweihung verlesen worden war.

Mit seinem großen Budget und der hervorragenden Produktionsqualität setzte *The Face of Tutankhamun* für mich Maßstäbe für alle anderen Sendungen, an denen ich später noch beteiligt war. Sie waren mal besser, mal schlechter, aber wirklich schlecht war ein Bericht über Mumien, an dem ich mitwirken sollte. Die Show sollte mit den Königsmumien im Ägyptischen Museum in Kairo beginnen, um dann zum Tal der Könige überzugehen, wo ich gerade arbeitete. Ich begann zu ahnen, dass Ärger ins Haus stand, als ein Freund, der die Sendung in Kairo betreute, mir ein Fax nach Luxor schickte. Es war der Reiseplan des Filmteams, und als Kommentar zur Ankunft war dort zu lesen »Wahrscheinlich am Flughafen

Treffen mit Don Ryan, einem etwas über dreißigjährigen Möchtegern-Indiana-Jones«.

»Pass auf Gigi, die Regisseurin, auf«, warnte mich mein Freund. »Sie ist ziemlich schwierig.«

Diese Sache mit dem »Möchtegern« war unverschämt und falsch und die Anspielung auf Indiana Jones einfach nur zum Gähnen. In Anbetracht all der faszinierenden Arbeiten und Entdeckungen, die Archäologen weltweit seit mehr als einem Jahrhundert gemacht haben, ist es doch erstaunlich, dass ausgerechnet eine fiktive Filmfigur für viele Amerikaner den wichtigsten Bezugspunkt zur Archäologie darstellt. Fast jeder Archäologe, dessen Name irgendwann einmal durch die Presse ging, ist schon als der »Indiana Jones von [hier können Sie den jeweiligen Heimatort – Poughkeepsie zum Beispiel – oder den Namen der Bildungsinstitution – Farm Town Community College – einsetzen]« betitelt worden. Die Annahme, dass der typische Archäologe ein wagemutiger Draufgänger ist, der ständig in Lebensgefahr schwebt, ist einfach lächerlich. Nie sieht man Indiana Jones dabei, wie er stundenlang auf Händen und Knien in müheseliger Kleinarbeit Funde aus der Erde schält und sie dokumentiert oder wie er Stunden in einem Labor oder einer Bibliothek verbringt, um Berichte zu schreiben. Nein, was man sieht, ist eine Art Grabräuber, der sich kostbare Gegenstände schnappt, während er von Gangstern mit unterschiedlichem Akzent verfolgt wird. »Ja, stimmt, Archäologen sind wie Indiana Jones«, sage ich dann oft sarkastisch. »Soll ich Ihnen mal die Narben auf der Brust zeigen, die ich abbekommen habe, als ich von Nazis hinter einen Laster gezerrt wurde?«

Ich habe allerdings durchaus Kollegen kennengelernt, die mit diesem Image spielen und es weidlich ausschlachten. Ein Bekannter von mir tat sogar alles, um den Mythos noch zu fördern, weil er hoffte, so leichter mit Frauen in Kontakt zu kommen. Vielleicht waren tatsächlich manche auf den ersten Blick vom Hut und der Sprache beeindruckt, doch die Angeberei und die Peitsche waren eindeutig zu viel des Guten. Von anderen hört man, sie seien das Vorbild für Indiana Jones, darunter auch ein amerikanischer Amateurarchäologe, der tatsächlich Jones heißt, und ein weiterer, der behauptet, die Geschichten beruhten auf seinen verschwundenen Tagebüchern. Soweit ich das beurteilen kann, ist Indiana Jones eine frei erfundene Figur, ein Fantasiegeschöpf der Drehbuchautoren. Eigentlich

sollte er Smith heißen, und Indiana war der Name von George Lucas'
Hund.

Gibt es Abenteuer in der Archäologie? Natürlich, unzählige. Besonders
wenn man in Ländern wie Ägypten arbeitet. Aber der heiße Atem böser
Nazis im Nacken, Faustkämpfe oder Schießereien gehören ganz sicher
nicht dazu. Die Filme mit Indiana Jones sind unterhaltsam, aber im
Grunde geht es zu wie in einer Zeichentrickserie; dabei ist die Archäologie
doch gerade deshalb so faszinierend, weil sie *real* ist.

Gigi und ihr Filmteam kamen schließlich in Luxor an, und mein Infor-
mant hatte recht gehabt. Sofort hörte ich, dass sie keine Erlaubnis bekommen hätten, in Kairo das zu drehen, was sie wollten, also hätte sie keinen
Knaller für ihren Film. »Hmmmm«, antwortete ich. »Ich dachte, *ich* sei der
Knaller.« Sie arbeitete offenbar zum ersten Mal in Ägypten und war schnell
frustriert, vor allem wenn sie sich an veränderte Situationen anpassen
musste. In den nächsten Tagen wurde es geradezu absurd. Einmal fehlte
der Mannschaft ein Fahrzeug, also lief ich neben einem fahrenden Lastwagen her und sprang hinten auf die Stoßstange, um mich den Hügel hinauf
zum Haus meines Fahrers mitnehmen zu lassen, den ich für den Job
anheuern wollte.

»Diese Sache, wie Sie da auf den Lastwagen springen«, meinte Gigi.
»Das sollten wir filmen.«

Ich zuckte mit den Schultern. »Okay, wenn Sie so etwas wollen!«

Wir fanden jemanden, der sich bereit erklärte, mit dem Lastwagen an
mir vorbeizufahren, damit ich aufspringen konnte, doch jedes Mal, wenn
die Kameras liefen, versperrte gerade ein Fahrzeug, ein Esel oder ein anderes Hindernis die Sicht. Ich wurde hier und dort gefilmt, wie ich ins Tal
fuhr, ja sogar, wie ich frei einen Felsen hinaufkletterte. Das Ganze war eine
ziemliche Farce, doch der Gipfel war, dass meine ägyptischen Helfer einmal stundenlang in der Hitze stehen mussten und einer dadurch krank
wurde.

Endlich reiste Gigi ab, und die »Knaller«-Szene aus dem Museum in
Kairo wurde ersetzt durch die Untersuchung einer Mumie mit moderns-
ter Technik in einem amerikanischen Krankenhaus. Es dauerte Monate,
bis ich das Geld für meine Arbeit bekam, und ich schickte eine
Beschwerde an die Produktionsfirma, in der ich meine negativen Erfahrungen schilderte. Die einzige Reaktion kam von der freundlichen Tele-

fonistin der Firma, die sich für die Langsamkeit ihrer Kollegen entschuldigte.

In einer anderen denkwürdigen Sendung sollte ich ein altägyptisches Handwerk demonstrieren, nämlich das Herstellen von Seilen aus Papyrus. Angefangen hatte alles mit einem Empfang im Los Angeles County Museum of Art. Ein Freund erzählte mir, dass er gerade jemanden kennengelernt habe, der eine Sendung zum Thema »Große Baumeister Ägyptens« produziere. Er zeigte mir einen hochgewachsenen Mann mit buschigem Haar, und ich stellte mich ihm vor. »Ich habe gehört, Sie machen eine Sendung über ägyptisches Bauen, und offen gesagt«, witzelte ich, »ist Ihre Sendung nicht vollständig, wenn Sie nichts über Seile darin haben.« Ich erklärte die Bedeutung dieser Technik, und der Produzent, Joshua Alper, wirkte schon fast überzeugt. Also schickte ich ihm ein paar Aufsätze zum Thema, und es dauerte nicht lange, da flog ich von Seattle nach Los Angeles, um auf altägyptische Weise ein Stück Seil herzustellen. Wir drehten das Ganze in einem Klettergebiet namens Stony Point, wo ich dabei gefilmt wurde, wie ich eine Felswand hochstieg – damit wollten sie mein Interesse an Seilen erklären. Ich hatte ein paar Papyrusstängel mitgebracht, die ich mit dem Hammer weichschlug, bevor ich die Fasern zwischen meine nackten Zehen klemmte und sie nach allen Regeln der Kunst verzwirnte. Das ähnelte den Techniken, die ich auf antiken Grabwänden gesehen und in ägyptischen Dörfern beobachtet hatte. Joshua fand es großartig, und ich hörte oft, dass es die Sendung zu etwas Besonderem gemacht habe, die sonst so leicht in die übliche Fernsehkost voller beeindruckender Pyramiden und ganzer Wälder von steinernen Tempelsäulen hätte abgleiten können.

Die wachsende Zahl an Fernsehsendungen zur Archäologie und Geschichte, die oft billig gemacht sind oder auf Sensationen oder Esoterik setzen, ist schon ein bisschen beunruhigend. Mumienflüche, intergalaktische Aliens als Botschafter in alten Kulturen, untergegangene Kontinente und Pyramiden auf dem Mars sind gängige Themen, die die Zuschauer mit einem Haufen Unsinn anlocken und ihm eine gewisse Glaubwürdigkeit verleihen. Schließlich »haben sie das im Fernsehen gezeigt«. Mehr als ein Sender, der einst mit edlen Bildungsabsichten antrat, hat sich nun solchen an die Sensationsgier appellierenden Sendungen verschrieben. Glücklicherweise findet man immer noch gewissenhaft gemachtes Fernsehen zum Thema, das über den Durchschnitt hinausragt. Die besten Sendungen des Genres sollen den Zuschauer anregen, erfreuen und bilden und die private wie öffentliche Unterstützung der Archäologie und anderer wissenschaftlicher Unternehmungen fördern.

11

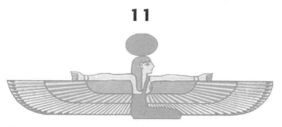

PYRAMIDEN IM ATLANTIK

Als Zehnjähriger träumte ich immer wieder davon, Mitglied der Crew zu sein, die in einem fremdartigen Floß über den Ozean trieb:

Der Himmel verdunkelte sich, und eine weitere Welle rollte heran ... Nur noch eine Stunde musste ich als Wache am Steuerruder ausharren, bevor meine wohlverdiente Ruhepause begann. Angstvolle Gedanken an einen drohenden Sturm zerstreuten sich, während das Floß wie ein schwimmender Korken über jede neue Woge glitt – dieses Gefährt war immerhin aus Balsaholz gemacht, und wenn das Wasser darüber hereinbrach, lief es durch die Ritzen zwischen den zusammengebundenen Stämmen wieder ins Meer zurück. Es war ein arbeitsreicher Tag gewesen. Knut und Erik fingen ein paar Haie; sie griffen die sandpapierrauen Schwanzflossen mit bloßen Händen und warfen sie aufs Deck. Ein seltsamer Sport, geboren aus der Suche nach neuen Herausforderungen auf einer Reise, die inzwischen schon über drei Monate dauerte. »Bleibt weg vom beißenden Ende!«, drang eine fröhliche norwegische Stimme aus der Kabine. Sie gehörte dem Kapitän des Floßes, Thor Heyerdahl, der die kühne Idee, mit einem experimentellen Nachbau eines prähistorischen südamerikanischen Floßes den Pazifik zu überqueren, aufgebracht hatte.

Es gibt viele kontrovers deutbare Hinweise darauf, dass Menschen aus der Neuen Welt nach Polynesien gekommen sein könnten, vielleicht sogar noch vor den Polynesiern selbst. Für die Welt der Anthropologie war diese Idee Häresie, und Kritiker beriefen sich oft darauf, dass die Seefahrer Südamerikas ausschließlich Küstenseefahrt betrieben und ihre Wasserfahrzeuge die Unbilden einer Ozeanreise nicht überstanden hätten, was schon den spanischen Konquistadoren aufgefallen war. »Es gibt nur einen Weg, das herauszufinden«, provozierte Thor die Kritiker. Bauen wir eins, setzen wir es in den Ozean und sehen wir, was passiert. Man könnte das Ganze experimentelle Archäologie nennen. Die Reise erwies sich nicht nur als möglich, sie war sogar relativ einfach, da die Winde und Strömungen das Floß wie auf einem natürlichen Fließband direkt zu wunderbaren Inseln transportierten.

Jeder Tag an Bord des Floßes Kon-Tiki ist ein Abenteuer. Gestern fand Torstein einen seltsamen, unbekannten Fisch, der aus dem Meer in seinen Schlafsack sprang, und wir reden noch immer über den Walhai, der letzte Woche unter dem Floß hindurchschwamm, ein furchteinflößendes, aber doch unglaublich faszinierendes Geschöpf, dessen Kraft und Masse es durchaus mit der unserer stabilen Ansammlung schwimmender Stämme aufnehmen konnte. Unser Freund aus Peru, ein Papagei namens Lorita, bringt uns immer wieder zum Lachen, so wie auch die Schwärme fliegender Fische, die plötzlich aus der See hervorbrechen und von denen zwei sogar direkt in unserer Bratpfanne landeten. Thor taucht aus der Kabine auf und schaut in den Himmel. Ein paar Möwen über uns zaubern ihm ein Lächeln ins Gesicht. »Das Land ist nahe, junger Mann!«, raunt er mir zu. Da ich das jüngste Mitglied der Kon-Tiki-Expedition bin, achtet Thor immer besonders darauf, dass es mir gut geht, dass ich weiß, was gerade passiert, und dass ich immer etwas zu tun habe. »Klettere den Mast hoch und erstatte uns Bericht«, ermutigt er mich, während er meine Position am Ruder übernimmt. Vorsichtig klettere ich hinauf zur Querstange und schirme die Augen mit einer Hand gegen die Sonne ab. Beim Absuchen des Horizontes entdecke ich etwas Seltsames: eine dünne Linie Grün, die die Monotonie des scheinbar endlosen Meeres durchbricht. »Land in Sicht, Thor!«, brülle ich überschwänglich. »Land in Sicht!« Endlich wieder fester

Boden unter den Füßen, und wichtiger noch, ein erfolgreicher Test für eine radikale Idee.

»Donald!«, rief eine Frauenstimme aus dem Nichts. »Donald! Komm zum Abendessen!« Sofort brach die Illusion in sich zusammen, und die *Kon-Tiki* war wieder nur ein Haufen grob zusammengenagelter Holzlatten an einem südkalifornischen Abhang, der Ozean verwandelte sich zurück in ein Meer aus hohem grünen Gras. Thor und die Crew verschwanden, während die Sonne hinter den Avocadohainen unterging und ich auf den Ruf meiner Mutter hin im Haus verschwand. Die große Reise würde ich am nächsten Tag und am Tag danach wieder aufnehmen. Begonnen hatte sie eigentlich mit einem kleinen Taschenbuch im Weihnachtsstrumpf – einem Taschenbuch mit dem Titel *Kon-Tiki*, ausgewählt von einem Weihnachtsmann, der meinem Vater zum Verwechseln ähnlich sah, einem Mann, der das Meer kannte, als Offizier auf einem Kriegsschiff gedient hatte und sein eigenes Segelboot steuerte. Warum gerade jenes Buch? Ich weiß es nicht; er hatte es sicher selbst gelesen und meinte wohl, es sei genau das Richtige für seinen auf Bücher versessenen Sohn. Und er hatte recht. Thor Heyerdahl und seine *Kon-Tiki* weckten in mir eine Abenteuerlust, die mich nie wieder verlassen sollte.

Die *Kon-Tiki*-Expedition hatte 1947 stattgefunden, zehn Jahre, bevor ich auf die Welt kam, doch mit seinen Millionen Exemplaren in mehr als fünfzig Sprachen war das wunderbar geschriebene Buch über die Reise zu einem internationalen Phänomen geworden. Ein norwegischer Nobody, der eigentlich Zoologie studiert hatte, wurde als Symbol kühnen Abenteurertums weltberühmt. Thors wackelige Filmaufnahmen von der Fahrt, begleitet von einer unglaublich spannenden Geschichte, brachten ihm 1950 einen Oscar für den besten Dokumentarfilm ein, während Anthropologen die Haare zu Berge standen, wenn sie von seinen Ideen und den Methoden hörten, mit denen er sie beweisen wollte. Seine Fans wie auch seine Kritiker sollten feststellen, dass dies erst der Anfang war. Thor verbrachte die nächsten fünfundfünfzig Jahre damit, überkommene wissenschaftliche Dogmen zu hinterfragen. Seine Thesen untermauerte er mit wissenschaftlichen Veröffentlichungen und Vorträgen, und er appellierte mit Büchern, die Fragen stellen und inspirieren sollten, an den gesunden Menschenverstand der Öffentlichkeit. Ein paar Jahre nach der berühmten

Expedition veröffentlichte Thor unter dem Titel *Indianer und Alt-Asiaten im Pazifik* eine klar geschriebene, fachlich kompetente Erklärung der wissenschaftlichen Theorien hinter der Reise der *Kon-Tiki*. Dieser beeindruckende Band mit seinen über achthundert eng bedruckten Seiten und Hunderten Literaturhinweisen wurde damals kaum gelesen und ist auch heute praktisch unbekannt. Hier präsentierte Thor einen wahren Informationsschatz, der seine Thesen stützte und ahnen ließ, dass die Geschichte des Pazifiks weitaus interessanter war, als die meisten sich vorstellen konnten.

Mitte der 1950er-Jahre leitete Heyerdahl die erste größere wissenschaftliche Expedition zur archäologischen Erforschung der Osterinsel. Dieses abgelegene Eiland im Pazifik, bekannt für seine auffälligen, riesigen Steinköpfe, stellt uns vor viele Fragen, und wie Ägypten bot es einen fruchtbaren Boden für wissenschaftliche und esoterische Ideen. Die beeindruckende Arbeit der Expedition und die Veröffentlichungen sind noch immer die Grundlage aller weiteren Arbeiten auf der Insel, und Thors populärwissenschaftliche Darstellung des ganzen Abenteuers, *Aku-Aku, das Geheimnis der Osterinsel,* war ein weiterer Bestseller. Neben *Kon-Tiki* und ein paar Dinosaurierbüchern war es mein Lieblingsbuch – und das ist es noch heute.

1969 baute Heyerdahl noch einmal ein Schiff, diesmal aus Papyrus. Ausgehend von seiner Überzeugung, dass die Ozeane keine Hindernisse waren, sondern befahrbare Straßen, war ihm aufgefallen, dass viele Menschen der Antike in den verschiedensten Teilen der Welt etwas nutzten, das unter dem Oberbegriff »Schilfboot« zusammengefasst werden kann. Diese Fahrzeuge waren aus Bündeln natürlich schwimmender Schilfrohre oder Riedgräser gebaut und konnten in allen möglichen Größen hergestellt werden. Allem Anschein nach sind auch auf prähistorischen Felsmalereien in der ägyptischen Wüste viele Schilfboote abgebildet, erkennbar an ihrem hochgezogenen Bug und Heck. Wie bei der *Kon-Tiki* wollte Thor auch hier die Seetüchtigkeit eines antiken Bootstyps testen, und so erbaute er die *Ra* ganz in der Nähe der Pyramiden von Giza. Das Boot wurde dann nach Marokko transportiert und im Atlantik zu Wasser gelassen, um mit Thor und seiner bunt zusammengewürfelten Besatzung eine Reise nach Amerika anzutreten. Aus verschiedenen Gründen begann das Boot kurz vor dem Ziel auseinanderzufallen und musste aufgegeben werden.

Im nächsten Jahr baute Thor ein neues, das er *Ra II* taufte, und die problemlose und erfolgreiche Atlantiküberquerung dauerte genau vierundfünfzig Tage. Aufgeregt verfolgte ich als Kind die *Ra*-Expeditionen, und als der Dokumentarfilm ins Kino kam, genoss ich jede Minute. Thor hatte es wieder mal geschafft!

Erst Jahre später erfuhr ich, dass Thors Experimente für ziemliche Verwirrung sorgten. Die Öffentlichkeit liebte natürlich solche Abenteuer, aber was wollte er mit ihnen zeigen? Manche glaubten, er wolle beweisen, dass die alten Ägypter weit vor Kolumbus nach Amerika kamen. Der Stil des Bootes, der Name und der Ort, an dem es gebaut wurde, legten das nahe. Tatsächlich aber war es einfach so, dass die Zeugnisse aus dem alten Ägypten die besten Vorbilder für den Bau des Prototyps eines Schilfbootes lieferten. Außerdem war Ägypten auch ein gutes Land, um das Boot anzufertigen. Thor vertrat nie die These, dass die Ägypter die Neue Welt erreicht hätten, und zumindest in der Zeit der Pharaonen waren sie offenbar kaum über die Küsten des östlichen Mittelmeeres und des Roten Meeres hinausgekommen. Aber andere hätten auf große Fahrt gehen können und taten dies wahrscheinlich auch, und ich wage zu behaupten, dass es irgendwann einmal schlüssige Beweise dafür geben wird, sodass die Geschichtsbücher neu geschrieben werden müssen.

Ein drittes Schilfboot namens *Tigris* entstand 1977 mit der Absicht, drei Regionen antiker Hochkulturen zu verbinden, die sich offenbar etwa zur gleichen Zeit entwickelt hatten: Mesopotamien, das Industal und Ägypten. Es gibt Belege dafür, dass es in allen drei Gebieten solche Boote gab und dass sie zu Beginn ihrer kulturellen Entwicklung miteinander in Kontakt gestanden haben könnten. Die *Tigris* war monatelang unterwegs, segelte vom Irak über den Persischen Golf und den Indischen Ozean über Pakistan bis nach Dschibuti am Eingang des Roten Meeres, wo sie in Brand gesteckt wurde, um gegen die Kriege in dieser Region zu demonstrieren.

Es gab noch weitere Heyerdahl-Unternehmungen nach der *Tigris,* darunter auch archäologische Grabungen auf den Malediven, in Peru und eine Rückkehr auf die Osterinsel. In diesen Jahren wurde er zu einem Star, nicht nur in seinem Heimatland Norwegen, sondern auch in vielen anderen Teilen der Welt. Zudem trat er international als wichtiger Fürsprecher für globale Kooperation und Umweltschutz auf, insbesondere für den

Schutz der Ozeane. Der Abenteuergeist des Mannes und seine gegen jedes Schubladendenken aufbegehrende Mentalität inspirierten mich und meine archäologische Arbeit immer wieder, und ich verfolgte seine Unternehmungen, so gut ich konnte.

18 Donald P. Ryan mit seinem Idol Thor Heyerdahl (links).

Schließlich lernte ich Thor Heyerdahl sogar persönlich kennen, und dieses Privileg verdanke ich Howard Carter und Giovanni Belzoni. Ich war im November 1992 wegen der Howard-Carter-Ausstellung, von der im vorigen Kapitel die Rede war, in London. In der Woche dort wollte ich ein paar Dinge erledigen, darunter den Abstecher zum Grab Howard Carters und einen Besuch am Hauptsitz der Royal Geographical Society. Diese Gesellschaft ist eine altehrwürdige Organisation, gegründet 1830, und ihre Mitgliederlisten versammeln ein veritables Who's who der Forschungsreisenden der letzten beiden Jahrhunderte. In früherer Zeit wurde in ihren Vortragssälen über die Suche nach den Quellen des Nils oder Expeditionen zu Nord- und Südpol berichtet, und auch heute noch ist sie eine wichtige Institution für alle Aspekte der Geografie. Die Gesellschaft beherbergt zudem ein riesiges Archiv mit Materialien zu den verschiedensten geografischen Projekten. Ich fand dort zu meiner großen Überraschung sogar einige Dinge über Giovanni Belzoni.

Einen Nachmittag verbrachte ich damit, dieses interessante Material zu sichten. Als das Archiv schloss, packte ich meine Notizbücher zusammen und begab mich zum Ausgang. Ich hatte das Gebäude schon fast verlassen, als eine große Entourage hereindrängte, die offenbar aus Journalisten, Fotografen und einem ganzen Tross weiterer Menschen bestand. In der Mitte bewegte sich ein Mann, den ich sofort erkannte. Es war Thor Heyerdahl. Genau der Mann auf der ganzen Welt, dessen Bekanntschaft ich mir gewünscht hätte, wenn ich einen Wunsch frei gehabt hätte. Thor war für einen Vortrag in London, was ich nicht wusste, und jetzt stand er hier – selbstbewusst, charismatisch und nur ein paar Schritte entfernt. Ich mischte mich unter die Menge um ihn, und schon ein paar Augenblicke später beschloss ich, etwas gewagt Spontanes zu tun, das so gar nicht meinem Charakter entsprach. Ich drängte mich unsanft durch die Menge und streckte die Hand aus.»Thor Heyerdahl!«, rief ich.»Ich bin Archäologe, und ich habe Sie schon mein Leben lang kennenlernen wollen.« Und tatsächlich ließ er sich auf ein Gespräch mit mir ein. Thor, so erfuhr ich später, war sein Ruhm ziemlich peinlich, und er nutzte die Gelegenheit wahrscheinlich nur, um seinen bewundernden Fans zu entkommen. Ich war natürlich auch einer von ihnen, aber immerhin hatte ich mich als Archäologe bezeichnet. Außerdem war ich nur einer im Gegensatz zu der riesigen Menge.

Auf jeden Fall entschuldigte Thor sich, und wir wurden in ein kleines, behagliches Zimmer geführt, wo wir uns hinsetzten und anfingen zu plaudern. Ich hatte furchtbare Angst, in meiner Begeisterung irgendeine banale Bemerkung zu machen, was ich wahrscheinlich dennoch tat. Thor jedoch sorgte dafür, dass ich mich entspannte, und gab mir das Gefühl, ich sei mindestens so interessant wie er. Er wurde außerdem von einer wunderschönen Frau begleitet, Jacqueline Beer, eine frühere Miss France und Schauspielerin, die ein paar Jahre später seine Frau wurde. Die Einzelheiten der Unterhaltung habe ich nur noch verschwommen im Gedächtnis, weil ich so überwältigt war. Ich erwähnte, dass ich ihm einmal meinen Aufsatz über Papyrus geschickt hätte. Als Antwort hatte er mir eine hübsche Postkarte zukommen lassen, die ich wie einen Schatz aufbewahrte. Genaueres weiß ich nicht mehr, aber ich erinnere mich noch an meine letzten Sätze: »Thor«, bot ich ihm an, »wenn Sie jemals einen Typen mit Doktortitel brauchen, der Ihnen bei einer neuen Expedition die Wasserflasche hinterherträgt, dann bin ich Ihr Mann!« Thor gab mir liebenswürdigerweise seine Visitenkarte mit der Einladung, »in Kontakt zu bleiben«. Ich wusste nicht, was ich davon halten sollte – »in Kontakt bleiben …« Warum wollte diese internationale Berühmtheit überhaupt irgendetwas mit einem unbedeutenden Winzling wie mir zu tun haben? Jedenfalls verließ ich die Royal Geographical Society wie auf Wolken und konnte es gar nicht erwarten, ins Hotel zurückzukommen, Sherry anzurufen und ihr davon zu erzählen. »Rate, wen ich gerade kennengelernt habe!«, brüllte ich ins Telefon. Natürlich konnte sie das nicht erraten … vielleicht einen Ägyptologenkollegen? »Den allmächtigen Thor! Ich habe den allmächtigen Thor kennengelernt!« Ich hatte ihr schon jahrelang von dem Mann vorgeschwärmt, und so war sie pflichtschuldigst beeindruckt. Doch schon der folgende Tag brachte mir völlig unerwartet den Kontrapunkt zu diesem Erlebnis.

Am nächsten Morgen hatte ich eine Verabredung mit dem Archäologen Paul Bahn, der sich ebenfalls für Carters Grab interessierte. Ich lernte ihn als freundlichen, klugen und originellen Menschen kennen. Seine akademischen Referenzen waren beeindruckend: Als Autor und Herausgeber vieler archäologischer Werke (darunter auch des Handbuchs, das ich selbst im Unterricht verwendete), als Schützling des hochverehrten britischen Gelehrten Lord Colin Renfrew und als Fachmann – unter anderem – für die rätselhafte Osterinsel. Unser erstes Treffen verlief sehr angenehm, und ich beschrieb begeistert meine eigene Arbeit in Ägypten. Irgendwann im Lauf der Unterhaltung erzählte ich, dass ich am Abend zuvor den weltberühmten Forschungsreisenden Thor Heyerdahl kennengelernt hätte. Paul reagierte mit einem unvermittelten Wutausbruch. »Dieser Mann«, verkündete er, »ist ein Lügner und Betrüger«, und die Beschimpfungen wollten gar nicht aufhören, obwohl ich versuchte, mäßigend einzuwirken. War Thor doch nicht bei allen beliebt – fragte ich mich naiv. Hatte er sich nicht den Respekt auch jener Wissenschaftler erworben, die im Einzelnen nicht mit ihm übereinstimmten? Ganz offensichtlich nicht. Mein Treffen mit Paul zeigte mir die Wirklichkeit. Innerhalb von nicht einmal vierundzwanzig Stunden hatte ich nicht nur den Helden meiner Jugend und die wichtigste Inspirationsquelle meiner archäologischen Arbeit getroffen, sondern zufällig auch noch jenen Menschen, der, wie ich erfahren sollte, völlig zu Recht den Titel als Thors aggressivster Gegner für sich in Anspruch nehmen konnte. Wir ließen das Thema abrupt fallen und konzentrierten uns auf den Friedhofsbesuch. Ein paar Jahre später schrieb Paul ein Buch über die Osterinsel, mit einem ganzen Kapitel – und noch einigen weiteren Anmerkungen –, in dem er die *Kon-Tiki*-Expedition und Thors Ideen zur polynesischen Vorgeschichte »vernichtete«.

Willkommen in der Welt des Thor Heyerdahl: bewunderte weltweite Berühmtheit, Forschungsreisender, Autor und hin und wieder auch akademischer Paria! Manche seiner Ideen waren einfach zu radikal für die etablierte Wissenschaft, und viele Wissenschaftler wandten sich gegen die dramatische Durchführung seiner Experimente oder waren neidisch, weil seine unkonventionellen Theorien bekannter waren und in der Öffentlichkeit eine größere Rolle spielten als ihre eigenen. Paul Bahn war nicht allein, er war nur der letzte in einer Reihe von Kritikern, die Heyerdahl seit mehr als fünf Jahrzehnten immer wieder angegriffen hatten. Ich lernte danach allerdings noch viele Akademiker kennen, die keine Antwort auf die Frage wussten, welche Thesen Thor denn eigentlich vertrat: Sie hatten keine Ahnung und bewahrten vielleicht nur die negative Einstellung, die ihnen von ihren Kollegen oder früheren Professoren weitergegeben worden war – und die hatten womöglich auch nur wenig Konkretes gewusst. Ja, Thor war eine schwer fassbare Mischung aus Wissenschaft, Abenteuer und Widerspruchsgeist, doch für jene, die genauer hinschauten, gab es doch einiges Positive zu entdecken.

1994 wurde mein Antrag auf eine Grabungskampagne in Ägypten von einem hohen Beamten der Altertümerbehörde abgelehnt, der noch heute überall als schwierig in Erinnerung ist. Ich hatte um die Erlaubnis gebeten, eine sehr bekannte, aber sehr schlecht dokumentierte Stätte wieder zu öffnen, die berühmte »Cachette Royale«, das Mumienversteck von Deir el-Bahari. Die Cachette war ein gut verstecktes Grab, in dem man die Leichen der Pharaonen des Neuen Reiches versteckt hatte, als das Tal der Könige nicht mehr in Benutzung war. Einheimische Räuber hatten das Grab um 1871 entdeckt und es in aller Ruhe mehrere Jahre lang ausgeplündert. Als zehn Jahre später endlich erkannt wurde, was da vor sich ging, räumte die Altertümerbehörde schnell die vielen Mumien, Särge und anderen Hinterlassenschaften königlicher Bestattungen aus. Die Aktion wurde nur sehr schlecht dokumentiert, und ich war mir sicher, dass man durch die Unter-

suchung dieser Stätte noch einiges lernen könnte. Der tiefe Eingangs-
schacht des Grabes war schließlich verfüllt worden. Seit Jahrzehnten war
niemand mehr darin gewesen. Ich hätte die Herausforderung gern angenommen, die Cachette neu zu öffnen und zu sehen, was vielleicht zurück-
geblieben war, um bei der Rekonstruktion seiner Geschichte zu helfen.
Doch leider wies »Dr. No«, wie er allgemein hieß, mein Ansinnen zurück.
Ich hatte mich immer auf die jährliche Expedition nach Ägypten gefreut,
selbst im Sommer bei drückendster Hitze, und ohne die nötige Konzession
machte sich jetzt Frust bei mir breit. Ich musste unbedingt etwas tun, um
die Leere zu füllen. (Das Grab ist inzwischen übrigens neu untersucht worden.)

Ich drehte Heyerdahls Visitenkarte zwischen den Fingern. Sollte ich
ihn wirklich beim Wort nehmen mit seinem Angebot, doch »in Kontakt zu
bleiben«? Sicherlich war ich nur einer von einer Million Menschen, mit
denen er solche Höflichkeiten austauschte. Lange grübelte ich darüber
nach, ob ich ihn kontaktieren solle, und schließlich beschloss ich, es tatsächlich zu wagen. Warum auch nicht? Das Schlimmste, was passieren
konnte, war, dass ich nichts von ihm hörte oder eine Art Standardabsage
erhielt. Dann wäre ich eben wieder zurück auf Los. Aber vielleicht würde
der große Forscher ja wenigstens ein freundliches Wort an mich richten.
Wer nicht wagt, der nicht gewinnt, redete ich mir zu. Ich würde Kontakt zu
Thor Heyerdahl aufnehmen, egal, was daraus werden würde.

Ich wagte es allerdings nicht, ihn anzurufen, weil ich Angst davor hatte,
eine sinnvolle Unterhaltung mit ihm mit einer gestotterten »Ich weiß nicht,
ob Sie sich an mich erinnern?«-Vorstellung zu beginnen. Stattdessen
beschloss ich, das Kon-Tiki-Museum in Norwegen anzurufen, das Thors
Arbeit dokumentiert (unter anderem sind dort die *Kon-Tiki* und die *Ra II*
ausgestellt), in der Hoffnung, ich könnte von ihnen Heyerdahls Fax-Num-
mer bekommen. Sie gaben mir die Information gern, und ich setzte eine
sorgfältig formulierte Anfrage auf. Vorsichtig legte ich den Brief in mein
Faxgerät und achtete darauf, dass alles in Ordnung war, bevor ich die
Nummer wählte und das charakteristische Pfeifgeräusch hörte, das
anzeigte, dass irgendein entsprechendes Gerät auf der anderen Seite der
Welt bereit war, zu empfangen, was auch immer ich anzubieten hatte. Das
Schreiben lief durch das Faxgerät, tauchte am anderen Ende wieder auf,
und dann begann das Warten.

Nur einen oder zwei Tage später kam ich nach Hause und sah das Licht am Anrufbeantworter blinken. Das übliche Zeug, dachte ich – eine Erinnerung an einen Zahnarzttermin, eine ungebetene Aufforderung, mein völlig intaktes Haus mit Vinylplatten zu verkleiden, oder irgendein anderer Unsinn. Ich drückte den Knopf und war wie vor den Kopf geschlagen. Die Stimme, die da aus den Tiefen des Hörers erklang, war unverwechselbar, der starke skandinavische Akzent sofort zu erkennen. »Hier ist Thor Heyerdahl. Ich habe Ihr Fax erhalten, und vielleicht hätten Sie Lust, rüberzukommen und mich zu besuchen, dann können wir reden. Bitte kontaktieren Sie mich, dann können wir die Einzelheiten besprechen.« Ich konnte es kaum fassen. Thor Heyerdahl persönlich rief mich in meinem bescheidenen Heim in Tacoma, Washington, an und erklärte, er wolle sich gern mit mir treffen. Ich war sprachlos, hörte die Mitteilung immer wieder ab. Auch Sherry war aufgeregt, und ich machte mich sofort daran, eine Antwort zu formulieren: Natürlich würde ich gern kommen; er sollte nur Ort und Zeit festlegen. Ich brauche wohl nicht zu sagen, dass die Nachricht auf meinem Anrufbeantworter wochenlang nicht gelöscht wurde.

Als ich weiter mit Thor kommunizierte, erfuhr ich, dass er gerade auf den Kanaren, auf Teneriffa, lebte. Was für ein seltsamer Ort für einen Skandinavier – doch dann kam ich zu dem Schluss, dass diese Wahl eigentlich gar nicht so verwunderlich war. Thor liebte Wärme und Inseln, ob sie nun im Südpazifik, vor Südamerika oder vor Afrika lagen. Bevor er Anfang der 1990er-Jahre nach Teneriffa gezogen war, hatte er in Peru gelebt, wo er mehrere Jahre lang einen großartigen Komplex von Lehmziegelpyramiden namens Túcume ausgrub.

Auf der Suche nach etwas mehr Ruhe und einem neuen Tätigkeitsfeld wurde er von ein paar Fotos, die ihm sein norwegischer Freund Fred Olsen schickte, auf die Kanaren gelockt. Die Fotos zeigten allem Anschein nach sieben Stufenpyramiden aus Stein, die auf einer großen offenen Fläche im Zentrum des Städtchens Güímar ziemlich unwirklich aussahen. Thor schaute sie sich an und war beeindruckt. Die sogenannten Pirámides de Güímar waren gleichermaßen auffällig und rätselhaft, und wenn man ein Bild dieser Bauten ohne den dazugehörigen Kontext zu Gesicht bekam, hätte man sie wohl eher in Mexiko vermutet. Wenn man jedoch von Thors Überzeugung ausging, dass es in der Antike wahrscheinlich Kontakte über die Ozeane hinweg gegeben hatte, standen diese Pyramiden tatsächlich strategisch genau dort, wo die Strömungen ein seetüchtiges Schiff über den Atlantischen Ozean von der Alten Welt in die Neue getrieben hätten. Selbst Kolumbus hatte auf den Kanaren einen Halt eingelegt, um sich mit Vorräten zu versorgen, bevor er sich nach Westen aufmachte und die Welt für immer veränderte. Und auch die Expeditionen mit der *Ra* waren dicht an diesen Inseln vorbeigekommen.

19 *Die Pyramiden von Güímar auf Teneriffa (Kanaren) geben den Archäologen so manches Rätsel auf.*

Irgendwie schaffte ich es, das Geld für ein Flugticket zusammenzubekommen, und flog nach Teneriffa, ohne zu wissen, was mich dort erwartete. Zu meiner Überraschung holten Thor und Jacqueline mich am Flughafen ab, und ich bin sicher, dass sie den unbekannten Archäologen, den sie zwei Jahre zuvor getroffen hatten, ohne mein Winken nicht erkannt hätten. Ich gab mir wieder alle Mühe, nicht allzu sehr wie ein Groupie zu klingen – was große Beherrschung erforderte –, und wurde in ein kleines Apartment in Güímar gebracht, mit Anweisungen, wo wir uns am folgenden Tag treffen würden. Thor lebte damals vorübergehend in einem gemieteten Haus, während sein kleiner, von einer Mauer umgebener Besitz in der Nähe restauriert wurde.

Unser erstes richtiges Treffen war etwas Besonderes. Während Thor über seine vielen Projekte sprach, wurde unsere Unterhaltung hin und wieder von Jacqueline unterbrochen, die die neuesten Nachrichten aus der scheinbar endlosen Reihe ankommender Faxe vorlas. »Das hier ist von Gorbatschow, er wünscht frohe Weihnachten«, oder »Fidel schreibt: ›Schöne Festtage‹«. Es war wirklich eine andere Welt, in die ich da hineingeraten war. Thor war der perfekte Weltbürger, bewundert und gemocht von allen möglichen politischen Führern und einflussreichen Persönlichkeiten, seien es europäische Könige, Nobelpreisträger oder Diktatoren vom rechten wie vom linken Flügel.

Fast jeder Satz aus Thors Mund öffnete mir eine faszinierende Welt. Und er hatte unglaublich viele Fragen an mich. Es war, was ich damals nicht ahnte, eine Art Vorstellungsgespräch, und wie ich am Ende jener ersten wunderbaren Woche auf Teneriffa feststellte, hatte ich den Test bestanden. Im Laufe der Jahre hatte ich, ohne gezielt darauf hinzuarbeiten, die geeigneten und notwendigen Fähigkeiten erworben, um mit Heyerdahl zu arbeiten. Ich verfügte über ein breites Wissen in alter Geschichte und Archäologie, Kenntnisse in verschiedenen modernen und alten Sprachen, Erfahrung als Leiter von Grabungsprojekten und eine Liste mit wissenschaftlichen und populärwissenschaftlichen Veröffentlichungen. Sehr wichtig war auch, dass ich ein profundes Wissen über Thors eigene Forschungen und seine Philosophie besaß und beides hoch schätzte.

Diese erste Reise nach Teneriffa öffnete mir wirklich die Augen. Thor Heyerdahl war im echten Leben ebenso beeindruckend wie in meiner jugendlichen Fantasie. Ich glaube, wir haben alle Angst, dass wir unsere Helden, unsere idealisierten Vorbilder tatsächlich kennenlernen und dann enttäuscht sind, weil die Wirklichkeit den Erwartungen nicht gerecht wird. Ich hatte keine Erwartungen, wie wir wohl miteinander auskommen würden, und hoffte nur, dass Thor mich irgendwie eine Woche lang ertragen würde. Doch dann schlossen wir fast sofort Freundschaft. Er war faszinierend. Er beeindruckte mich immer wieder mit seinen tiefen Einblicken, die sich aus seinem unkonventionellen Denken, jahrzehntelangen Reiseerfahrungen, wie sie kaum ein anderer vorweisen kann, und einem Charakter speist, der sich nicht scheut, Dogmen zu stürzen. Er war ein sehr liebenswürdiger Gentleman mit einem wunderbar klugen, nie vulgären Humor und, wie ich erfahren sollte, ein echter Menschenfreund, der sich bei einem einfachen Essen auf dem Lehmboden einer Hütte in einem armen Land ebenso – wenn nicht mehr – zu Hause fühlte wie bei einem Staatsbankett mit einem König oder einer Königin.

Ich war sehr neugierig, wie Thor sein Leben organisierte, und da ich mich fürs Schreiben interessierte, hatte Sherry mir geraten, sein Büro genau anzuschauen, um zu sehen, wie er es zuwege brachte, so viele wunderbare Bücher zu schreiben. So würde ich wenigstens mit ein paar nützlichen Tipps nach Hause fahren. Thor war, wie ich feststellte, ein disziplinierter Mensch. Normalerweise saß er um 8 Uhr morgens am Schreibtisch, beantwortete Korrespondenz und schrieb. Einem gemütlichen Mittagessen, meist an der Küste eingenommen, folgten ein arbeitsreicher Nachmittag, ein kurzer Erfrischungsschlaf von etwa fünfzehn Minuten, ein ausgedehntes Abendessen und dann Bettruhe, etwa um 10 Uhr abends. Thor arbeitete sechs Tage die Woche, der Sonntag war der Ruhe und dem ruhigen Nachdenken vorbehalten. An diesem Tag kommunizierte er am liebsten mit der Natur und unternahm normalerweise eine Fahrt in die Berge oder am Meer entlang.

Thor war über achtzig Jahre alt, und er hatte nie Autofahren gelernt, obwohl er es sicher hätte tun können. Vielleicht dachte er lieber nach, als sich auf die zahllosen Kurven zu konzentrieren. Thors Manko war mein Vorteil. Viele Male in den Jahren, die ich mit ihm arbeitete, hatte ich das Privileg, den Chauffeur bei seinen Sonntagsausflügen spielen zu dürfen. Ich fuhr ihn zu schönen Orten, während wir über eine unglaubliche Bandbreite von Themen sprachen, von seinen früheren Expeditionen über unsere gegenwärtige Arbeit bis hin zu künftigen Projekten und der Weltpolitik. Wunderbare Mahlzeiten gehörten immer mit zum Programm, und am Montag machten wir uns dann wieder an die Arbeit.

Thor fuhr nicht nur nicht Auto, er weigerte sich auch, zu lernen, wie ein Computer funktionierte, oder ein Handy zu benutzen. Eine mehrsprachige Sekretärin kümmerte sich um die meisten Dinge, und Thor konnte mit maximal zwei Fingern auf einer mechanischen Schreibmaschine tippen. Lieber schrieb er allerdings auf linierten gelben Notizblöcken. Bei meinen vielen Besuchen auf Teneriffa brachte ich ganze Stapel dieser Blöcke mit, die er sehr schätzte. (Die meisten wurden als Geschenke des kleinen Samuel überreicht, der dann im Gegenzug eine hübsche Postkarte mit einem Dankschreiben bekam.) Thors schwerer, altmodischer norwegischer Akzent ist zwar unter seinen Landsleuten heute als »Heyerdahl-Akzent« fast schon zum stehenden Begriff geworden, doch er konnte besser mit der englischen Sprache umgehen als ich. Dazu sprach er fließend Deutsch, Französisch, Italienisch und Spanisch und konnte sich in mehreren anderen Sprachen verständlich machen.

Ich arbeitete etwa sieben Jahre lang als seine rechte Hand und schob meine Versuche, wieder in Ägypten zu arbeiten, auf, bis er im Jahr 2002 starb. Mit meinen vielen Heyerdahl-Abenteuern könnte ich ein eigenes Buch füllen. Thor hatte verschiedene Ideen im Kopf, als er mich an Bord seines Forschungsfloßes holte. Zunächst wollte er einen fähigen Ko-Autor, um eine überarbeitete, gestraffte und allgemeinverständlichere Fassung von *Indianer und Alt-Asiaten*, seinen wissenschaftlichen Erläuterungen zur *Kon-Tiki*-Expedition, zu schreiben. Das Buch, so beschlossen wir, sollte *Lost Wakes in the Pacific* heißen und sowohl Wissenschaftlern als auch interessierten Laien etwas bieten. Zweitens hatte Thor vor, ein paar neue archäologische Projekte anzugehen, darunter auch Grabungen an einer Fundstätte an der Nordwestküste Marokkos und Untersuchungen der Pyramiden von Güímar, die nur einen kurzen Spaziergang von seinem eigenen Haus auf Teneriffa entfernt lagen. Beide Projekte waren mit seiner alten Überzeugung verbunden, dass die Ozeane der Welt keine Barrieren zwischen antiken Kulturen gebildet hatten, sondern natürliche Verkehrswege waren, deren Winde und Strömungen die Menschen in die Lage versetzten, weit herumzukommen und vielleicht auch Kultur und Ideen zu verbreiten. »Grenzen?«, fragte Heyerdahl provokant. »Ich habe nie eine gesehen, aber wie ich höre, gibt es sie im Denken der meisten Menschen.«

In Marokko interessierte sich Thor vor allem für die Ruinen von Lixus, einer Hafensiedlung, die nacheinander von den Phöniziern, den Karthagern und den Römern beherrscht worden war. Lixus lag an der Atlantikküste, genau dort, wo günstige Strömungen von Ost nach West in die Neue Welt führen. Vielleicht konnte man dort Hinweise auf mögliche Kontakte über die Ozeane hinweg finden, viele Jahrhunderte, wenn nicht Jahrtausende vor Kolumbus.

Ich begleitete Thor zweimal nach Lixus. Wir reisten zunächst nach Casablanca und dann nach Norden die Küste hinauf. Es ist ein wunderschöner und durch seine Geschichte komplizierter Ort, an dem schon ein paar frühere Expeditionen Sondierungsgrabungen vorgenommen hatten. Für eines der wichtigsten Vorhaben, nämlich um die Fundamente des antiken Hafens zu lokalisieren, sollte moderne Technik, etwa Bodenradar, zum Einsatz kommen. Marokko schien zudem ein großartiges Land, um dort zu arbeiten. Anders als in der übervölkerten Enge des Niltals gibt es hier kilometerweit offene Flächen. Thor war schon ein paar Mal zuvor in Marokko gewesen – die *Ra*-Expeditionen waren ja von der Hafenstadt Safi aus gestartet – und hatte später eine der höchsten Ehrungen des Landes aus der Hand des Königs persönlich entgegennehmen dürfen.

Wir brauchten natürlich eine offizielle Genehmigung, um in Lixus zu graben, und schließlich wurde ein Treffen mit der marokkanischen Altertümerbehörde arrangiert. Wir hofften, sie würden unseren Vorschlag billigen, sodass wir sofort mit der Arbeit beginnen könnten. Ein paar von uns, darunter einer von Thors norwegischen Kollegen, reisten für dieses Treffen nach Marokko, in die Hauptstadt Rabat. Statt eines freundlichen Willkommens wurden wir allerdings mit einem langatmigen französischen Vortrag über unsere Anmaßung, an einer Stätte wie Lixus graben zu wollen, empfangen; auch unsere Absichten wurden infrage gestellt. Ich verstand zwar nicht alles, aber doch genug, um zu ahnen, dass hier etwas völlig falsch lief. Ein Blick in die immer gereizter wirkenden Gesichter meiner Kollegen genügte. Thor hatte schließlich genug davon und ergriff das Wort, bekräftigte noch einmal unsere ehrlichen Absichten und machte ein paar Bemerkungen über die unerwartete Unhöflichkeit. Wir standen auf und gingen, und ich rief schnell zu Hause an, um einem amerikanischen Kollegen abzusagen, der schon mit dem Ticket in der Hand wartete. Er sollte auf keinen Fall nach Marokko kommen, und ganz sicher nicht mit den teuren und komplizierten Geräten, die er für uns organisiert hatte. Thor allerdings bestand trotzig darauf, dass wir gleich am nächsten Tag nach Lixus fahren sollten. Dort wurden wir von den Archäologen vor Ort ganz freundlich begrüßt. Sie wussten offenbar, dass wir kommen würden. Vielleicht war der freundliche Empfang in Lixus aus der Befürchtung heraus entstanden, die Atmosphäre des Vortagestreffens sei doch zu feindlich gewesen und Thor mit seinem internationalen Ruf würde womöglich negativ darüber berichten. Wir waren nie ganz sicher, was sich da hinter den Kulissen abgespielt hatte, und es gab zwar viele Spekulationen über irgendwelche Intrigen, aber keine Beweise.

Während also seltsame Dinge um uns herum abliefen, fuhr ich zum Flughafen, um nach Teneriffa zurückzukehren. Thor und Jacqueline behielten zwar ihre Flugtickets, beschlossen aber, ohne weiteres Aufsehen eine Fähre nach Spanien zu nehmen. Die Fähre hatte Verspätung, und als sie auf der anderen Seite der Meerenge anlegte, wurde Thor überraschenderweise von einem »Journalisten« angesprochen, der fragte, wie ihm seine Reise nach Marokko gefallen habe. Das trug nicht gerade dazu bei, die seltsame Lixus-Affäre beizulegen. Trotz seiner Verbindungen zum König und wiederholter Anläufe wurden Thors Bemühungen um eine Grabungslizenz für Lixus durchkreuzt, bis wir das Projekt schließlich fallen ließen.

Mehr Glück hatten wir in Teneriffa selbst mit den Pyramiden von Güímar. Thor war überzeugt davon, dass diese seltsamen Bauten das Werk eines indigenen Volkes der Kanaren waren, der sogenannten Guanchen. Sie stammten wahrscheinlich von den nordafrikanischen Berbern ab und besiedelten die Inseln im 1. Jahrtausend v. Chr. Ihre Kultur ist faszinierend, ihre Sprache ausgestorben – nur einige wenige Wörter, vor allem in Ortsnamen, sind uns erhalten geblieben. Sie züchteten Schafe und bauten Weizen an, und einige lebten in den unzähligen Höhlen, die die vulkanische Landschaft durchlöchern. Besonders merkwürdig ist, dass die Guanchen die Mumifizierung praktizierten.

Durch die Bemühungen von Thor, Fred Olsen und anderen wurden die Pyramiden von Güímar erhalten, und ich erlebte als Beobachter und gelegentlich auch als Berater mit, wie das Gebiet in einen »ethnografischen Park« verwandelt wurde. Es wurde eine Forschungsstiftung mit dem Namen FERCO (Foundation for Exploration and Research on Cultural Origins) gegründet. Zu unseren ersten Projekten gehörte ein Grabungsprogramm, mit dem wir die grundlegenden Fragen rund um die Pyramiden zu beantworten hofften: Wer baute sie, wann und zu welchem Zweck? Ein einheimischer Archäologe, Tito Valencia, und ich begannen damit, eine kleine natürliche Höhle auszugraben, die unter eine der Pyramiden zu führen schien. Es gab lokale Sagen, dass sie womöglich zu Geheimkammern führte, die vielleicht Mumien der Guanchen enthielten. Ein bei einem Kanalisierungsprojekt beschäftigter Bulldozerfahrer hatte den Höhleneingang leider als den geeigneten Platz angesehen, um dort Abraum zu entsorgen. Der Eingang war klein, und bei unserem ersten Besuch dort schlug Thor vor, dass ich hineinkriechen und mich umschauen sollte. Die Vulkanfelsen drückten sich mir scharfkantig gegen die Brust, als ich mich etwa eine oder zwei Körperlängen weit Zentimeter für Zentimeter hineinschob. Kurz darauf spürte ich ein eigenartiges Krabbeln auf der Haut und in den Haaren, das immer unangenehmer wurde, bis ich beschloss, mich so schnell wie möglich aus dem Tunnel zurückzuziehen. Als ich wieder im Tageslicht auftauchte, brach Thor in lautes Gelächter aus: Ich war vom Kopf bis zu den Zehen voller Flöhe; die Höhle hatte einigen streunenden Hunden aus dem Dorf, denen offenbar die kühle Luft im Inneren gefiel, als Unterschlupf gedient.

Wir legten einen großen Teil der Höhle frei und stellten fest, dass sie nach ein paar kleinen Biegungen endete, ohne dass etwas von geheimen Kammern zu sehen gewesen wäre. Es gab auch keinerlei Hinweis auf eine Beziehung zu der über ihr stehenden Pyramide. In der Nähe des Eingangs fanden wir allerdings einige der charakteristischen Keramikgefäße und Steinwerkzeuge der Guanchen, für die die Radiokarbonmethode eine Datierung um 1000 n. Chr. lieferte.

Die Pyramiden von Güímar sind eine komplizierte Grabungsstätte. Insgesamt arbeiteten wir vier Kampagnen lang dort. An den drei letzten war eine interessante Mischung aus Freiwilligen und professionellen Archäologen beteiligt, die zusammen vor allem Testschnitte aushoben und Karten zeichneten. Die meisten Grabungen zeigten, dass dieser seltsame Ort, was immer er auch sein mochte, ständig genutzt und umgenutzt worden war. Oft fanden wir ein buntes Durcheinander von Objekten aus verschiedenen Zeiten, darunter auch mal rostige Nägel zwischen alten Artefakten der Guanchen.

Natürlich wollten wir auch und vor allem die wahre Natur der Pyramiden selbst ergründen. Alte spanische Berichte gingen davon aus, dass es sich um von der einheimischen Bevölkerung errichtete Bauwerke handelte, und es ist möglich, dass die den Guanchen zur Sonnenverehrung dienten. Treppen auf ihrer jeweiligen Westseite, die zu flachen Plattformen am oberen Ende führen, stützen diese These; solche Aufgänge wären tatsächlich gut geeignet, die aufgehende Sonne zu begrüßen. Zwei benachbarte Pyramiden scheinen bewusst exakt auf einen Einschnitt in den Bergen im Westen ausgerichtet zu sein, in dem zur Sommersonnenwende die Sonne untergeht. Es gab allerdings auch Menschen, die bezweifelten, dass die Pirámides de Güímar alt oder indigen waren. Zu den abweichenden Theorien gehören die Vorschläge, sie seien spanische Ackerbauterrassen gewesen oder Lesesteinhaufen von Bauern, die in den letzten Jahrhunderten ihre Äcker von diesen Steinen gesäubert hätten.

Thor fand diese Ideen lächerlich. Dreidimensionale Terrassen aus großen Steinblöcken zu bauen wäre eine absurde Zeit- und Energieverschwendung, und für einfache Lesesteinhaufen gab es mehr als genug Vergleichsmuster, manche sogar direkt auf der anderen Straßenseite, die einfach aussahen wie – eben Steinhaufen. Nein, diese Pirámides hatten etwas sehr Seltsames an sich, und im Zuge unserer Forschungen besuchten wir andere Stätten mit ähnlichen Bauten, darunter auch einige völlig verfallene Ruinen auf anderen kanarischen Inseln.

Ein paar dieser wichtigen Fragen wollten wir mit einer Tiefensondage in die Pyramiden hinein beantworten. Würden wir, wenn wir Schächte in ihr Inneres gruben, Geheimnisse ihrer Baugeschichte lüften können? Falls wir den Boden erreichten, auf dem sie standen, und dort organische Reste fanden, die wir mithilfe der Radiokarbonmethode datieren konnten, könnten wir vielleicht etwas über ihr Alter erfahren – vielleicht auch über ihr nicht vorhandenes Alter. Womöglich würden wir sogar auf Bestattungen stoßen!

Das Graben in den Pyramiden erwies sich als höchst gefährliches Unterfangen. Wir ließen den besten amerikanischen Ingenieur kommen, den wir finden konnten, und erfuhren schnell, wie schwierig die Aufgabe werden würde. Die Pyramiden bestehen vor allem aus kleinen, unregelmäßig geformten Steinen vulkanischen Ursprungs, vermischt mit loser Erde – ein Alptraum für jede saubere archäologische Grabung, und, wichtiger noch, für die Sicherheit der Archäologen. Unser Ingenieur versuchte das Problem mit traditionellen Abstützmethoden aus dem Bergbau anzugehen und zog Balken in unseren zunächst nur kurzen Schacht ein, damit die Seiten nicht über uns zusammenbrachen. Diese Methode ist im Bergbau sicher durchaus geeignet, aber sie konnte nicht verhindern, dass das lose Erdreich von oben nachrutschte und sich mit dem losen Erdreich darunter mischte. Damit war eine klare Dokumentation der eventuellen Schichten nicht gewährleistet, während wir tiefer gruben. Es war alles sehr frustrierend.

Ich berichtete Thor davon, der der Stätte wegen seiner vielen anderen Pflichten jeden Tag nur einen kurzen Besuch abstattete. Er dachte kurz darüber nach, zog dann einen alten Briefumschlag aus seiner Hemdtasche und machte schnell eine kleine Bleistiftzeichnung. »Versucht es mal damit!«, sagte er. Er hatte eine Reihe von quadratischen Kisten gezeichnet, die wie russische Matrjoschkas ineinanderpassten. Wir sollten die erste und größte Kiste auf die Pyramide setzen und darin graben, wobei die Kiste mit uns weiter nach unten sackte, die Kontamination der Schichten verhinderte und uns gleichzeitig auch schützte. Wenn der Rand der Kiste in der Pyramide verschwand, konnten wir eine weitere, etwas kleinere hineinsetzen, und das konnten wir mehrfach wiederholen.

Als ich unserem Ingenieur die Idee präsentierte, war er überaus skeptisch, erklärte sich aber schließlich bereit, es wenigstens zu versuchen. Wir bauten unsere erste Kiste aus verstärktem Holz direkt oben auf der Pyramide zusammen. Sie maß etwa einen Meter im Quadrat, war zwei Meter hoch und sah irgendwie nach einer Telefonzelle aus, allerdings natürlich ohne Telefon. Wir schoben das seltsame Gerät in unsere flache Grube, krochen hinein und begannen zu graben. Es funktionierte wie geschmiert. Wieder einmal war auf Thors genialen Einfallsreichtum Verlass gewesen. Im nächsten Jahr kehrten wir zurück, doch diesmal hatten wir ein Set von ineinanderpassenden Kisten aus Stahl bestellt, das uns erlaubte, einen Schacht mit einem Querschnitt von zwei mal zwei Metern zu graben. Mit einer hervorragenden Mannschaft erfahrener Archäologen und einem unbeschreiblichen Amateur mit dem Spitznamen »Termite« gelangten wir in den beiden Schächten, die wir durch das Zentrum von zwei verschiedenen Pyramiden gruben, bis auf den gewachsenen Fels. Doch die Ergebnisse waren enttäuschend nichtssagend. Weder fanden wir datierbares Material noch Bestattungen der Guanchen. Andererseits waren unsere Bemühungen nur eine Stichprobe, und theoretisch ist es möglich, dass wir nur um Zentimeter an einer Bestattung vorbeigegraben hatten. Auch die weitere Suche nach datierbarem Material könnte sich noch als sinnvoll erweisen.

Für Thor zu arbeiten war immer ein Abenteuer, und ich reiste regelmäßig zu längeren Arbeitsphasen auf die schönen Kanaren. Thor war ständig in Bewegung; gelegentlich trafen wir uns zum Beispiel in New York City zu Anlässen wie dem formellen Explorers Ball oder einer Pressekonferenz oder vielleicht in British Columbia, um der Möglichkeit einer Verbindung der Indianer der Nordwestküste mit Polynesien nachzugehen (das ist nicht so verrückt, wie es klingt). Zweimal war er so nett, auf meine Einladung hin an meine Universität, die Pacific Lutheran, zu kommen, passenderweise eine Institution, die von Norwegern gegründet worden war und die deshalb auch immer wieder von Angehörigen der skandinavischen Königshäuser und Geistesgrößen aus diesen Ländern besucht wird.

Das Leben als Thors Assistent wurde nie langweilig. Dank der modernen Technik waren wir immer miteinander verbunden, und nicht wenige Nächte wurden vom Rattern meines Faxgeräts unterbrochen, das die neuesten Nachrichten und Bitten um Information oder Rat ausspuckte, was wohl jedermann schon fast als Bedrohung empfunden hätte. Allerdings war ich normalerweise gut vorbereitet. Ich versuchte vorauszuahnen, was Thor womöglich würde brauchen können, und sammelte regelmäßig alle relevanten Informationen. Ich kannte mich mit Bibliotheken und Internetsuchmaschinen gut aus und versuchte stets, die Antworten in kürzestmöglicher Zeit zurückzuschicken. Die Faxe um 3 Uhr morgens waren keineswegs störend (jedenfalls nicht für mich – was meine Frau davon hielt, kann ich nicht sagen), sondern eine spannende Herausforderung. Ich konnte gar nicht glauben, dass ich für diese Arbeit sogar noch bezahlt wurde; sie machte einfach so viel Spaß!

Doch die Arbeit für Thor hatte auch ihre Schattenseiten. Ich musste mit einigen seiner ziemlich unhöflichen Gegner fertig werden, die ihn gelegentlich mit Hasstiraden überschütteten oder sonstwelches schlechtes Benehmen an den Tag legten. Thor konnte Gemeinheit nicht leiden; er zog seine Gegner aus früheren Tagen vor, die seinen Theorien zwar lauthals widersprachen, aber sich ohne diese Bösartigkeit äußerten, die mit den späteren Angriffen oft einherging. Thor selbst war sein bester Botschafter, und seine Gegner neigten durchaus zur Mäßigung, wenn sie den Menschen persönlich kennenlernten – wenn sich die »Idee Thor« mit dem »echten Thor« konfrontiert sah.

Thor akzeptierte nur widerwillig die Rolle einer Berühmtheit, die man ihm aufgedrängt hatte. Er war sich aber bewusst, dass sie ihm erlaubte, so zu arbeiten und zu leben, wie er es wollte. Er wusste auch, dass er in der Öffentlichkeit *der* Thor Heyerdahl war. Falls er irgendwo mit einem schmutzigen Hemd auftauchte oder seine Fans vor den Kopf stieß, würde die ganze Welt es erfahren. So manche Mahlzeit in einem Restaurant wurde unterbrochen von Menschen, die um ein Autogramm oder ein Foto baten, und manchmal – besonders auf Teneriffa, wo ganze Heerscharen von europäischen Urlaubern unterwegs waren – blieb Thor lieber zu Hause und ruhte sich aus, während seine Frau und ich zum Einkaufen gingen. Und dann waren da noch jene, die extra nach Teneriffa gekommen waren, um Heyerdahl zu besuchen, im festen Glauben, dass er die so schwer zu findenden Antworten auf einige Grundfragen des Lebens und der Geschichte kannte. Es war nicht immer einfach, Thor Heyerdahl zu sein, aber er kam gut damit klar und lebte das Leben in seiner ganzen Fülle.

Am 18. April 2002 starb Thor Heyerdahl. Ein Jahr zuvor hatte man einen Gehirntumor bei ihm diagnostiziert, aber nachdem er als Überlebenskünstler jahrzehntelang die gefährlichsten Abenteuer gemeistert hatte, meinte er wohl, er könne auch diese Bedrohung irgendwie überstehen. In der norwegischen Presse hatte man über die Diagnose berichtet, aber ich schob die Nachricht beiseite als so ein typisches Gerücht, wie man sie immer wieder über Berühmtheiten findet. Thor hätte es mir erzählt, dachte ich. Ich rief ihn an und fragte ihn, und er versicherte mir überzeugend, dass er sich gut fühle, was sich für mich so anhörte, als sei die Geschichte eine Zeitungsente. Im Nachhinein musste ich mir eingestehen – er sagte eigentlich nicht ausdrücklich, dass sie nicht stimmte.

Zum letzten Mal sah ich Thor lebend in Oslo, etwa einen Monat vor seinem Tod. Ich war nach Norwegen gereist, um an einem Vorstandstreffen von FERCO teilzunehmen. Ich kam früher an als die anderen Mitglieder des Komitees, und nach einem ersten Treffen mit Thor war ich schockiert und bestürzt. Als ich ihn zuletzt nur ein paar Monate zuvor auf Teneriffa gesehen hatte, hatte ich ihn noch als vitalen, starken und gut gelaunten Mann erlebt. Jetzt wirkte er ausgemergelt, sein Körper schien gealtert zu sein, als ob seine siebenundachtzig Jahre ihn plötzlich mit aller Macht eingeholt hätten. Der sonst so zähe und widerstandsfähige Mann ging – völlig untypisch für ihn – dick eingemummt durch die winterlich kalten Straßen Oslos. Ich sprach mit meinen Kollegen, die gerade angekommen waren, und sagte, dass mit Thor irgendetwas ganz und gar nicht in Ordnung sei. Als wir alle zusammenkamen, stimmten mir die anderen zu. Thor war wie üblich jovial und charismatisch, aber er hatte körperlich stark abgebaut. Dennoch übernahm er wie gewohnt die Leitung unserer Zusammenkunft, bei der er verschiedene strittige Themen ansprach.

Es war wirklich ein glücklicher Zufall, dass Sherry und Samuel während dieses Treffens zu Besuch nach Norwegen kamen. Sherry freute sich, zum ersten Mal die Heimat ihrer Vorfahren zu sehen, und wir hatten den Eindruck, dass Samuel mit seinen neun Jahren endlich alt genug war, um problemlos zu reisen und dieses Ereignis insgesamt zu genießen. Trotz der bedrohlichen Anzeichen für Thors schlechten Gesundheitszustand war es ein wunderbares Erlebnis. Samuel konnte die echte *Kon-Tiki* in Begleitung ihres gefeierten Kapitäns besuchen, und Sherry genoss es einfach, in Norwegen zu sein. Ein paar Tage später sollte ich Thor zum letzten Mal sehen. Er hatte gerade zwei Bücher über die Ursprünge der Skandinavier geschrieben (»Sie kamen ja schließlich nicht einfach aus dem Eis«, pflegte er zu sagen). Dabei behauptete er nie, ein Fachmann für dieses Thema zu sein, und nahm stattdessen die Rolle eines staunenden, unvoreingenommenen Forschers ein. Von den Hinweisen, die er dabei fand, ließ er sich stets führen, wohin auch immer sie ihn bringen mochten.

Ausgedehnte Reisen, eine Ausgrabung in Russland und Besuche in vielen Museen, Bibliotheken und Archiven führten zu umstrittenen Schlussfolgerungen, die meist im Widerspruch zu bisher akzeptierten Vorstellungen standen. Zu seinen Vorschlägen gehörte, dass der nordische Gott Odin einst eine historische Person gewesen sei und dass Ortsnamen aus der nordischen Mythologie in der Kaukasus-Region zu finden seien. Die Bücher wurden von der Fachwelt scharf kritisiert: Wie konnte Thor mit seiner erwartungsvollen Leserschaft es wagen, in eine Welt einzudringen, für die er doch nicht das richtige Vorwissen mitbrachte?

Thors letztes Aufbäumen, wie man es nennen könnte, fand in einem Hörsaal der Universität Oslo statt. An einem Tisch saß Heyerdahl seinem großen, aufmerksam lauschenden Publikum gegenüber, freundlich lächelnd und mit seinem üblichen Selbstvertrauen. Nach einer Einführung las er ruhig eine Zusammenfassung der genannten These vor. Sobald er fertig war, brachen wie erwartet die Angriffe los. Ein norwegischer Wissenschaftler stand auf und verlas eine quälend lange und ausführliche Kritik, die selbst die Geduld derer auf eine schwere Probe stellte, die seiner Meinung waren. Irgendwann wurde ihm gesagt, dass seine Zeit jetzt um sei, und er kam zögernd zum Ende. Ein anderer Gelehrter stand auf und lobte Thor, und so ging es immer wieder hin und her.

Thors Erwiderungen waren kurz, klug und wurden mit einem Lächeln vorgetragen, das auf einen großen Teil der Zuhörer ansteckend wirkte. Nach dem Vortrag sah er sich von verschiedenen Gratulanten umringt. Ich sah ihn ganz am Schluss, als er den Hörsaal verließ. Hoch aufgerichtet stand er neben seiner Frau, in der Hoffnung, sich bald zurückziehen zu können, da er am nächsten Morgen weiterreisen wollte.

Niemand hätte ahnen können, was dann geschah. Mein Familienurlaub in Norwegen war wunderbar und wurde mit ein paar Tagen in London abgerundet, wo Samuel das British Museum besuchen konnte und ein paar meiner akademischen Freunde kennenlernte, darunter Harry James, Nick Reeves und Christopher Frayling. Thor verbrachte ein paar Wochen mit seiner Familie auf ihrem Landsitz in Norditalien. Zu Hause ging dann die Arbeit wie gewohnt weiter, bis zur zweiten Aprilwoche, als ich die Nachricht erhielt, dass Thor einen schweren Schlaganfall erlitten habe. Die Nachricht verbreitete sich in Windeseile. Thor wusste um seine düstere Diagnose, er verweigerte die weitere Behandlung und verließ diese Welt so, wie er es wollte. Eine lebende Legende hatte uns verlassen.

12

DIE RÜCKKEHR INS TAL DER KÖNIGE

Thors Tod hinterließ eine riesige Lücke in meinem Leben. Er war ein enger Freund gewesen, ein Mentor, ein echter Held, und – zufälligerweise – auch mein Chef. Nach langem Nachdenken und Gesprächen mit seinem Sohn beschloss ich, nicht an Thors Beisetzung, einem aufwändigen Staatsakt im wunderschönen Osloer Dom, teilzunehmen. Ich wollte Thor als den fröhlichen, quicklebendigen Menschen in Erinnerung behalten, den ich erst wenige Wochen zuvor noch erlebt hatte, und nicht als eine starre Form in einer Holzkiste, umringt von Trauernden. Es gab noch so viel zu tun, und ich fand, dass es dem Wirken und dem Erbe Heyerdahls mehr nützen würde, wenn ich ein paar Monate später nach Norwegen käme.

Nachdem sich also die Dinge wieder etwas normalisiert hatten, reiste ich bewaffnet mit einem sorgfältig zusammengestellten Dossier zu unseren laufenden Projekten nach Oslo, um mich mit dem Vorstand des Kon-Tiki-Museums zu treffen und eine Vertragsverlängerung um wenigstens noch zwei weitere Jahre zu beantragen. Doch dieses Ansinnen wurde abgelehnt, mit der Begründung, dass die Zukunft jetzt, wo Thor sozusagen von Bord gegangen sei, völlig im Dunkeln liege. Tatsächlich war der Kapitän gestorben, und das Floß trieb führerlos dahin. Thors Sohn allerdings unterstützte mein Anliegen voll und ganz und sagte das irgendwann auch einmal öffentlich. Auch der Direktor des Museums sowie Thors Tochter Bettina und seine Frau Jacqueline standen hinter mir, doch leider hatte keiner von ihnen eine Stimme in dieser Sache. Und so war auch ich plötzlich ohne Ziel.

Während ich also nachts dalag und in Gedanken Pennies zählte, fragte ich mich, was jetzt wohl als Nächstes kommen würde. Ich hatte mich bei zwei Schulen um einen Lehrauftrag beworben. Eine hatte meine Bewerbungsunterlagen verschlampt, die andere, ein kleines Community College, betrachtete meinen umfangreichen Lebenslauf wahrscheinlich mit dem Verdacht, dass ich eigentlich nach etwas Besserem suchte. Doch dann, mitten in der tiefsten Depression, erhielt ich eines Tages aus heiterem Himmel eine E-Mail von einer Agentur, die Erlebniskreuzfahrten organisierte, mit der Frage, ob ich Interesse hätte, auf einer einmonatigen Kreuzfahrt durch den Südpazifik, von den Osterinseln bis Tahiti, Vorträge zu halten. Ich würde Teile von Polynesien sehen, die man sonst kaum besuchen konnte, einschließlich der Marquesas-Insel Fatu Hiva, auf der Heyerdahl anderthalb Jahre gelebt hatte, und der Tuamotu-Inseln, die die *Kon-Tiki* auf ihrer aufsehenerregenden Reise schließlich erreicht hatte.

Eigentlich hatte ich gar keine Lust dazu, etwas anderes zu tun, als mir eine vernünftige Arbeit zu suchen, doch Sherry ermutigte mich dazu, das Angebot anzunehmen. Vielleicht würde es mich aufmuntern, meinte sie, und vielleicht würde ich ein paar Leute kennenlernen, die sich für meine Forschungen interessierten. Außerdem bekam ich hundert Dollar pro Tag, und so konnte ich sogar noch ein bisschen Geld mit nach Hause bringen. Zögernd willigte ich ein und fand mich bald auf der Osterinsel wieder, wo ein Schiff in der rauen See vor der Küste schaukelte. Mit etwa hundert Mann Besatzung und fast hundertfünfzig deutschen und amerikanischen Passagieren an Bord war das Schiff klein genug, um in Gewässern zu navigieren, die nur wenige der großen Schiffe befahren können, und seine kleine Flotte von aufblasbaren Flößen der Firma Zodiac erleichterte die Landung auf vielen kleinen, unbekannten Inseln.

Die Kreuzfahrtpassagiere hatten eine Stange Geld für diese wunderbare Reise bezahlt. Es gab keine Nachtclubsängerinnen, keine Diskothek und keine Mitternachtsbuffets auf dieser Reise. Die Unterhaltung boten stattdessen Leute wie ich – ein Anthropologe, ein Geologe, ein Botaniker und ein Ornithologe, die ebenso wie ich regelmäßig Abendvorträge hielten, die Reisenden an Land begleiteten und ihnen dort mit Rat und Tat zur Seite standen. Einige Passagiere waren ein bisschen exzentrisch. An meinem ersten Morgen auf der Osterinsel hielt mich eine Frau an mit der komischen Frage: »Wo sind die Männer?«

Mir war schon klar, was sic eigentlich wissen wollte, und so zeigte ich nur in Richtung Küste, wo eine der berühmten *moai*-Statuen auf ihrer uralten Steinplattform zu sehen war. »Da drüben«, sagte ich, »und wo der ist, warten auch noch andere.«

Die Frau, eine erfolgreiche Innenarchitektin namens Dottie, war begeistert, als sie von meinem ägyptologischen Hintergrund hörte. »Warum halten Sie keinen Vortrag über Ägypten? Das würde ich viel lieber hören«, fragte sie halb im Spaß, halb im Ernst.

»Tut mir Leid, Ma'am, aber in meinem Vertrag steht, ich soll etwas über polynesische Archäologie erzählen.«

Sie war zweimal in Ägypten gewesen und hatte sich in das Land verliebt. Aber obwohl ich hin und wieder auch Fragen zu Ägypten beantwortete, wenn ich mit den verschiedenen Gästen zu Abend aß, wie man es von uns erwartete, konzentrierte ich mich doch vertragsgemäß auf Polynesien.

Das Schiff lief fantastische Orte an, darunter sogar unbewohnte Inseln wie das Ducie-Atoll und Henderson Island. Am spannendsten war wohl, dass wir erfolgreich auf Pitcairn Island landeten, dessen gefährliche Küstengewässer oft selbst die wendigen Zodiacs abhalten. Hier leben die Nachkommen der berühmten Meuterer der *Bounty,* die 1789 das Kommando über ihr Schiff übernommen, ihren berüchtigten Captain Bligh in einem Beiboot ausgesetzt und auf der Suche nach einer sicheren Zuflucht für sich und ihre tahitianischen Freundinnen verschiedene Inseln Polynesiens angesteuert hatten. Sie fanden das entlegene Pitcairn, verbrannten die *Bounty* vor der Küste und wurden erst nach vielen Jahren entdeckt. Andere Höhepunkte unserer außergewöhnlichen Reise waren ein Ausflug nach Mangareva, wo der tyrannische Père Laval die Bevölkerung faktisch versklavt hatte und viele Ureinwohner beim Bau einer prächtigen Kathedrale gestorben waren, sowie der Besuch verschiedener Tuamotu-Inseln, wo die Kokosnuss als Nahrungsmittel und als Exportgut eine zentrale Rolle für das Überleben der Ureinwohner spielt.

Und dann waren da noch die spektakulären Marquesas-Inseln, darunter Fatu Hiva, wo Thor Heyerdahl mit seiner ersten Frau gelebt und jene Idee entwickelt hatte, die schließlich zur *Kon-Tiki*-Expediton führen und einen großen Teil seines Lebens prägen sollte. Ich schwamm mit wilden Delfinen, besuchte die Gräber von Jacques Brel und Paul Gauguin, wanderte in engen Dschungeltälern und lernte zahlreiche interessante Menschen kennen. Insgesamt war das Wetter außergewöhnlich gut, und wir absolvierten erfolgreich alle unsere fünfzehn Landausflüge auf die Inseln.

Ein paar Wochen nach meiner Heimkehr erhielt ich einen Brief von Dottie mit einer Einladung, sie doch auf den Florida Keys zu besuchen. Ohne mir allzu viel zu erwarten, nahm ich ein überarbeitetes Dossier mit, in dem ich eine Fülle von archäologischen Projekten beschrieb, die ich gern in Ägypten und anderswo durchführen wollte. Darunter war auch eine Rückkehr ins Tal der Könige. Dotties Antwort war nur: »Warum nicht?« Vor allem durch ihre Großzügigkeit war ich also plötzlich wieder im Geschäft und machte mich sofort daran, die aktuellen Möglichkeiten für eine Grabungslizenz herauszufinden. Die Dinge hatten sich geändert, seit ich das letzte Mal zehn Jahre zuvor in Ägypten gewesen war. Vor allem wurde die Altertümerbehörde, die neuerdings als Supreme Council of Antiquities (SCA) firmierte, jetzt von Dr. Zahi Hawass, einem unglaublichen Energiebündel, geleitet.

Mit seiner einnehmenden Persönlichkeit und schnell wachsenden internationalen Reputation wurde Hawass zum wortgewandten Verteidiger ägyptischer Interessen, wenn es um das archäologische Erbe seines Heimatlandes ging – und das war ein Novum. In den zwei Jahrhunderten zuvor hatten Ausländer die Ägyptologie dominiert. Sie konnten sich die Rosinen herauspicken, und ich wage zu behaupten, dass die große Mehrheit der amerikanischen und europäischen Öffentlichkeit keine Antwort wüsste, wenn man nach dem Namen eines bekannten ägyptischen Archäologen oder einer ägyptischen Entdeckung fragen würde. Tatsächlich leisteten die einheimischen Wissenschaftler in Ägypten zwar oft gute Arbeit, doch die Welt erfuhr wenig davon. Hawass, brennend vor Leidenschaft für sein Land, präsentierte der Welt jetzt begeistert und anschaulich das, wofür die ägyptische Nation berühmt war, und wurde so zum wohl bekanntesten lebenden ägyptischen Staatsbürger nach Omar Sharif und Präsident Mubarak.

Hawass kam aus einer Kleinstadt im Nildelta. Er wollte ursprünglich Jura studieren, wechselte dann aber bald zur Archäologie. Schließlich wurde er Direktor der riesigen antiken Nekropolen von Sakkara und Giza, wo er aktiv an einer Vielzahl von innovativen und hochmodernen Projekten beteiligt war. Seine archäologischen Leistungen sind beachtlich, und es war eigentlich keine Überraschung, dass dieser ehrgeizige Mann letztlich im Jahr 2002 Generaldirektor des SCA wurde. Danach war die Welt der ägyptischen Archäologie nicht mehr dieselbe. Vor allem auf sein Betreiben hin wurde die alte Altertümerbehörde stark professionalisiert. Es wurden Regeln gegen Korruption aufgestellt und durchgesetzt, und eine wachsende Zahl kompetenter ägyptischer Archäologen wurde ausgebildet und arbeitete auf diesem Gebiet. Gleichzeitig hielt Hawass Ägypten mit den Ankündigungen neuer Entdeckungen und kühnen Forderungen nach der Rückgabe gestohlener Objekte regelmäßig in den Schlagzeilen der internationalen Presse.

Ich hatte schon Ende der 1980er-Jahre erstmals von Zahi Hawass gehört, und 1989, am zweiten Tag meiner ersten Grabungskampagne im Tal der Könige, erklärte mir mein Antikeninspektor unvermittelt, dass »Zahi Hawass nicht weiß, wer Sie sind«.

»Das ist doch der Pyramiden-Typ«, antwortete ich mit einem Schulterzucken. »Warum sollte er sich für das interessieren, was ich tue?«

Wie ich später merkte, interessierte sich Hawass für alles und jeden, der in Ägypten etwas mit Archäologie zu tun hatte – auch für den Neuen, der im Tal der Könige arbeitete.

Als ich 2003 wieder nach Ägypten zurückkehren wollte, zeigte sich, dass ich zunächst bei dem allmächtigen Dr. Hawass vorstellig werden musste, um meine Absichten darzulegen. Die Gelegenheit bot sich schneller als erwartet. Der kalifornische Zweig des American Research Center in Egypt hatte Zahi Hawass zu einem Vortrag eingeladen, und ich bot an, die Einführung zu übernehmen, in der Hoffnung, vorher oder nachher ein paar Worte mit ihm wechseln zu können. Tatsächlich bekam ich schon beim Empfang zu seinen Ehren vor dem Vortrag die Gelegenheit, mit ihm zu reden, und zu meiner großen Überraschung wusste er durchaus, was ich in Ägypten getan hatte – er war unglaublich gut informiert, vor allem, wenn man an die vielen Ausgrabungen denkt, die in Ägypten im Laufe der Jahrzehnte durchgeführt wurden, einschließlich der zehn Jahre, in denen ich nicht dort gewesen war. Er sagte, er habe keine Einwände gegen meine Rückkehr, aber ich müsse weitere Ägyptologen in mein Team holen – keine unvernünftige Forderung, denn es ging immerhin um das Tal der Könige.

Ich machte meine Einführung, und Hawass schritt zügig zum Podium und bot einen abwechslungsreichen Vortrag, der dem Publikum sehr gut gefiel. Wir erlebten Zahi Hawass, den Alleinunterhalter, in Höchstform, und man gewann einen Eindruck von der Seite seiner Persönlichkeit, die die Öffentlichkeit so charmant findet. Als er fertig war, bat er um vier zufällig ausgewählte Fragen aus dem Publikum. Ironischerweise, und zu meinem großen Entsetzen, bezogen sich zwei der Fragen von mir unbekannten Zuhörern direkt auf meine Arbeit. Einer stand auf und fragte, ob »er je von diesem Thor Heyerdahl gehört habe, der dieses Papyrusboot gebaut und den Ozean überquert habe wie ein Ägypter«. Wenn Hawass jetzt auf Heyerdahls Thesen losging, konnte ich die Arbeit in Ägypten wohl vergessen. Deshalb war ich sehr erleichtert, als er sehr zurückhaltend und nicht abwertend antwortete. Ich war noch einmal knapp an einer Katastrophe vorbeigeschrammt – jedenfalls dachte ich das, bis es in einer anderen Frage um Hatschepsut ging.

»Dr. Hawass? Sie kennen ja Hatschepsut, den weiblichen Pharao? Wissen Sie, was mit ihrer Mumie passiert ist?«

Was sollte das denn? Mir lief es kalt über den Rücken. Wieder gab Hawass eine angemessene Antwort, und dann zeigte auf mich in der ersten Reihe. »Es gibt ein Grab im Tal der Könige, das eine Mumie enthält, von der einige glauben, dass es ihre sein könnte. Dr. Donald hier weiß eine ganze Menge darüber.« Damit war auch dieses Thema abgehakt. Zahi Hawass reiste ab, und ich machte mich daran, die Unmengen von Unterlagen zusammenzusuchen, die ich brauchte, um meine Arbeit im Königsfriedhof wieder aufzunehmen.

Es gab zwar noch mindestens einen Fehlstart, doch im Oktober 2005 sah es so aus, als würde alles klappen. Mein neues Team war klein, aber fein. Der Archäologe Brian Holmes, ein langjähriger Freund von mir, gehörte ebenso dazu wie die Ägyptologen Larry Berman vom Museum of Fine Arts in Boston und Salima Ikram von der American University in Kairo. Leider war mein Kollege aus unseren Anfangstagen im Tal, Mark Papworth, zwei Jahre zuvor verstorben. Ich bin sicher, er hätte sich darüber gefreut, dass wir wieder im Rennen waren, und er wäre sicher gern mitgekommen. Die Ziele dieser ersten neuen Kampagne waren relativ bescheiden, doch es war schon ein Riesenerfolg für mich, überhaupt wieder in der ägyptischen Archäologie Fuß zu fassen.

Nach zwölf Jahren Abwesenheit verblüfften mich die Veränderungen in Kairo. Die Stadt war so voll wie immer, und das Verkehrschaos war trotz einiger neuer Umgehungsstraßen noch schlimmer als früher. Auch der Bauboom hatte sich fortgesetzt, und wo einst Wüste war, wuchsen jetzt neue Wohngebiete empor. Die Luft war eindeutig schmutziger. Manchmal fingen meine Augen an zu brennen, sobald ich mich draußen aufhielt – ein brauner Nebel legte sich über alles. Auf der positiven Seite war zu verbuchen, dass im American Research Center in Egypt, einer früher doch sehr kleinen Institution, jetzt sehr viel los war. Das Institut dient sowohl Ausländern als auch Ägyptern als hochgeschätzte Forschungsstelle und kulturelles Zentrum. Besonders beeindruckt war ich von der Professionalisierung des SCA. Früher musste man zu dem chaotischen Hochhaus in Abbasia fahren, um dort eine Prozedur zu durchlaufen, die wiederholte Besuche im Laufe mehrerer Tage erforderlich machen konnte. Jetzt waren die Büros in einen modernen Stadtteil umgezogen, und ich hörte mit Freuden, dass ich einen festen Termin hatte, zu dem ich meine offiziellen Papiere unterschreiben und stempeln lassen konnte. Die Formalitäten wurden freundlich und effizient in nicht einmal einer halben Stunde erledigt. Dann konnte es losgehen.

Auch die Fahrt im Nachtzug nach Luxor war wieder aufregend. Gespannt erwartete ich den Sonnenaufgang, der das Land in weiches Licht tauchte, und den ersten Blick auf die thebanischen Berge. Wir waren wieder da! Wie Kairo hatte sich auch Luxor ziemlich verändert. Die schiere Zahl der Touristen und der Kreuzfahrtschiffe war überwältigend. Man sah sogar das unverwechselbare Logo mit den zwei goldenen Bögen durch die Säulen des Luxor-Tempels leuchten. Auf der anderen Flussseite konnte man eine Reihe großer rechteckiger Polizeistationen auf den Felsen und Hügeln erkennen, eine Reaktion auf die terroristischen Anschläge, die das Gebiet Ende der 1990er-Jahre erschüttert und den Tourismus für eine Weile zum Erliegen gebracht hatten. Jetzt war Luxor gut bewacht, und überall sah man Polizei. Die Gebiete südlich und nördlich der Stadt durften nur im Konvoi, begleitet von mehreren Polizeifahrzeugen, besucht werden. Wie in Kairo waren auch in Luxor die für die Altertümer zuständigen Dienststellen überaus effizient und hilfsbereit.

Und auch das Tal der Könige hatte sich dramatisch verändert. Gerade wurde ein Gesamtkonzept zum besseren Schutz des Gebietes umgesetzt. Der Eingang ins Tal war weit nach hinten verlagert worden, und man hatte dort, wo er möglichst wenig auffiel, einen riesigen Busparkplatz angelegt. Auch ein neues Besucherzentrum war entstanden – die zahllosen Souvenirstände waren hier zusammengefasst und die fliegenden Händler aus dem Tal selbst verbannt. Ich sollte eher sagen, »theoretisch verbannt«, da es im Tal von athletischen jungen Männern wimmelte, die den Touristen Postkarten zum Schnäppchenpreis anboten, wenn sie nicht gerade vor der Polizei davonrannten. Die Polizisten verausgabten sich bei der wilden Jagd über die Hügel des Tals. Leider führte jetzt ein richtiger Wanderweg durch unseren einst so abgeschiedenen und ruhigen Teil des Friedhofs, aber verglichen mit dem zentralen Bereich des Tals war hier doch nur relativ sporadisch mit Besuch zu rechnen. Zwei faszinierende Gräber in der Nähe waren jetzt für Besucher geöffnet, das von Thutmosis IV. (KV 43) und das von Montuherchopeschef (KV 19), das »Büro« unser ersten beiden Kampagnen.

Nach zwei Tagen Formalitäten und Organisation konnten wir mit der Arbeit beginnen. Wir bekamen einen smarten jungen Inspektor zugeteilt, und die Elektriker des Tals legten wieder Licht in KV 21, in dessen Sargkammer wir unsere Tische und Stühle aufstellten. Zuallererst wollten wir den Zustand unserer Gräber kontrollieren. Wie war es ihnen in den letzten zwölf Jahren ergangen, besonders nach der großen Überflutung im Jahr 1994? Uns interessierten vor allem die Rissmonitore, die wir 1993 installiert hatten. Was sie uns zeigten, war beruhigend: Es gab keinerlei Anzeichen für eine Bewegung im Bereich der Risse, die feinen Fadenkreuze hatten sich nicht untereinander verschoben. Natürlich konnte es sein, dass Risse in anderen Ecken des Tals aus welchen Gründen auch immer breiter wurden, aber wenigstens unsere Gräber waren, jedenfalls in dieser relativ kurzen Zeitspanne, offenbar stabil geblieben. Wir fanden dort auch keine Hinweise auf größere Überflutungen, aber anscheinend war Wasser in KV 21 eingedrungen und hatte eine sehr dünne Schicht Schwemmsand auf dem Boden der Grabkammer hinterlassen – das Regenwasser war von den äußeren Treppen in die Gänge hinabgelaufen.

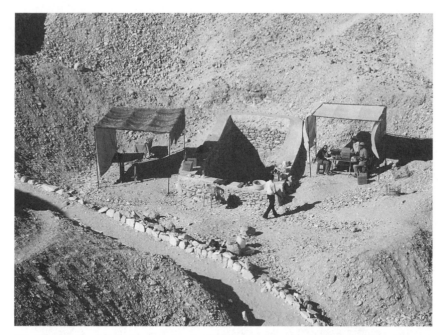

20 2007 befand sich das Lager nahe KV 21. Die Sonnensegel boten etwas Schatten und ermöglichten es, an der frischen Luft zu arbeiten.

Ich war ganz gespannt darauf, Larry die in Grab 60 gelagerten Objekte zu zeigen. Deshalb war es für mich besonders aufregend, das Grab wieder zu öffnen. Ich wusste, dass es seither wenigstens einmal im Jahr zuvor betreten worden war. So viel hatte ich in einer *National Geographic*-Sendung gesehen, in der Zahi Hawass und sein Team das Innere erkundet und die Mumie in dem von uns gebauten Holzkasten bewundert hatten. Das Grab sah, wie erwartet, ungefähr so aus, wie wir es verlassen hatten, allerdings lag auf dem Mumienkasten zu unserer Überraschung etwas, das wie ein mit einem Leintuch bedeckter Leichnam aussah. »Zur Hölle mit *National Geographic*«, rief ich, »sie waren zu faul, die Dame wieder in ihren Sarg zurückzulegen!« Doch als ich das Tuch wegzog, lag da eine andere Mumie, die eines kahlköpfigen Jungen, dessen aufgerissener Brustkorb offen vor uns lag. Ich kannte den jungen Mann. Eigentlich wohnte er im nahe gelegenen Grab Thutmosis' IV., wo ich ihn früher in wechselnden Kammern hatte liegen sehen. Offenbar war er nun komplett umgezogen, als KV 43 für die Touristen geöffnet wurde. Unsere königliche Dame lag noch im Sarg, und *National Geographic* wurde freigesprochen.

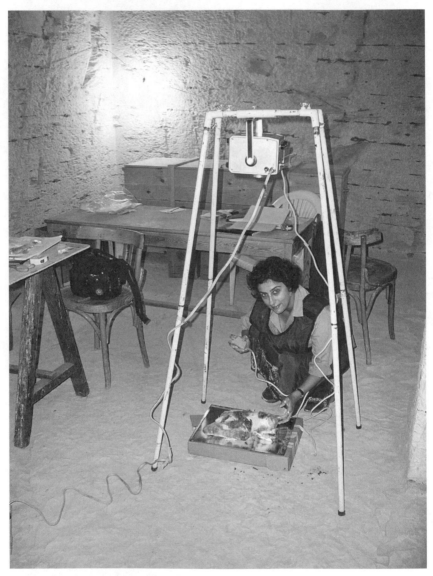

21 *Die Ägyptologin Dr. Salima Ikram mit ihrem tragbaren Röntgenapparat in der Grabkammer von KV 21.*

Larry untersuchte viele Artefakte aus KV 60 und den anderen Gräbern mit dem kundigen Auge des erfahrenen Kurators, der schon alle möglichen ägyptischen Objekte in der Hand gehabt hat, und Brian half bei der Untersuchung und Katalogisierung unserer vielen früheren Funde. Das vielleicht größte Highlight unserer neuen Feldkampagne war die Ankunft von Salima Ikram, die mit ihrer überschäumenden Persönlichkeit schon zum Liebling vieler internationaler Konferenzen und Fernsehsendungen geworden war. Salima schrieb ihre Doktorarbeit über das Thema Fleisch und Schlachten im alten Ägypten, ein überraschend faszinierendes Thema mit vielen Seitenaspekten. Sie war natürlich interessiert an den verschiedenen kleinen eingewickelten Mumienpaketen, die wir aus Grab 60 geborgen hatten und deren Inhalt wir nicht kannten. Salima vermutete, dass es sich hier um konservierte Vögel und Fleischstücke handelte, die dem Inhaber des Grabes als Nahrungsvorräte hatten dienen sollen. Und es gab einen Weg, diese Vermutung abzusichern: Salima hatte einen tragbaren Röntgenapparat mitgebracht, den sie und ein Assistent mit geübten Handgriffen schnell in der Grabkammer von KV 21 aufstellten. Wie um ihrem Ruf gerecht zu werden, sprudelte sie geradezu über vor Begeisterung, während sie sich in ihrer Bleischürze hinkniete, um jedes einzelne Objekt und jede Filmplatte exakt auszurichten.

Wir mussten nicht lange auf Antworten warten. Die Wissenschaftler vom Chicago House halfen uns freundlicherweise bei der Entwicklung der Röntgenfilme, und innerhalb eines Tages kam Salima mit den Ergebnissen ins Hotel. Als wir die Abzüge gegen das durch die Glastüren strömende Licht hielten, konnten wir sehen, dass Salima mit ihrer Vermutung richtig lag. Man sah die vertrockneten Überreste kleiner Vögel, eingebunden in ovale Päckchen, und große Fleischstücke, noch mit Knochen, darunter ein beeindruckendes Rippenstück eines Rindes.

Die Rückkehr ins Tal der Könige erwies sich trotz einiger weniger Rückschläge als wunderbarer Erfolg. Zu meiner großen Überraschung hatte ich während des einen Monats, den wir in Ägypten arbeiteten, mit zwölf verschiedenen gesundheitlichen Problemen zu kämpfen, darunter die typischen, voraussehbaren Verdauungsprobleme, Kopfschmerzen und sogar ein verstauchter Knöchel. Offenbar hatte ich meine frühere Unverwundbarkeit in den Jahren seit meinem letzten Besuch zu einem guten Teil eingebüßt. Aber immerhin arbeiteten wir im Herbst statt im Sommer. Das war sehr viel angenehmer und eine spürbare Erleichterung gegenüber der unglaublichen Hitze, die wir bei unseren ersten vier Kampagnen erlebt hatten.

Im weitaus gastfreundlicheren Herbst waren viele andere Archäologen aus aller Welt in der Gegend und arbeiteten an Gräbern, Tempeln und anderen Projekten. Es gab sogar so etwas wie ein gesellschaftliches Leben, hin und wieder eine Party, ein Abendessen oder einen Vortrag, dazu informelle Treffen mit anderen Ägyptologen. Das Chicago House stellte den Wissenschaftlern aus aller Herren Länder sehr großzügig seine wunderbare Bibliothek zur Verfügung. Insgesamt kehrte ich ermutigt und aufgeregt nach Hause zurück – ich konnte auf weitere Grabungskampagnen hoffen. Mein Traum einer Rückkehr nach Ägypten hatte sich nicht nur erfüllt, sondern meine daran geknüpften Erwartungen waren sogar weit übertroffen worden.

Nur ein paar Monate nach meiner Abreise kam eine spannende Meldung aus Ägypten. Man hatte ein neues Grab im Tal der Könige gefunden, das erste seit Howard Carters Entdeckung 1922. Ich wusste, dass so etwas in der Luft lag. Mein Freund Otto Schaden hatte mir schon im Jahr zuvor davon erzählt. Otto hatte jahrelang den Schutt aus den langen Gängen von KV 10 geräumt, einem Grab, das für den Herrscher Amenmesse aus der 19. Dynastie angelegt worden war, in dem aber später zwei Königinnen der 20. Dynastie bestattet wurden. Als Otto die Umgebung des Eingangs freiräumte, entdeckte er die Ränder einer Grube, die wie der Einstieg zu einem Grabschacht aussah. Einer fast schon als schicksalhaft zu bezeichnenden Tradition der Archäologie folgend machte er diese Entdeckung nur ein paar Tage vor dem Ende seiner Grabungskampagne. Ein neues Grab war natürlich eine unglaubliche Entdeckung, aber die Chance, dass er hier nur eine flache Schuttgrube vor sich hatte, vielleicht einen Fehlversuch bei der Anlage eines Schachtes, der jetzt ins Nichts führte, war weitaus größer. Das Jahr des Wartens muss stark an den Nerven gezerrt haben, bis er bei der nächsten Kampagne klären konnte, welche der Möglichkeiten hier zutraf.

Es war tatsächlich ein Schacht, und er führte zu einer einzigen, versiegelten Kammer, die mit sieben Särgen und zahllosen weißen, ebenfalls versiegelten Krügen vollgestellt war. Der Anblick war überwältigend, doch die Öffnung von Gräbern führt natürlich schnell zu der sehr drängenden

Frage, wie man denn nun mit dem Inhalt weiter verfahren soll. Im Fall dieses neuen KV 63 sah sich Otto mit dem gewaltigen Problem konfrontiert, dass die meisten der Holzsärge von Termiten fast vollständig zu Sägemehl zerfressen worden waren und offenbar nur noch von ihren bemalten Oberflächen zusammengehalten wurden. Zudem enthielten die Särge seltsamerweise keine Mumien, sondern eine bunte Sammlung von Materialien zur Mumifizierung, alte gestopfte »Kissen«, Blumenkränze und andere Gegenstände der Grabausstattung.

Das Ganze war der Alptraum eines jeden Konservators. Otto blieb monatelang in Ägypten, bis das Grab mit allen Gegenständen in Fundlage anständig dokumentiert war. Wie bei der Entdeckung Tutanchamuns verursachten offizielle und nicht offizielle Besucher einschließlich der Presse ständige Unterbrechungen, doch der Inhalt des Grabes wurde für weitere Untersuchungen schließlich erfolgreich in das nahe KV 10 transportiert. Was hatte Otto da gefunden? Ist es tatsächlich ein Grab, so ganz ohne Leichen? Oder ist es angemessener, von einem Depot für Bestattungszubehör zu sprechen? Kann man die Gegenstände mit bekannten oder noch unbekannten Individuen in Verbindung bringen? Wie so vieles in der Archäologie werden wir wohl nie zufriedenstellende, umfassende Antworten auf unsere Fragen finden, aber die bleibenden Geheimnisse sorgen dafür, dass wir das Interesse und die Motivation nicht verlieren.

Auch ich hatte wieder ein langes Jahr der freudigen Erwartung vor mir, während ich meine Anträge für eine weitere Feldkampagne vorbereitete. Diesmal sollte auch der Archäologe Paul Buck zum Team gehören, der mir bei meinen prägenden ersten Grabungserfahrungen als Student in Ägypten gezeigt hatte, wie man mit der Kelle arbeitet. Paul hatte mich in meinem allerersten Jahr im Tal nicht begleiten können. Jetzt war er Professor in Las Vegas und ganz wild darauf, dabei zu sein. Mit seiner enormen Felderfahrung in Ägypten und anderswo und seinem unverwüstlichen Humor war Paul eine sehr willkommene Ergänzung des Teams. Außerdem kam auch Denis Whitfill mit, ein langjähriger Begleiter bei vielen Abenteuern, der mit Thor Heyerdahl und mir auf Teneriffa gearbeitet hatte und uns jetzt als Fotograf und Grabungstechniker zur Seite stand. Larry und Salima würden auch wieder dabei sein, und abgerundet wurde unsere Gruppe durch Barbara Aston, deren Erfahrung in der Keramikbestimmung wir dringend brauchten.

2006 wollten wir uns auf das mit Geröll zugeschüttete Grab 27 konzentrieren, eine echte Herausforderung, die auf den ersten Blick im Verhältnis zum Aufwand wenig Spannendes erwarten ließ. Der Anblick war absolut entmutigend. Obwohl wir schon früher einige Schichten des angeschwemmten Schutts in zwei der vier Kammern entfernt hatten, blieben uns noch Tonnen, bevor wir den Boden erreichten, auf dem wir zumindest Überreste der ursprünglichen Bestattung zu finden hofften.

An dem Tag, an dem wir eigentlich beginnen wollten, waren die Unterlagen für unsere einheimischen Arbeiter noch nicht fertig bearbeitet, und so beschlossen Paul, Denis und ich, ohne sie anzufangen, weil wir endlich loslegen wollten. Zwei Tage Knochenarbeit mit Steinbrocken und Körben, die wir über eine Leiter im Schacht hinaufbeförderten, führten zu Rückenschmerzen und einer noch größeren Hochachtung für die harte Arbeit unserer Helfer, die Gott sei Dank bald kamen. Schließlich war der Schacht leer, und wir fanden am Boden die Reste von Lehmziegeln, die ursprünglich den Grabeingang verschlossen hatten. Die erste Kammer erinnerte an jenen Raum, der das ganze Grab KV 28 ausmachte. Es lag unglaublich viel moderner Müll herum, Gang und Decke waren mit Ruß überzogen. Tatsächlich fanden wir nur sehr wenig Interessantes, obwohl eine verdächtige Schicht Gips auf dem Boden kurzzeitig die Hoffnung auf einen versiegelten Schacht aufkeimen ließ, der womöglich der Zerstörung des Grabes entgangen war. Aber leider stellte sich der Gips als Reparaturmaßnahme heraus, mit der eine kurze Rampe zu einem großen angrenzenden Raum, den wir mit dem Buchstaben C bezeichnet hatten, geglättet worden war.

Kammer C war zwar auch mit Anschwemmungen gefüllt, aber dennoch sehr interessant. Eine durch den Schmutz gegrabene Rinne führte zu einer Grube, die fast bis auf den Boden des Grabes reichte. Das war entweder ein Überbleibsel von Mariettes erster Sondage oder von späteren Grabräubern. Unsere eigenen Probegrabungen in den Ecken des Raumes, mit denen wir vor allem den Grundriss der Kammer erkunden wollten, erbrachten eine kleine Sammlung von Keramikfragmenten und die Knochenreste eines kopflosen Oberkörpers. An einer Wand befand sich eine hohe, breite Nische ohne erkennbare Funktion – sie wirkte wie der Ansatz zu einer begonnenen, aber nicht fertiggestellten Treppe.

Als wir den Schutt systematisch bis zum Boden abgruben, erwies sich Kammer C dann als echter Glücksgriff. Wir erwarteten, zumindest hier die womöglich erhaltenen Reste der ursprünglichen Ausstattung des Raums zu finden, und tatsächlich wurden wir überaus reichlich belohnt. Unsere sorgfältige Freilegung ergab eine große Menge wild durcheinanderliegender Keramikscherben. Viele der zerstörten Gefäße ähnelten offenbar den großen weißen Krügen, die wir in der Seitenkammer von Grab 21 untersucht hatten. Es schien unmöglich festzustellen, wie viele es ursprünglich gewesen waren, doch indem wir die erhaltenen Verschlussstopfen aus hartem Lehm zählten, kamen wir immerhin auf eine Zahl für die großen Vorratsgefäße. Es gab auch andere Keramiktypen, darunter kleine Teller und Schalen. Sie waren zwar zerbrochen, lieferten aber dennoch den Schlüssel zur Datierung der Bestattung in KV 27.

Die schiere Masse der Scherben war beeindruckend, und wir wollten versuchen, wenigstens einige Gefäße als Beispiele für die verschiedenen Gefäßtypen zusammenzusetzen. Also sammelten wir von einem Haufen an der Wand eine Auswahl Fragmente in der Hoffnung, wir könnten dort vielleicht zusammengehörige Bruchstücke finden. Zu unserer Enttäuschung enthielt dieser Haufen jedoch eine zufällige Ansammlung von Scherben mehrerer verschiedener Gefäße, doch auch dieses Ergebnis war an sich ja durchaus erhellend. Man konnte sich jetzt besser vorstellen, was hier passiert war. In diesem Raum hatten offenbar viele Gefäße gelagert, darunter etwa dreißig weiße Krüge mit Resten von Mumifizierungsmaterialien oder Grabbeigaben. Geschirrstapel, manche vielleicht beladen mit Nahrungsmitteln zur Versorgung der Verstorbenen, standen auf dem Boden. Eines Tages, wir wissen nicht wann, geschah eine Katastrophe – entweder drückte die Wucht einer großen Flutwelle die Tür ein, oder, wohl wahrscheinlicher, das geplünderte Grab war schon offen zurückgelassen worden, und wirbelndes, braunes Wasser ergoss sich den Grabschacht hinunter und trug Steine und Geröll mit sich.

Das Wasser ließ keine der vier Grabkammern unberührt. Die Tonwaren von Kammer C wurden bei der ersten von vielen Überschwemmungen, die das Grab schließlich zerstörten, mit Wucht gegen Boden und Wände geschleudert und tief unter dem Schlamm begraben. Was sonst noch in diesem Raum gewesen sein mochte, erlitt ein ähnliches Schicksal. Alles Organische zerfiel wahrscheinlich relativ bald. Das Skelett, das wir gefunden hatten, war sicher der Rest einer Mumie, deren Bandagen in der Feuchtigkeit verrottet waren. Wie die Keramik war auch die Mumie gegen

22 *Der Keramikrestaurator Mohammed Farouk hält das Ergebnis wochenlanger Arbeit in der Hand: ein aus unzähligen Fragmenten zusammengesetztes Gefäß aus KV 27.*

die Wand geschleudert worden und hatte dabei wahrscheinlich ihren Kopf verloren. Wir fanden sehr wenige Reste davon, nur ein paar kleine Schädelbruchstücke, und wir überlegten sogar, ob die Mumie vielleicht aus einer anderen Kammer des Grabes dort hingeschwemmt worden sein könnte.

Die Keramik lieferte uns eine Datierung in die 18. Dynastie, doch leider fanden wir keinerlei Namen oder Schriftzeichen auf den Scherben. Das mühselige Abtragen des Schutts aus Kammer C ging weiter, und eines Tages stießen wir dabei auf eine nette Überraschung: ein Fragment einer Kalksteinkanope mit einer zweizeiligen Inschrift. Ich war gerade unterwegs wegen einer Fernsehsendung, und Denis konnte es kaum erwarten, mir die gute Nachricht zu übermitteln. Das war genau die Art Information, auf die wir gehofft hatten. Sie konnte das Grab mit Menschen in Verbindung bringen, die in Ägypten vor etwa dreitausendfünfhundert Jahren gelebt hatten. Abends lud Denis die Bilder auf seinen Laptop und ich konnte die klar erkennbaren Hieroglyphen bewundern, doch die Aufregung verwandelte sich schnell in Enttäuschung. Es waren tatsächlich zwei Zeilen Text – mit dem Beginn einer Inschrift. Solche Inschriften auf Kanopen bestehen allerdings oft aus vier Zeilen und enden mit dem Namen des Verstorbenen. Bei unserem Fragment fehlte der entscheidende Teil. So nahe dran, dachte ich, aber auch so typisch für unsere Erfahrungen bei der Arbeit in den nicht dekorierten Gräbern – sie geben ihre Geheimnisse nicht so leicht preis.

Doch dann hatten wir Glück. Nur ein paar Tage später entdeckten wir ein passendes Stück der Kanope – mit den fehlenden beiden Textzeilen! Und ja, da stand tatsächlich ein Name: »Der Gottesvater Userhat«. Ein »Gottesvater« übte im Neuen Reich wahrscheinlich ein hohes Amt aus. Es klingt zwar, als könnte damit der Vater eines Pharaos gemeint sein, aber es scheint ein Titel für einen Priester mit bestimmten religiösen Pflichten gewesen zu sein. Der Name Userhat ist für verschiedene hochrangige Persönlichkeiten der 18. Dynastie belegt, doch irgendwie wirkte diese besondere Verbindung von Name und Titel seltsam, ja geradezu verdächtig vertraut.

Ich überprüfte ein paar Bilder im Computer. Ja, ich kannte diesen Userhat. Sein Name und sein Titel waren auf drei Kanopengefäßen gefunden worden, die Howard Carter in den Ruinen von KV 45 gefunden hatte, direkt um die Ecke von Grab 27! Wir hatten Teile des vierten Gefäßes entdeckt! Statt endlich eine befriedigende Verbindung von Grab und Bestattetem hergestellt zu haben, standen wir also wieder vor einem Rätsel. Ganz offenbar gehörten die Gefäße zusammen, doch was hatte das zu bedeuten? War KV 45 tatsächlich das ursprüngliche Grab Userhats, und eine seiner Kanopen war von Grabräubern oder irgendjemand anderem hinübergetragen worden? Konnte KV 27 womöglich Userhats ursprüngliches Grab sein? Bei einer Quote von drei zu eins war es am wahrscheinlichsten, dass KV 45 mit seinen drei Kanopen gewinnt. Vielleicht, aber die einfachsten Erklärungen sind nicht immer die richtigen. Könnten die Kanopen von anderswo in eines der Gräber oder in beide gespült worden sein, durch eben jene Regenflut, die auch die ursprünglichen Bestattungen verwüstete? Möglicherweise, aber das klingt ziemlich weit hergeholt. Ich ziehe die Erklärung vor, dass die Kanopenscherben in KV 27 eingeschleppt sind. Und so stehen wir wieder da, wo wir angefangen haben, auf der Suche nach Antworten, die uns immer wieder wie Sand durch die Finger rieseln.

Inzwischen befassten wir uns weiterhin mit den Funden aus allen sechs Gräbern, die zu unserer Konzession gehörten. Als wir KV 60 noch einmal öffneten, um ein paar Gegenstände herauszuholen, erlebten wir eine Überraschung: Die Holzkiste mit der weiblichen Mumie war verschwunden und die Mumie gleich mit. Wie wir erfuhren, war sie kurz zuvor nach Kairo gebracht worden, damit Zahi Hawass und sein Expertenteam sie untersuchen konnten. Die Fragen zum Tod Hatschepsuts und dem Verbleib ihrer Mumie waren noch immer ungeklärt, auch fünfzehn Jahre, nachdem die Presse verkündet hatte, dass ich ihre Mumie wiederentdeckt hätte. Ich blieb bei meiner Ansicht, dass die Mumie in KV 60 zum Königshaus gehörte, und ich fand, dass Hatschepsut eine geeignete Kandidatin wäre, aber wir konnten es natürlich nicht mit Bestimmtheit sagen.

Zahi musste schon längere Zeit über Hatschepsut nachgedacht haben, und die Identifizierung ihrer Mumie war ein lohnendes Projekt, das er problemlos organisieren konnte. Er wusste sehr wohl von der Mumie in KV 60 und war offenbar beeindruckt, als er sie zum ersten Mal sah. Bei einer ernsthaften Untersuchung musste er sie auf jeden Fall miteinbeziehen.

Im Ägyptischen Museum in Kairo versammelte Hawass vier nicht identifizierte weibliche Mumien, die seiner Überzeugung nach auf die Aus-
wahlliste der Kandidatinnen gehörten, bei denen es sich möglicherweise
um den weiblichen Pharao handeln könnte. Darunter waren die beiden,
die Howard Carter ursprünglich in Grab 60 gefunden hatte – die Amme
namens Satre, noch in ihrem Sarg, der um 1906 nach Kairo gebracht worden war, und die Mumie, die wir gefunden hatten, als wir das Grab nach
der Wiederentdeckung öffneten.

Die Mumien wurden durch den Computertomografen geschickt, um
irgendwelche Hinweise auf ihre Identität zu finden. Die Chance einer
sicheren Identifizierung war ziemlich gering, aber einen Versuch war es
auf jeden Fall wert. Neben den Mumien wurden auch ein paar erhaltene
Gegenstände, die mit Hatschepsuts Beisetzung in Verbindung standen,
untersucht, darunter ein kleines Holzkästchen mit dem Namen der Pharaonin. Es war vor mehr als hundert Jahren im berühmten Mumiende-
pot von Deir el-Bahari gefunden worden und erfüllte im Grunde die
Funktion einer Kanope, denn es enthielt eine mumifizierte Leber, vermutlich die von Hatschepsut. Als das Holzkästchen gescannt wurde,
stellte man fest, dass es noch etwas anderes, bisher nie Dagewesenes
barg – einen Zahn. Er musste während des Mumifizierungsprozesses
dort hineingekommen sein. Vielleicht war er bei der Einbalsamierung
herausgefallen, und ich kann mir nicht vorstellen, dass man es wagte,
einen so integralen Bestandteil eines Pharaos einfach wegzuwerfen.
Hier hatten wir also offenbar Hatschepsuts Zahn, und das war ein Fund
mit weitreichenden Folgen. Bei der Überprüfung der CT-Scans stellte
sich heraus, dass es eine Mumie gab, der der entsprechende Zahn fehlte,
und wie Aschenputtels Fuß in den Tanzschuh passte der Zahn exakt in
den Kiefer der Mumie, die ich auf dem Boden von KV 60 wiederentdeckt
hatte. Es war jene Art Zufallstreffer, die es wahrscheinlich nur einmal im
Leben gibt.

Im Juni 2007 verkündete Zahi, dass die Mumie von Hatschepsut identifiziert worden sei. Das war eine Mediensensation. Mein Telefon klin-
gelte tagelang unablässig, Reporter aus aller Welt fragten mich nach
meiner Meinung über diese Entdeckung. Da ich nicht direkt in das Projekt einbezogen war, konnte ich auch nicht allzu viel dazu sagen, nur,
dass aus meiner Sicht die Identifizierung überzeugend, eigentlich sogar

völlig eindeutig war, und das denke ich auch heute noch. Im Unterge-
schoss des Ägyptischen Museums ist ein neues hochmodernes DNA-
Labor ausschließlich für die Untersuchung von Mumien eingerichtet
worden, und Zahi hofft, Hatschepsuts Identität noch weiter zu untermauern, indem er genetisches Material der Mumie mit dem ihrer Ver-
wandten vergleichen lässt.

Neben der Identifizierung offenbarten die CT-Aufnahmen auch faszinierende Informationen zu Hatschepsuts Tod. Einige Ägyptologen hatten
zuvor die Möglichkeit erwogen, dass ihr Stiefsohn und rechtmäßiger
Thronerbe, Thutmosis III., sie habe ermorden lassen. Ein Mord allerdings
war hier unnötig. Hatschepsuts Gesundheitszustand war katastrophal. Sie
war extrem fettleibig, hatte schwere Zahnprobleme und Krebs – jedes einzelne dieser Leiden oder alle zusammen können für ihr Dahinscheiden
verantwortlich gewesen sein.

Ich bin oft gefragt worden, wie ich meine Rolle bei all dem sehe.
Howard Carter hatte als Erster ein Grab entdeckt, ich hatte es wiederentdeckt, und Zahi Hawass identifizierte schließlich die Mumie. Irgendwie bin ich ganz froh darüber, dass Carter ein solches Desinteresse an
KV 60 zeigte, dass er es einfach links liegen ließ und so den Nervenkitzel der Wiederentdeckung nach vielen Jahrzehnten für mich aufhob.
Elizabeth Thomas' Spekulationen über eine Verbindung des Grabes mit
Hatschepsut regten uns dazu an, Überlegungen in diese Richtung anzustellen, und Zahis Interesse und Findigkeit haben das Rätsel schließlich
gelöst.

Durch die letzten Neuigkeiten noch weiter angespornt, kehrten wir
im Herbst 2007 wieder nach Ägypten zurück. Wir hatten einiges zu erledigen: Zwei Kammern von KV 27 warteten noch darauf, ausgeräumt zu
werden, und unser Katalog aller Gegenstände aus den sechs Gräbern
musste auf Genauigkeit und Vollständigkeit überprüft werden. Der
Großteil meines Teams war wieder dabei, außerdem auch Brian Holmes.
Paul Buck konnte nicht kommen, aber wir bekamen eine enthusiastische
Helferin in Gestalt von Lisa Vlieg, die gerade ihren Abschluss in Altertumswissenschaften und Anthropologie an der Pacific Lutheran University gemacht hatte. Es war ihre erste Reise nach Ägypten, und wir sorgten dafür, dass sie als Erstes die Pyramiden von Giza und das Ägyptische
Museum sah.

23 Großes Fragment des Kopfendes eines Sarges aus KV 60. Zu einem großen Teil war es von einer schwarzen Substanz überzogen, aber als es gereinigt wurde, kamen darunter gemalte Darstellungen und Texte zum Vorschein.

Es sollte eine weitere großartige Grabungskampagne werden. Einmal zum Beispiel bekam Denis beim Fotografieren aller Artefakte aus KV 60 eines der größeren Objekte aus dem Grab auf seinen Tisch gehievt. Es war ein großes Stück gewölbtes Holz vom Kopfende eines Sarges. Ein Großteil der Oberfläche war mit einer schwarzen, harzigen Substanz überzogen, die schon im Altertum aufgetragen worden war. Wir konnten sogar die Pinselstriche erkennen. Man kennt viele Särge aus der 18. Dynastie und auch einige andere Gegenstände rund um die Beisetzungen, die mit dieser schwarzen Masse überzogen sind, und die Erklärungen dafür gehen weit auseinander. Ein Ansatz besagt, dass der Überzug in Verbindung mit dem Übergang in die Totenwelt zu sehen ist, ein anderer geht davon aus, dass eine womöglich darunterliegende Dekoration vor den Augen der Lebenden verborgen werden sollte. Aber unabhängig vom Wie und Warum, diese schwarze Substanz war da.

Während das Sargfragment auf dem Fototisch lag, untersuchte unser Inspektor Abu Hagag mit der für ihn typischen gesunden Neugier sorgfältig die Oberfläche. »Dr. Ryan«, rief er, »ich glaube, ich sehe hier etwas … eine Hieroglyphe unter dem Überzug!« Ich schaute es mir an, und er hatte recht: Dort, wo an einem winzigen Punkt das Harz abgesprungen war, war eine Hieroglyphe in Form eines menschlichen Arms zu erkennen. Vielleicht war dort also eine interessante Inschrift zu finden. Aber wie sollten wir sie zum Vorschein bringen?

Abu Hagag schlug vor, einen einheimischen Restaurator anzufordern. Zwei Tage später kam ein bärtiger Gentleman in arabischem Gewand namens Sayeed bei uns an. Nach einem kurzen Blick erklärte er ruhig, er habe das Gefühl, der Situation gewachsen zu sein, und kehrte am nächsten Tag mit einer kleinen Kiste voller Ausrüstung zurück. Er legte das Sargfragment auf eine Flechtmatte, wickelte Baumwolle um ein Skalpell, tauchte es in eine Acetonlösung und trug diese sorgfältig auf die Holzoberfläche auf. Die schwarze Substanz verwandelte sich in einen glibberigen Brei, der an der Baumwolle kleben blieb, und unsere Vermutungen bestätigten sich sofort. Es befanden sich tatsächlich Hieroglyphen unter der schwarzen Schicht.

Die Spannung wuchs, als Sayeed mit bewundernswerter Geduld und Vorsicht weiterarbeitete. Er weigerte sich sogar, Pausen zu machen. Was hier zum Vorschein kam, interessierte ihn offenbar mindestens so sehr wie uns, und wir konnten einfach nicht anders, als ihm immer wieder über die Schulter zu sehen. Staunend sahen wir, was er da zutage förderte: Unter dem schwarzen Überzug befand sich ein wunderbares Bild der Göttin Nephthys, die mit ausgebreitet erhobenen Armen auf einem bunten Korb stand. Um ihren Kopf gruppierten sich Jenseitstexte mit einem Namen und einem Titel. Der Name gehörte einer Tempelsängerin und lautete Ti. Wer war diese Ti, von der wir noch nie gehört hatten? Noch interessanter allerdings war, was die zerschlagenen Überreste ihres Sargs in Grab 60 zu suchen hatten.

Neben dieser spannenden Frage stand die Erkenntnis, dass wir noch viele, viele Sargfragmente hatten, die ebenso mit dieser schwarzen Schicht überzogen waren und Inschriften tragen konnten. Lange hatten wir sie,

24 *Donald P. Ryan untersucht das rekonstruierte Gesicht eines zerstörten Sarg-deckels aus KV 60.*

ohne ihren Wert zu kennen, in KV 60 aufbewahrt. Wir holten ein paar grö-ßere Teile, die ein zusammenhängendes Ganzes ergaben, und baten

Sayeed, doch damit weiterzumachen. Unter dem Überzug legte er ein Bild der Göttin Isis mit ebenfalls erhobenen Armen frei, das vom Fußende desselben Sarges stammte. Das war eine echte Überraschung, aber wir hatten leider nicht genug Zeit, um alle Holzstücke zu säubern. Sie würden warten müssen.

Inzwischen arbeiteten wir uns in KV 27 allmählich bis in die letzte Kammer vor. Wir hatten nur noch etwa eine Woche unserer Kampagne übrig und waren zuversichtlich, dass wir auch dieses letzte Grab, das zu unserer Konzession gehörte, noch würden freiräumen können. Es waren lediglich ein paar Zentimeter verfestigter Überschwemmungsschlick auf einem Teil des Bodens übrig, als wir dort plötzlich auf etwas Hartes stießen. Bei einer sehr sorgfältigen Freilegung kam bald ein Gesicht zum Vorschein, das uns anzustarren schien. Dicht neben diesem Schädel fanden wir zwei weitere, und in einer Ecke grub Brian Holmes gerade noch erkennbare Reste eines schräg gekippten Sarges aus. Eigentlich war von ihm nicht viel mehr erhalten als ein pudriger schwarzer Fleck. Vielleicht war dies die eigentliche Grabkammer, und die Knochen und der schemenhafte Sargrest waren alles, was von den einst einbandagierten und in Särge gebetteten Mumien noch erhalten war.

Die Freilegung der neu entdeckten Skelette in KV 27 aus der harten Schlammschicht erforderte eine enorme Sorgfalt, und wir hatten keine Zeit mehr, diese Aufgabe angemessen zu Ende zu bringen. Also schützten wir sie vor weiteren Beschädigungen und verschlossen das Grab. Auch die Entdeckung, dass sich unter der schwarzen Schicht auf den Särgen künstlerische Zeugnisse verbargen, würde uns eine ganze Menge neuer Arbeit bringen. Wir würden also noch einmal ins Tal der Könige zurückkehren – zu diesem wunderbaren und verblüffenden Geschenk, das immer neue Überraschungen bereithält.

25 In KV 27 kamen 2007 einige Skelette zum Vorschein, die erst in der folgenden
Kampagne geborgen werden konnten.

SCHLUSS

Reis Omar Farouk stand am Rand des tiefen Schachts und brüllte den Arbeitern Befehle zu. Echte Sorge klang ebenso aus seiner Stimme wie Stolz auf das, was seine Männer leisteten. Einer saß wackelig auf einer dicken Holzplanke, die über dem Loch schwebte, und zog an einem dicken Hanfseil, das durch einen riesigen, vorsintflutlichen Flaschenzug lief, den man an einem stabilen Balken befestigt hatte. Dem unverwechselbaren Klang von Hacken, die auf Kalksteinsplitter schlagen, folgte eine kurze Pause, während der Gummieimer voller Schutt an das Seil gehängt und dann nach oben gezogen wurde.

Der Schacht gehörte zu einem Grab, das zuletzt 1906 von Edward Ayrton geöffnet worden war, der damals für Theodore Davis arbeitete. Im Grabinneren hatte Ayrton die Mumie eines Mannes vorgefunden, »groß und gut gebaut ... ausgewickelt und beiseitegeworfen«. Sein Name war durch die paar übrig gebliebenen Gegenstände in der einzigen Kammer des geplünderten Grabes bezeugt: Imenemipet, »Wesir« – also oberster Beamter – des Pharaos Amenophis II. aus der 18. Dynastie. Wie oft bei so vielen ähnlichen Gräbern klingt die Beschreibung aus der Zeit der Entdeckung fast abfällig. Als wir es 2008 wieder öffneten, stellten wir fest, dass ein großer Teil des Grabinhalts noch unberührt war, nur die Mumie fehlte eigenartigerweise. Inzwischen wurden auf Arbeitstischen außerhalb von Grab 21 schwarze Sargfragmente gereinigt und untersucht und zerbrochene Gefäße wieder zusammengesetzt. Ganz in der Nähe wurden drei

Skelette in einer der unterirdischen Kammern von Grab 27 sorgfältig freigelegt und eine Schutzmauer um den Eingang des Grabes gebaut. All dies passierte gleichzeitig an dieser spannendsten aller archäologischen Stätten.

Damals, im Jahr 1817, dachte Belzoni, dass es im Tal der Könige nichts mehr zu finden gäbe, und auch Theodore Davis mit all seinen Entdeckungen kam 1912 zu dem Schluss: »Ich fürchte, das Tal der Gräber ist jetzt erschöpft.« Doch sie lagen beide falsch. Das Grab König Tutanchamuns, unbestritten das berühmteste, wurde erst zehn Jahre später entdeckt. Und hier waren wir nun, noch einmal viele Jahrzehnte später, und entdeckten im Tal der Könige wiederum neue Dinge. Wer glaubt, man könne nur noch neue Planeten und Sterne erforschen, irrt. Hier bei uns auf der Erde gibt es ebenfalls noch viel zu entdecken und noch mehr zu lernen. Manchmal liegt es direkt vor unserer Nase oder an Orten, die man bisher nur noch nicht richtig gewürdigt hat. In meiner eigenen archäologischen Arbeit schaute ich mir »langweilige« oder vernachlässigte Dinge an und stellte fest, dass sie eigentlich äußerst spannend und wertvoll waren. Jedesmal, wenn wir auf etwas Neues stoßen, seien es nun Artefakte aus der Vergangenheit oder Ideen, machen wir eine Entdeckung.

Dass es auf unserer Erde noch viel zu erforschen gibt, können auch die aktiven Mitglieder von Gruppen wie dem Explorers Club und der Royal Geographical Society bezeugen. Egal ob in der Zoologie, der Geografie, der Ozeanografie oder zahllosen anderen Bereichen, man kann mit guten Gründen behaupten, dass bisher erst das, was geradezu ins Auge springt, entdeckt wurde. Zu den Aussichten der Archäologie hat Thor Heyerdahl einmal gesagt: »In jeder Minute wird aus Zukunft Vergangenheit«, und deshalb wird es immer etwas zu untersuchen geben. Schon als Kind träumte ich von Abenteuern und Forschungsreisen. Jetzt, als Erwachsener, habe ich noch immer solche Träume, und ich schätze mich wirklich glücklich, dass ich so viele davon verwirklichen durfte, aber ich weiß gleichzeitig auch, dass ich erst ganz am Anfang stehe!

DANK

Da es in diesem Buch um vieles geht, das ich in den letzten Jahrzehnten erlebt habe, könnte ich mehreren Dutzend Menschen danken, aber leider muss eine relativ kurze Liste ausreichen, sonst wird diese Danksagung zu einem eigenen Kapitel. Meine besondere Wertschätzung und Dankbarkeit gilt also folgenden Menschen: Sherry und Samuel Ryan, die im Zentrum dieses Forscherlebens stehen und geduldig das Chaos ertragen; dem verstorbenen Thor Heyerdahl, mein Leben lang ein Held und eine Inspiration für mich; Dr. Zahi Hawass und dem Supreme Council of Antiquities in Ägypten, die mir erlaubt haben, dort zu arbeiten, und dem American Research Center in Egypt, das mich bei meinen Projekten unterstützt hat; meinen verschiedenen Kolleginnen und Kollegen in der Wissenschaft, darunter Barbara Mertz, Dennis Forbes, Nick Reeves, Edmund Meltzer, Jonathan Elias, Ray Johnson, David Lorton, Ted Brock, Otto Schaden, Sir Christopher Frayling und den Mitgliedern vom »The Dinosaur Club«; T. G. H. James und den Kuratoren und Mitarbeitern der ägyptischen Abteilung im British Museum; dem Kon-Tiki-Museum; Fred Duerr und dem Kona Village Resort Ohana; und den Teilnehmerinnen und Teilnehmern meiner Expeditionen, vor allem Brian »Gordy« Holmes, Paul Buck, John Rutherford, Larry Berman, Barbara Aston, Salima Ikram, Darrell Baker, Adina Savin, Denis Whitfill, Tito Valencia, Jerry Cybulski, Lisa Vlieg, Mojka Jereb, Katie Hunt, Dr. Rick Reanier und Stephanie Steinke sowie meinen Antikeninspektoren und einheimischen Arbeitern in Ägypten. Außerdem möchte ich meinen treuen Förderern danken: James D. Ryan und Patricia Armstrong, Lester und Shirley McKean, Jane Ho, Jane Hayes, der Familie Heyerdahl, Jeffrey Belvill, Hugh Crowder, Joshua Alper, Joe und Joanne Attaway und Mark Glickman; meinen vielen tollen Kolleginnen und Kollegen an der Pacific Lutheran University; und meinen Lektorinnen und Lektoren bei Harper Collins, Jennifer Brehl, Emily Krump, Maureen Sugden, und Dale Rohrbaugh. Ganz besonderer Dank geht an Maurice und Lois Schwartz, Dorothy A. Shelton, Albert Haas, Jerry Vincent, Liisa und Richmond Prehn und Tom und Kelly Ott für ihre freundliche Großzügigkeit und an Professor Robert J. Wenke, der einem jungen Mann die Chance gab, zum ersten Mal nach Ägypten zu kommen. Leider sind einige meiner wunderbaren Kollegen in den letzten Jahren verstorben, darunter T. G. H. James, Gary »Termite« Lindstrom, Mark Papworth, Daris Swindler, Lawry Gold, David Hansen, Doug Esse und Michael Dennett. Möge die Erinnerung an sie als Inspiration für jene, die ihnen nachfolgen, weiterleben.

Bildnachweis: Denis Whitfill/2000 Excavation at the Pirámides de Güímar: 19; Denis Whitfill/Experimental; Epigraphy Expedition: 9; Denis Whitfill/Pacific Lutheran University (PLU) Valley of the Kings Project: 1, 20, 21, 22, 23, 24, 25; Donald P. Ryan: 8, 10, 11, 12; PLU Valley of the Kings Project: 2, 3, 4, 5, 6, 7, 13, 14, 15, 16, 17; Richard Londgren: 18